同济文化

同济大学国际学生感悟中国丛书　孙宜学　宗　骞　陈毅立　主编

上海一流研究生教育引领计划项目“汉语国际教育专业人才培养‘一带一路’模式建构”（项目号2020YL07）

国际学生讲中国故事

主编　宗　骞　时　玥

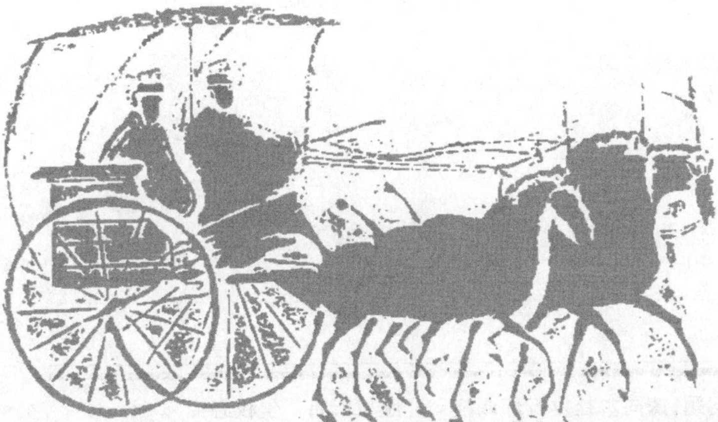

同济大学出版社

图书在版编目(CIP)数据

国际学生讲中国故事 / 宗骞，时玥主编. —上海：同济大学出版社，2021.11

ISBN 978-7-5608-9910-7

Ⅰ. ①国… Ⅱ. ①宗… ②时… Ⅲ. ①留学生教育—概况—中国 Ⅳ. ①G648.9

中国版本图书馆 CIP 数据核字(2021)第 224748 号

国际学生讲中国故事

宗 骞 时 玥 **主编**

责任编辑 丁国生 **责任校对** 徐春莲 **封面设计** 陈益平

出版发行 同济大学出版社 www.tongjipress.com.cn

(地址:上海市四平路 1239 号 邮编:200092 电话:021-65985622)

经　　销 全国各地新华书店

排　　版 南京文脉图文设计制作有限公司

印　　刷 常熟市华顺印刷有限公司

开　　本 710 mm×1000 mm 1/16

印　　张 21.25

字　　数 425 000

版　　次 2021 年 11 月第 1 版 2021 年 11 月第 1 次印刷

书　　号 ISBN 978-7-5608-9910-7

定　　价 85.00 元

总序　向世界讲好社会主义核心价值观的内涵

2012年11月，党的十八大召开，明确提出了“建设优秀传统文化传承体系，弘扬中华优秀传统文化”的重大任务。随后，习近平总书记就传承、弘扬中华优秀传统文化发表了一系列重要讲话，深刻阐述了中华优秀传统文化的地位作用、价值意义、基本内涵和传承弘扬的原则要求，提出了一系列新思想、新观点、新论断。他指出，优秀传统文化博大精深，是中华民族永远不能离别的精神家园，要学习和掌握其中的各种思想精华，对历史文化特别是先人传承下来的道德规范，要坚持古为今用、推陈出新，有鉴别地加以对待，有扬弃地予以继承。这些重要论断立意高远，内涵丰富，思想深刻，脉络清晰，标志着中国共产党人对优秀传统文化的认识提升到新的境界，为新形势下传承弘扬中华优秀传统文化提供了遵循的重要线索。

面对五千年博大精深的中华传统文化，如何发掘、学习和掌握其中的精华，并坚持古为今用、推陈出新，以文化人，以文育人，从而帮助中国人树立正确的世界观、人生观、价值观，并且以中华民族创造的精神财富推动世界文明的发展，营造良好的文化生态环境，这是我们继承并发展民族文化血脉的目的，也是中华优秀传统文化生生不息的根本原因。

中华文化国际传播是中国需要也是世界需要

中华文化的国际传播是党的十八届三中全会提出的一项战略任务，即“扩大对外文化交流，加强国际传播能力和对外话语体系建设，推动中华文化走向世界”。要实现这一任务，必须加强从跨文化角度阐释中华文化国际传播的内涵，同时从传播学的角度阐释中华文化的传播手段，并借鉴世界文化国际传播的经验推动中华文化的国际传播。

中华文化的国际传播事关中国未来发展战略全局，具有深远的历史价值和现实意义，既顺应了扎根中国大地坚持改革开放的战略诉求，又切实符合中外文化交流的传统，具有延伸历史、创造历史的经典意义，对构建中国全方位开放格局，促进中国与世界形成优势互补、平等合作、互利共赢的世界新格局，也具有直接的理论引领和实践借鉴价值。

中华文化的国际传播是一项重大工程，综合性强，涉及面广，问题复杂，政府、学界和全社会应密切合作，资源共享，从学术、技术、机构等层面逐步推进，实现与中国形象建构的积极协调，使中华文化软实力顺利落地生根，要实现这一目标，还有许多迫切需要解决的问题，如内涵建设、传播机制，财政支撑体系、质量评估标准、中华文化在目前世界文化生态系统中的地位和定位等。

中华文化具有鲜明的时代特色，要向世界传播的中华文化必须具有马克思主义先进文化的思想根基，同时又有中华优秀传统文化的深厚底蕴。只有坚持以马克思主义为指导，才能保证中华文化的顺利传播，并走出一条植根中华文化沃土、“和而不同”的传播之路。

中华文化内涵丰富，博大精深、多元共生，传统中孕育着创新，创新中包含着传统，而国际局势波诡云谲，文化环境复杂多变，如何基于中国需要和世界需要提炼出既具有深厚的历史传统积韵、又能与世界不同文化和谐互动的文化要素，是保证中华文化国际传播的质量和效率的前提。为了保证这一目标的顺利实现，我们迫切需要整合马克思主义理论、政治学、计算机科学与技术、传播学、语言学、社会学、教育学、经济学、生物学等学科的力量，基于中华文化国际传播的经验，创新研究方法，形成创新理论成果，集中精力发掘出中华文化的新时代内涵，探索创建中国国际话语体系，最终实现中华文化与世界各国文化的和谐共生。

社会主义核心价值观代表中国共产党对中国传统文化的新认识

中国共产党是中华优秀传统文化的最优秀的传承者和创新者，也是最能科学地在中外文化相互参照中不断汲取世界文化、实现中华文化不断优化的先进文化力量的代表。实际上，中国特色社会主义核心价值观所体现的中华民族的世界观、文化、人生观等，都是基于中华文化的优秀传统和独特基因的具有典型中华民族特色的价值体系，是中国之所以成为中国的独特身份标记，是具有悠久文明史的中国始终能坚持走自己独具特色的发展之路的根本原因，这也是中华民族能始终独立于世界民族之林的根本原因。因此，中国特色社会主义核心价值观，也是全体中国人精神合一的独特模式，是值得骄傲和自豪的民族独立的象征。

中国共产党作为中国先进文化的代表者，在马克思主义中国化、中国特色社会主义建设、实现中华民族伟大复兴的历史进程中，都始终在从中华优秀传统文化中汲取变革的信心和力量，甚至方法与途径。“中国优秀传统文化的丰富哲学思想、人文精神、教化思想、道德理念等，可以为人们认识和改造世界提供有益启迪，可以为治国理政提供有益启示，也可以为道德建设提供有益启发。”中华文化是“建设优秀传统文化传承体系，弘扬中华优秀传统文化”的核心资源，是实现中华民族伟大复兴的基础和信心来源，深得人心，也凝聚了民心。

实际上，中国特色的社会主义新文化包孕着中国传统文化的基因，仁、义、礼、智、信、恕、孝、悌、恭、宽、敏等都融入了新时代的民主、自由、法治等文化体系之中，而一些封建文化的糟粕，如三纲五常则彻底得到了扬弃。

以民本思想为例。民本思想是中国传统文化的根本。孟子明确提出“民为贵，社稷次之，君为轻。”奠定了中国民本思想的基础，但其本意，是为了统治者以得民心而“得天下”。“得天下有道：得其民，斯得天下矣。得其民有道：得其心，斯得民矣。得其心有道：所欲与之聚之，所恶勿施尔也。”孟子以降，一代代士大夫、封建君王都明白“得民心者得天下，失民心者失天下”，所以推崇以民为本的根本目的是为了江山永固，这与中国共产党领导下出现的新时代的民本思想有实质性区别，因为新时代的以民为本本质是固邦为民，是以人民利益为根本，并且是作为中国共产党执政的根本，是把人民赋予的权利服务于人民，从而得到了人民的衷心拥护，立党立国也就获得了牢固根基，这也是中国共产党与世界上其他一切政党区别的根本标志。习近平就汲取了中国传统文化中民本思想的积极方面，要求中国共产党员牢记民为父母：“古人云：‘善为国者，爱民如父母之爱子、兄之爱弟，闻其饥寒为之哀，见其劳苦为之悲。’古人尚知如此，何况我们共产党人？”“民心是最大的政治，正义是最强的力量。正所谓‘天下何以治？得民心而已！天下何以乱，失民心而已！’”

当今世界，和平与发展是主流，区域矛盾和冲突不断，中华民族要实现伟大复兴，就必须由中国共产党带领所有中国人立足中国历史和现实，挖掘中国传统思想文化中与当代中国和未来中国相一致的道德观、价值观和世界观，“明镜所以照形，古事所以知今。”将历史中国、当代中国和未来中国以中国文化连成一线，从而保证中华民族永远走在振兴的大路上，并且保证随着时代的发展而择其善而从，择其不善者而弃，日新日日新，这也是保证中国共产党始终走在正确道路的前提和保证。

社会主义核心价值观是中华文化国际传播的根基

文化具动态性，文化的形成就是一个动态的过程，而文化永远处于形成过程中，处于不断发生发展的过程中，其共时性与历时性具有同一性和统一性。因此，不断汲取与不断释放是文化的常态。而中华文化的生命力，正体现在它始终处于创造性转化、创新性发展之中，这也正是中华文化优秀的根基。

中华文化具有历史性和阶段性特征，中华民族历经数千年发展至今仍焕发着勃勃生机，就是因为形成了恒定的可以作为中华民族身份特征的中华文化，而社会主义核心价值观，则是中华文化在新的历史时期形成的最具有典型性和代表性的成果，“充分体现了对中华优秀传统文化的传承和升华”，是中华文化的新的历史形态和民族精神的具体体现。

源远流长的中华文化历经岁月沉淀，已经融入一代代中国人的心血，成为中华民族的灵魂，代表着中国人的精神追求，是中国之所以成为中国的胎记标识，为中华民族的繁衍生息提供了生生不息的力量，与中华民族的历史沧桑荣辱与共。因此，源自中华优秀传统文化、并代表了中国时代创新要求的中国特色社会主义核心价值观就是承前启后、推陈出新的自然结果，是中华优秀传统文化在新时代的最集中表现形式，得到中国社会、中国人和世界广泛认同，是新时代新中国新力量的高度凝练和集中表现。中国是一个社会主义国家，社会主义核心价值观是中华文化在新的历史发展阶段的先进性体现，是最先进的民族文化和精神的代表。我们所追求的世界和平、国家独立、政治民主、社会平等、人民富裕、司法公正、机会均等，以及人的生存权、发展权，也是人类的共同目标。

“中华优秀传统文化是中华民族的精神命脉，是涵养社会主义核心价值观的重要源泉，也是我们在世界文化激荡中站稳脚跟的坚实根基。”2014 年 10 月，习近平总书记在文艺工作座谈会上说。

社会主义核心价值观，实际上是中国传统文化精华与当代中国、未来中国的发展相结合的产物，是对国家、社会、个人提出的新要求和新目标，既体现了中华传统文化的创新发展需要，也是中国特色社会主义的本质要求，同时也是世界文明与中华文明融合的结果，是中国新时代精神的集中体现，向中国，也向世界说清了中国要成为什么样的国家，要有什么样的社会基础，要靠什么样的人来建设等根本性问题。

文化是软实力，而中国特色社会主义核心价值观则是文化软实力的灵魂，是决定着文化软实力的表现形式和精神面貌的民族基因，因此理应成为组织和发展文化软实力的重点。也就是说，文化软实力建设要以社会主义核心价值观的建设为重心和中心。任何一种文化的软实力，都是在硬实力的基础上所形成的一个国家和民族核心价值观的生命力、凝聚力、感召力，也即习近平总书记所概括的，培育和弘扬社会主义核心价值观是一项"凝魂聚气、强基固本的基础工程"，"如果一个民族、一个国家没有共同的核心价值观，莫衷一是，行无依归，那这个民族、这个国家就无法前进。"这也是文化软实力的精气神和民族精神的经脉。没有核心价值观，将民族无根，国家无魂，民无所依，还谈何民族强大，国家富强？

新时代中国特色社会主义核心价值观首先要入耳入脑入心，要滋养中国人的精神和灵魂，成为中国人自身的血液，"日用而不觉"，化为肌体组织，形成民族实力。因此，要从日常生活中、从一举一动、一言一行中感知、感悟、实践核心价值观，并且要通过教育、制度和法律等引导和规范，使中国特色社会主义核心价值观内化为神，外化为行，形成国民素质、国家品质，并融为世界特质，使中国芬芳，播散于世界。

中华文化崇尚和平、平等，强调尊重主权。中国发展道路基于中国特殊国情，但其所代表的价值理念具有世界性。因此，我们必须旗帜鲜明地向世界说明社会主义核心价值观的历史渊源，从中华文化的深厚积淀中确立中国道路与世界各国发展道路在价值理念方面的共同性和普遍性，并尊重彼此的差异性和特殊性。这是我们基于世界需求要传播的中华文化的基本内涵，也是基本原则。

当一个强大起来的中国走在 21 世纪的圆梦之路上时，中国不可避免地将通过改变自己影响世界，也不可避免地引发世界范围的关注、揣度和怀疑。因此，只有客观地向世界说清楚中国特色社会主义核心价值观与中华文化的内涵，才会让中华民族的复兴之路得到世界范围内更多的理解和支持。

孙宜学

（原载《对外传播》，2020 年第 1 期，有修改）

前言

习近平总书记2013年8月在全国宣传思想工作会议上强调，“要精心做好对外宣传工作，创新对外宣传方式，着力打造融通中外的新概念新范畴新表述，讲好中国故事，传播好中国声音”。2018年8月习近平总书记再次强调，“要推进国际传播能力建设，讲好中国故事、传播好中国声音，向世界展现真实、立体、全面的中国，提高国家文化软实力和中华文化影响力”。

中国经济的持续健康发展、综合国力和国际影响力的不断提升、中国特色社会主义实践取得的伟大成就，与西方发展模式的弊端日益显露形成鲜明对比，国际社会对中国的关注在加深，对中国奇迹和中国成功背后的秘诀产生越来越浓厚的兴趣。毫无疑问，在新时代对外讲好中国故事，既有必要，更有可能。

“讲好中国故事”作为一项明确的工作要求提出，标志着国家层面对外传播理念更新和战略转向的开启。讲好中国故事是提升中国软实力的重要途径，高校是中外文化交流的重要平台，应切实担负起讲好中国故事、传播好中国声音的重要职责。

近年来，来华留学事业取得了迅速发展，留学生规模逐年扩大，正在日渐成为一个更加庞大而有国际影响力的群体。来华留学生是中国的亲历者，他们在感受中国传统文化魅力之余，也在向世界讲述中国故事。他们具有本土的媒介资源和传播优势，他们眼里口中的中国要远远比大众媒体传播的中国更让人信服，他们讲的故事在本国人群中具有更大的公信力和感召力，他们应当成为中国故事的重要传播主体。

同济大学长期以来积极推动来华留学生和中国学生的趋同教育，在留学生教育中引入三全育人理念，让国际学生完全融入学校环境，推动他们与中国学生沟通交流和朋辈互助。积极举办第二课堂，促进课堂教学与课外活动的联动，通过“感知中国”参访实践、参与社区活动、志愿者活动，走进企业、乡村、中小学，增进他们对中国的全面了解。与此同时，开设中国概况课程，依托学研工部、留学生办公室和国际文化交流学院举办各类跨文化交流活动，帮助留学生提升跨文化传播能力，给来华留学生提供展现来华学习生活的点滴感受、分享同济故事、表达对中国感情的机会和平台，并利用多种媒介进行宣传报道。

我们注意到，在留学生自发书写的中国故事中，对中华传统文化的涉及较为普遍，如风俗观念、语言文字、艺术、中外文化差异等。他们还会写到与中国朋友的友谊，与所在地中国人民热情友好的交往。他们也会关注当下中国社会，有对所接触到的中国百姓生活状态的真实反映，其大部分着眼点在于他们觉得有趣的或者有差异的，以及中国经济快速发展，城市生活富裕、便利的现象等。

习近平总书记曾强调指出，“提高国家文化软实力，要努力传播当代中国价值观念”。留学生的中国故事立足于文化本位、对当代中国价值观念的表达与认可，通过有意识的引导，把握引导的角度和平衡，不仅能够传播我们的价值理念，还可表达出真实平凡故事背后所折射的中国发展理念与时代精神，提高中国道路、中国制度和中国发展模式的魅力和影响力。

来华留学生在传播中国话语、宣扬中国价值、树立中国国际形象方面具有独特优势，留学生讲述的中国故事，具有更好的说服效果，他们必将成为中国故事最好的传播者。

目录

总序
前言

1 **第一章　科技探索**
2 我的医生梦
4 我有一颗中国心
6 科学技术召唤我去中国
8 2014 年到 2020 年
10 感知中国新体验
12 开拓视野的崇明行
14 从共享单车看中国的共享经济
16 令人吃惊的微信
18 共享单车 ofo
20 探索有趣的中国文化
22 我与中国的美丽邂逅
24 迅速发展的中国
26 中国变化之我见

29 **第二章　历史长河**
30 “好玩儿”的中国文化
32 人生精华在中国
34 四川之行

36 寻根之旅
38 越来越吸引我的中国文化
40 中国三日游
42 万法归一
44 我爱世界文化宝库——中国
46 学习中国文化
48 我眼中的中国文化
50 印象中国
52 我的京剧梦
55 领略宁波文化之美
57 细品中国文化
59 中国陶文化体验之游
61 我的中国故事
63 中国孝道文化
65 我和汉语的故事

67 **第三章 红色“济”忆**
68 充满魅力的红色嘉兴
70 红色的嘉兴，革命的南湖
72 井冈山之旅
74 汉语伴我行
76 井冈山文化体验行
78 井冈山文化体验之旅
79 井冈山，我们来了
80 井冈山精神
82 伟大的井冈山

84 井冈山难忘的回忆
85 醉美的井冈山
86 走向幸福的旅途
88 中共一大会址纪念馆观后感

91 **第四章　中外融合**
92 迎着梦想,一路前行
96 中国梦,我的梦
98 中委友谊之桥
100 我的“中国家庭”
102 记忆的图腾
104 中国文化与中国温情
106 感动一生的缘
109 流连忘返在中国
110 中国历史文化的魅力
111 望再相聚在中国
113 学习汉语,我的愿望
115 我的中国音乐梦
117 我愿做中西的一座桥
119 晓岚小梦
121 中国,我的第二故乡
123 中日翻译,美丽桥梁

125 **第五章　当代中国**
126 我与中国人的美丽邂逅
129 令人感动的抗疫行动

131 在中国学习的难忘经历
133 中国印象
135 宝贵的中国旅程
137 中国是现在,也是未来
141 苏州行
144 中国,我又来了
146 中国之行
148 汉语改变了我的生活
150 令人感激的善良中国
152 中国带给我的惊喜
154 千里之行始于中国
156 我的慈善梦想在中国起航
158 我与中国梦的故事
160 我眼中的上海
162 为什么选择中国留学
164 我的梦想就在中国

165 **第六章　同济情缘**
166 我爱你,同济
168 我的一个梦想
170 中国,爱上你了
172 我在中国的求学之路
174 学在中国
176 从汽车梦开始
178 我改变了对中国的看法
180 我的汉语学习之路

182 我在中国学习生活的体验
184 我在中国读书的日子
186 第一次踏上中国
188 我的中国故事
190 我与同济大学
193 我是一条游弋在上海的鱼
196 感恩同济
198 我最难忘的同济故事
200 同济的美好经历
202 同济回忆
204 同济情缘——我的留学生活
206 我的好朋友
210 我的美好"济"忆
212 我有一个同济梦
214 我在中国的"第一次"
216 我对同济的印象
218 中国——神奇的土地

221 **第七章　上海印象**
222 我眼中的上海
224 我的彭老师
226 我眼中的上海特色
228 我和中国阿姨的故事
230 在中国安家立业
232 我眼中的上海特色
234 上海和我

236 我在上海——这个城市很美好
238 我的上海生活
240 人性维度

243 **第八章　我与孔院**
244 美丽中国
246 汉语的魅力
248 一个有缘分的故事
250 为成为汉语老师而努力
251 孔子学院，梦想之源
253 感恩孔子学院
255 我在孔子学院的收获
257 孔子学院让我的未来更美好
259 我的梦想
261 美丽中国，美妙孔院
263 体验孔子学院魅力，做中华文化传播者
265 难忘的孔子学院
267 我和孔子学院的故事
269 与汉语结缘
272 三人行，必有我师
274 中国，你好
277 最美的梦是中国梦
279 祖国，我回来了
281 汉语和我的故事
283 东方的龙

285 **第九章　习近平讲故事**
286 观《妈妈团体》有感
288 白马驮经与玄奘西行
290 “非爱不可”妈妈团体
292 白马驮经的文化交流
294 郑和航海之我见
295 愿中非友谊长存
297 同舟共济，患难与共
299 “白马驮经”与“玄奘西行”之中柬友谊
301 廉洁奉公，百年依旧焕新生
303 郑和宝船
305 和睦邻邦
307 白马驮经
309 郑和下西洋
312 郑和下西洋的精神
314 观《康熙不取灵芝》有感
316 国富民强，众安道泰

319 **后记**

第一章
科技探索

科技是支撑起现代生活的骨架，是渗透到生活中的润滑剂，是改变我们对这个世界认识和感知的重要力量，也是沟通你我的语言，无须翻译。科技是中国的一张名片，展示出现代世界中的身份；科技也可以是一种宣言，宣告出对未来的理解。因此，科技是窗，它为不同世界的沟通提供了通道，同时，科技也是打开窗的力量。对科技的探索过程，无疑是引人入胜的，可以成为携手前行、通力合作的力量，也理应成为这样的力量。而科技探索中最迷人的部分，无疑是它的人文温度：或温暖、或炽热、或带着太平洋的暖风、或带着赤道上空照射而来的阳光。不同文化的交融，让科技探索有了更多样的目标、更丰富的过程，以及更惊喜的成果。科技是现在，也是未来。

我的医生梦

费　廉（白俄罗斯）

我一定要去中国学习。我一直想成为一名医生，遂于2007年离开白俄罗斯前往中国，并住在上海，我认为上海是最美的国际大都市。

我曾经在西方媒体上阅读和听说过中国文化，这使我充满好奇地来到了中国。来到中国生活后，我才意识到，我面临很多的挑战，比如语言、食物等。

语言——我认为语言是中国实现当前发展的优势之一。无论是来自中国哪里，都有共同的语言和汉字。共同的语言赋予中国共同的目标和动力。

美食——对我而言，中国菜是我遇到过的最独特的文化之一。我告诉我的朋友们，你们可以全年居住在中国，而不必两顿吃同一道菜。我喜欢中国的美食。令我惊讶的是，我早年得知中国人通过口感来衡量食物的营养价值，而不是根据香气或包装的好坏来衡量食物的价值。

科学技术——中华人民共和国的科学技术正在迅速发展。随着中华人民共和国与全球经济的联系越来越紧密，政府更加重视科学技术。科学结构的改进以及更多的研究资金投入，使得我所在的医学、遗传学领域也随着世界发展而进步。

中国上海是我学习医学的最佳之地，因为它拥有先进的医疗体系。我现在在中国学习了9年，是6年本科和3年的医学硕士研究生，而我在过去的五年中一直在上海东方医院做实习工作。我现在是一名外科博士研究生，我将会在中国学习到丰富的知识，为我在将来的医生工作生涯储备最好的医学技术。

我希望我将来能成为一名医学界的科学家，所以我要提高我的中文水平，获得中国的执业医师资格，并从事针对性筛查和癌症预防扩大研究工作。

在同济大学医学院努力学习之后，我发现医学改变了我的生活。我知道选择这条路对我来说一点也不容易。但是，我坚信自己，我一定会朝着这个方向努力。

在医学之外，我同样热衷于社区的生活，我热衷于旅行，我对中国的语言和文化充满热情，我喜欢结识新朋友，向朋友了解中国的文化传统。尽管我会遇到很多实际困难，但我从未放弃自己的目标。同济大学为学生提供最好的教育和临床实践服务，我相信我做了正确的选择，我爱中国，我爱上海，我爱同济大学。

我有一颗中国心

李明涛(保加利亚)

我叫李明涛,来自保加利亚。我学习汉语已经六年多了。在本科期间,我曾有一年在北京师范大学做交换生并且学习汉语,目前在华东师范大学攻读硕士学位,我学习的是中文授课的国际关系专业。虽然本科毕业后我的专业已经由中文变成了国际关系,但是我在日常生活中仍然不断地提高自己的汉语水平。

从小到大我多次听说中国在世界上占有非常重要的地位。随着中国经济不断发展与汉语在世界范围内传播力度的扩大,热爱学习汉语的外国人越来越多。

很自豪地说,我也是一名选择学习汉语、热爱汉语的留学生。起初我真没想到有一天我能有机会到中国留学。中国不仅使我有了提高自己汉语水平的机会,而且使得我有机会触碰久远而深邃的中国文化。在中国我欣赏了出色的名胜古迹、品尝了中国美食,还结交了很多中国朋友,这也使得我在留学的过程中积累了丰富的经验。我会努力地把这些千千万万的经验、知识与文化情感传递给更多的外国朋友。

曾经不少人问过我:"你喜欢中国的什么?"我的回答是:"什么都喜欢!"我眼中的中国很强大、很安全。中国的生活很现代:这里有微信、支付宝、淘宝、共享单车、共享充电宝,甚至有共享雨伞,诸如此类不胜枚举。中国的交通很方便:高铁很快,地铁和公交车路线多,去任何地方都非常便捷。中国机会很多:只要是一个有想法、有能力,并且敢于挑战自己的人,在这里都能找到适合自己的发展方向。

在我研究生毕业之后我想找一份跟汉语有关的工作。我想继续努力地学习与传播这种蕴藏着自己民族深刻的历史和文化含义的语言。中国有神奇的风光与景色,也有超级友好和真诚的中国人。

在中国的留学生活是我人生旅程中最难忘的一段时光！我希望学好汉语之后能为中国教育、经济与文化的发展做出贡献，帮助汉语传播到欧洲乃至世界，将中国的盛世景象推介给全世界我认识的人！中国改变了我的思想，像是在我前面打开了一扇通往光明与丰富未来的大门，使我梦想成真。

我认为中国就是我要留下来的国家。有的人说，祖国是我们最强大的保护、是我们安全的后盾，但是我感觉自己在中国才最安全、最幸福，因为我已经有了一颗中国心。

我爱你，中国！

科学技术召唤我去中国

雷观帖（柬埔寨）

我与中国的故事要从2016年开始说起。由于中国“一带一路”的倡议，柬埔寨开设了孔子学院，我通过自己的努力，获得了孔子学院奖学金资助来华留学读四年本科。收到同济大学录取通知书的那一刻，我发觉曾经梦寐以求的愿望突然离自己那么近，我又激动又担心，一个女生第一次出国，在异国他乡难免会遇到困难吧。但是，我对中国的那颗好奇之心，使得我下定决心一定要去中国留学！

来中国之前多年学汉语的经历就像隔着云幕看太空的星星、月亮，中国很美，但也很遥远。到中国留学，则开启了我的宇宙之旅，打开了我所有期盼之门。你们猜得出，我来中国后说得最多的一个汉字是哪一个吗？没猜到吧！是“哇！”“哇！高楼大厦，车水马龙！”“哇！琳琅满目，五颜六色！”“哇！这是我印象中的中国吗？”

来到同济，安顿下来之后，我就和朋友们一起迫不及待地想见识闻名已久的外滩和浦东金融中心。璀璨耀眼的东方明珠，高耸入云的上海中心，万国建筑荟萃的外滩，繁花似锦、游人如织的南京路步行街，比我在电视和照片上看到的漂亮多了，真是让我大开眼界、激动万分啊！上海是海纳百川的城市，这四年间我不仅接触了博大精深的中国文化，同时我还学到了很多来自各国的文化，在这里到处都能看到多姿多彩的文化交流。

本科四年里让我留下最深刻印象的是第一次乘坐了高铁去杭州。上海到杭州坐大巴至少要四个小时，而乘坐高铁我们只花了一个小时就到了。短短一个小时让我对高铁有了新的认知，高铁速度极快，而且车票也不算很贵，还不用托运行李。它平稳性极佳，我觉得比坐飞机还舒服呢！前段时间，我看过一段视频，那就是高铁正在行驶的时候，有人在窗边上放了一枚硬币，一直竖着不倒下，这就说明了高铁的稳定性特别好。说到高铁，它可是外国人心目中的中国新四大发明之一哦！在座的各位都知道古代中国的四大发明，可你们知道中国新四大发明吗？新四大发明是高铁、支付宝、共享单车和网购。高铁技术真了不起！除了高铁，中国的高新技术产业发展得越来越迅速，就连飞机现在也有了"中国制造"呢！我相信在未来会有越来越多的高科技被冠以"中国制造"的头衔。

坐在高铁上欣赏着窗外的风景，看着中国崭新的面貌，我心里想，要是能把高铁这些技术带回柬埔寨就好了。我家离首都金边比较远，每次到首都探亲，在路上坐大巴需要花八个小时的时间，如果在柬埔寨也有高铁，那该多好啊！我相信随着"一带一路"的推进，柬埔寨搭乘上中国发展的东风，这个梦想很快就会实现的！

一转眼四年的本科就这样到了不得不说一句"再见"的时候了。四年的时间里，美好回忆都会永远记在我心里。从陌生到熟悉，我们像亲人一样互相照顾，那便是我们2016级本科班。中国有俗话说，"在家靠父母，出门靠朋友"，我们都是从异国他乡来到中国留学，相聚在这个班级，四年风风雨雨，"有难同当，有福同享"，这些都是缘分吧！

2014年到2020年

史弦书(韩国)

我去过中国两次。第一次是2014年,第二次是2020年。2014年,我只学了一年汉语,但几乎还是完全不懂汉语和中国文化。有次旅行是中国学校举行的活动,我和朋友们都一对一地在中国朋友家寄宿了一天。我有点儿紧张,害怕。为了去中国朋友的家,我们坐地铁。在地铁站检查我的行李箱时,我非常惊讶,因为在韩国没有这种情况。那个时候,我认为检查行李箱的情况,是为了安全而采取的步骤。中国朋友对检查的人说,她是韩国人,还对我说,中国人喜欢韩国人,然后他们看着我笑了起来,对我来说挺意外的,同时也挺开心的。2020年去的中国旅行中也有这种感觉,中国人知道我们都是韩国人的时候,他们笑着与我们对话,有人使用简单的韩语,对待我们的态度很热情、亲切。有些人可能有对中国的偏见,比如说中国人不太热情,公共场合太吵了之类的。不过我发现这只是偏见,其实中国人实在热情,不是吵,只是因为汉语有声调,所以外国人觉得口音很重。

2014年和2020年比较,最大的发展是就是支付方式。我2014年旅行的时候,所有的交易场合都使用了现金。每次出去玩儿,我一定要随身带钱包,还要整天抱着我的包。因为对中国货币不是很熟悉,用硬币的时候总是弄混。但是2020年准备第二次旅行的时候,我们完全没有必要担心这些,因为在中国,使用支付宝付钱已经大众化了。但是对于外国人来说,因为我们没有中国的银行账户,使用支付宝并不容易,不过我最后找到了外国人使用的方法,使用得很好。可是不知道为什么在乘坐出租车和公交车时,不能使用支付宝,幸好我们有应急资金可以用作交通费。除了交通费以外,所有的交易都使用了支付宝。用支付宝付钱的方式非常方便,只要有手机就可以，所以行李减少了，不用担心丢钱，计算货币的负担感也很小。在韩国也有这种付钱方式，但是必须使用三星手机，使用苹果手机的人不能使用这种付款方式，所以我希望在韩国也有所有人能用到的应用程序。如果有的话，显然每个人都会感到方便。

虽然我只去过两次中国，但每次旅行的时候，都会得到一些新的感悟。我认为在许多国家中，中国的发展真的很快。几年后再去的时候会有多大的变化呢？

感知中国新体验

陈　春(柬埔寨)

2019年6月20日,同济大学国际文化交流学院组织了一个很有意思的活动叫作“感知中国”。老师们和导游们带我们去体验了好多有趣的东西,我对它们非常感兴趣。他们把我们送到了崇明岛和开能公司。因为是第一次去崇明岛,所以我觉得很新奇,而且我在日记里记录了我所见所闻的东西。这两个地方给我留下很深的印象。

那天我们8点从学校出发,坐了半个钟头的公交车,来到了长江隧道的浦东入口处,隧道又宽又高。出了隧道我们来到了长兴岛,路边有一个休息服务区。我们在那里休息了一会儿再继续前行。不久,我们就到了长江大桥入口。开到大桥上面,我们的导游告诉我们:这座大桥是由同济大学的毕业生设计的,听到她的话我为我的学校感到很骄傲。大家都情不自禁地赞叹。

我们终于上了崇明岛,没过多久我们就看到了“2018上海最美乡村”之一的崇明仙桥村。我们参观了农村大棚种植、特色的创意民宿、地方民宿和特色手工。我们看到了好多东西,比如说,猕猴桃、桃子、葡萄、火龙果、稻田、稻秆、稻叶什么的。我们亲眼看到了当地人亲手给我们做了一种米糕叫“崇明糕”。崇明糕的主要原料是大米和糯米。我品尝了一块觉得很好吃。

我们继续走到了当地人的家,看到了她们亲手做的特色手工。接下来我们又看到了一位女士正在认真地把谷粒放在一起做成了一幅很好看的五谷画。

一路上我都十分兴奋,因为来到中国我一直生活在城市里,很难看到这么美丽的乡村景色。崇明是上海的一颗美丽的明珠,不仅风景好,而且还有许多美食,真是个让人来了就不想走的地方。我们的导游说崇明开通隧桥后交通方便多了,它的变化会越来越大。

上海开能环保设备股份有限公司是一家专门从事居家水环境改善技术研发和产品制造的高新技术企业,那里的职员们都对我们非常友好。讲解员带我们参观了好多我感兴趣的地方,比如,原能细胞展厅,多媒体调度中心,净水体验中心,机器人自动化制造车间,研发中心,吹塑车间,真火壁炉文化厅等。参观完之后,我们下午5点才上车回学校了。

这次经历让我知道了很多我以前从未听说过的事情。多亏了同济大学国际文化交流学院的老师们,为了让我们了解更多的中国文化,他们组织了这个精彩的活动。对我来说那天是个特别的日子,让我难以忘记,而且我真的学到了很多知识。我爱同济大学。

开拓视野的崇明行

古艺娜(吉尔吉斯斯坦)

很高兴学院给了我们感知中国的机会。这一次,我们来到了崇明岛。车上的导游给我们介绍了崇明的一些基本情况。崇明岛是中国的第三大岛。上海和崇明岛之间有座上海长江大桥,桥上的景色非常漂亮,我从来没看过这样美丽的景色。从同济到崇明岛大概一个半小时的车程,其间大家一起很开心地聊天,还玩了游戏。一到崇明岛,我们就去了最美乡村之一——崇明仙桥村。我的一个同班同学说:“我感觉我现在来到了我的家乡,什么都认识,而且我觉得很舒服。”他满脸的幸福和高兴也让我觉得很开心。真的,这个地方让我们放松,让我们舒服,因为到处都是绿色的田野,美丽的树,还有新鲜的空气。

我们跟着导游游览了很多。那边的工作人员给我们吃了糯米糕。我们国家吉尔吉斯斯坦没有糯米糕也没有糯米。我永远不会忘记去年第一次吃糯米糕的情形,我把糯米糕一口咬在嘴里,既不会嚼,也不会吐掉,最后我尽量把它嚼后吞咽了。糯米糕的味道吃起来很不错。后来我就喜欢上了,甜甜的,暖暖的。然后我们去大棚看了很多水果和蔬菜。很有意思的是,我亲眼看到了一些我们国家没有的水果,比如火龙果、猕猴桃,我还知道了它们是怎么长的,怎么结果的。

吃饱午餐后,下午我们去了一家公司。首先我们在一个大厅里集合,这个公司的工作人员给我们介绍了他们公司是做什么的,以及工作的流程。这家公司叫“上海开能环保设备股份有限公司”。他们制造净化水的机器,能净化成我们喝的水。我们跟着工作人员参观了开能园区。他们把公司卫生间和厨房的水变成能喝的水,我很吃惊。我不想喝那里的水,但是他们说这个水比我手中的矿泉水干净得多。我们还知道了软水和硬水的区别。我很喜欢的一个地方就是他们自己种一些没有添加化学物质的蔬菜和水果,然后自己吃。这样对身体好,吃的饭有营养,喝的水干净,他们的生活就很幸福。就这样,我们看了也学了很多以后会在我们的学习生活中用到的知识。

我要向上海的地方政府、同济大学还有老师们表示感谢,谢谢你们给我们提供了这么好的实践学习的机会。从前在同济上学,只接触过杨浦区的风土人情,这一次的崇明之行,让我对上海的崇明地区文化、科技情况也了解了许多,让我更加热爱上海、热爱中国。

从共享单车看中国的共享经济

史蒂芬(德国)

共享经济概念是美国人提出的,主要特点是人们借着第三方平台,分享自己的各种资源,使资源得到最大的利用,分享者和需求者都可以得益。共享平台最早是在美国出现,如 Uber 和 Airbnb。

中国的共享经济起步较晚,但发展迅猛,尤其是 2017 年,共享经济如火如荼的发展引人注目。从共享单车、汽车、充电宝到分享知识、劳务等,中国大地上的共享经济的迅速发展,给人们的生活方式带来了巨大的变化。

有一天我的朋友邀请我参加她的生日聚会。我提前准备好了生日礼物,但决定生日那天把它包好。到了那一天,因有事儿而出发得比较晚,担心来不及,而想起要包礼物的时候就更着急了。要不要打车? 打车的话,来得及是来得及,但是不划算了。那么是否要借朋友的电动车? 可是我不会开。对了! 骑自行车吧! 正好不久前我学会骑自行车。但是,又出现了个问题。我没有自行车,还在等奖学金来才能去买。那么可以骑共享单车,但我又没登录过。哎呀! 太倒霉了! 这些都是我坐电梯下去的时候在我脑子里所出现的方法,脑子快爆炸了。我一出宿舍,幸运就到了。突然看到我同学的朋友骑着共享单车过来,我就请她借我单车。我知道这样不合规定,但当时对我来说只能这样。我怀着来得及聚会的希望赶去包礼物。包好以后出超市一看,单车竟不见了。包礼物只要了 5 分钟左右,没锁上的单车那么快就被人骑走了。好在公交车站离超市不远,上公交车去聚会还来得及。感谢老天爷!

由于共享自行车具有很多优点,很快就在中国各地流行起来。其中第一优势是价格便宜,每 30 分钟 5 毛钱。对于要快速地到附近的一个地方,但不想打车的人来说，骑单车是最合算的方法。第二，共享单车在上海每个地方几乎都有，连在松江这类的郊区也找得到。只要打开地图，找到最近的单车或预约单车，扫二维码打开就可以出发了。第三，应用非常方便。不但中国人，来华留学或旅游的外国人也能用单车。只要下载相关的手机软件，付押金就行了。Mobike 的押金费是 299 元，ofo 的是 99 元。有人说，押金有点儿贵，特别是对短时逗留中国的游客来说。不过，这已经不是问题了。因为押金可以退还。第四，比起开车，骑单车更有助于强身健体。此外，单车还起到减少道路交通拥堵率的作用。同时不存在大气和噪声污染，完美地适合绿色出行，表现出中国绿色环保的发展理念。

由于上述的优势，共享单车发展与流行的速度迅猛。至今共享单车除了中国国内以外，在国外也广为流行。比如，这几年 ofo 在英国伦敦、美国西雅图和华盛顿特区、法国巴黎、新加坡，Mobike 在美国华盛顿特区、意大利米兰、德国柏林受到了民众的欢迎，数量日益增加。如此之大的流行范围表明中国共享单车有满足世界各国用户的要求的趋势，也表明中国共享单车符合国际标准。

在我眼中，共享单车能充分表现出中国共享经济的快速发展，也能代表中国技术的智能水平和人民的创意才能。怪不得人们把共享单车跟支付宝、网购和高铁一起称为“中国新四大发明”，而这新四大发明是中国为当代世界做出的不可忽视的贡献。

令人吃惊的微信

春　雁（乌兹别克斯坦）

我来自"太阳的国家"乌兹别克斯坦，我今年20岁，在我的国家我读了9年小学和3年中学。我们家里有4口人，妈妈、姐姐、弟弟和我，妈妈一个人抚养了我们姐弟三人，她把全部的爱都倾注在我们身上，教会我们如何成为一个善良的人。我美丽的姐姐也在中国学习，她在美丽的厦门，我弟弟在乌兹别克斯坦学习，妈妈在土耳其工作，我们不在一起，我们都非常想念对方。

从小我就想成为一个对社会有贡献的人，让人们为我感到骄傲。有一天我在家里看电视，节目里刚好播放的是关于中国，讲述了这个神秘国度，它的人文精神，传统文化，经济发展，滚动的历史巨轮，这一切的一切都勾起了我对这个国度的浓厚兴趣。从那时起，我就梦想着有一天我能够来到中国学习所有的一切，待我学有所成归国后，有能力促进中乌两国的兄弟般友谊的升华。有这样的想法后，我决定了我必须来中国学习，只有我努力提升自身的能力，才能完成自己的梦想。于是我开始着手申请来中国留学，在漫长的等待时，我甚至担心收不到录取通知书了，录取通知书却来到了。我非常开心和激动。在我要来中国前，没人相信我会真的通过留学申请，只有我的家人支持我，相信我！

当我下飞机踏进中国的时候，我感受到中国人民的热情和友善，中国真的如人们所说的一样，是一个完美的、宁静的、友好的国家，我非常喜欢它。在这里你会发现有很多的机会，来到中国以后，我开始用微信。刚用的时候，对我这个老外来说特别难，因为界面都用汉语。但是用了一段时间以后，我发现微信特别有意思。微信可以联系朋友，微信可以语音聊天，微信可以分享照片，微信可以发红包，而且微信还可以付账。让我特别吃惊的是微信的支付功能。我常常用微信支付，在超市买可乐，在书店买书，在咖啡店买咖啡。我常常乐在其中，享受微信给我带来的有效率的新生活。

我喜欢微信，它是十分友好的不同的社交工具。

我喜欢微信，它让我爱上新的生活方式。

我喜欢微信，它让我体验时代新节拍。

共享单车 ofo

瑞卡斯(柬埔寨)

我叫瑞卡斯,今年二十岁了。我从柬埔寨来。我在同济大学学习汉语。我是预科生。明年我要去别的大学学习我的专业。我的专业是土木工程。来中国的前前后后,我有一些故事。什么故事呢?请让我说一下。

我十岁的时候,我妈妈买了电视。那会儿,晚上我常常看中国电影。然后有一天我看到一个很漂亮的地方叫长城。我觉得中国还有别的很漂亮的地方。我几乎每天都梦想有一天能到中国去,了解中国人的生活,也希望能去长城玩儿。大学一年级时我决定参加中国奖学金考试,但是我没成功。二年级的时候,我再次参加中国奖学金考试。这次我考试考得很好,终于我得到了中国奖学金。我的梦想成真了。

我出发的时候,我妈妈爸爸和我大学的同学都去给我送行。他们预祝我成功,一路平安。那会儿,我很高兴。出国留学是我第一次,也不会汉语。我有点儿害怕。但是我不感觉寂寞,因为我跟学长和别的柬埔寨学生一起坐飞机来中国。下飞机以后已经是半夜了,没有公共汽车。我们二十五个学生中只有四个学长会汉语,所以我们很难打出租车。我们要在飞机场等公共汽车。那会儿,我又困,又饿。尽管我们非常累,但是我们仍然等着。早上七点,公共汽车来了。我很高兴。我到了同济大学,吃完饭,回到宿舍以后,我心里想:从今天起,我就要在中国生活,学习了。在中国生活将会怎么样呢?我觉得一定会很有意思的。

来中国以后,我已经逐渐适应了中国的生活。每天我都骑小黄车 ofo 去教室,特别方便。小黄车不但方便了我们的生活,而且让我可以欣赏学校美丽的风景。我喜欢小黄车,因为在我的国家没有这种共享单车。在我去上海大学的时候,我也开启了小黄车，骑着骑着，我好像觉得这辆自行车就是我的车。它流线型的设计，舒适的座椅，时尚的元素应有尽有。骑上它不但让我信心满满，而且自由自在。相比于其他的共享单车，我更喜欢小黄车，透过它让我充满阳光，每天上课都有一个好心情。等我回国，我要把小黄车概念带回国并付诸实施，让柬埔寨人也用上这种方便的车。

探索有趣的中国文化

祝翰林(柬埔寨)

我叫祝翰林,来自柬埔寨,目前是同济大学土木工程学院的一名研究生。时间如白驹过隙,转眼之间,今年是我在中国的第七个年头了,在这里所发生或遇到的每件事情都是历历在目的。从一个不会说汉语的二十岁小伙儿到现在一个可以使用汉语生活学习交流的成熟男人,这几年来我见证了中国在每个方面的飞速发展,还感受到以前只有在书上或网络上陈述的历史和传统习俗。这里的一切都值得去深入了解,不管是历史文化、传统习俗、风土人情、现代发展等,在每个外籍人士的眼里就是中国本国的特征代表。

在将近七年的时间里,我感受到中国在信息化引领现代化方面发展迅猛。2013 年刚来中国的时候,微信作为一个新兴的社交应用软件,只用来网络聊天。后来,微信功能慢慢丰富,比如微信支付和微信的小程序,提供给微信的用户很大的便利。网购是年轻人非常喜欢的活动之一,因为不用费力气去逛商场去逛街,就可以通过网络买到自己喜欢的东西。但之前网购不是很方便,因为要绑定银行卡通过网上银行才可以在网上购东西。后来支付宝作为一个类似于网银的平台,让手机支付成为可能,这使得生活越来越方便。支付宝不仅可以进行网购付款,还有更多的娱乐活动,比如购买电影票、水电费的缴费、电话缴费、花呗等。在现代中国的社会,微信和支付宝都是年轻人手机中必备的应用软件,吃饭出行都不需要现金,实在是再方便不过了。除了微信和支付宝,中国还有更多的应用软件比如共享单车、外卖等,都使得现代中国人的社会体现出中国的飞速发展。现代中国在各个领域的发展速度都是肉眼可见的,中国提倡在努力做好环保的同时,让国家往更智能化的方向发展，脱离贫困，让中国人拥有更好的生活。

有机会来到中国留学对我来说是非常难能可贵的机会，也是我人生中难以忘记的事情。我非常喜欢这里的一切，不管是文化环境、风土人情还是现代社会的发展，都是我很羡慕的东西。在这里遇到的每一件事情以及每一个人都是命运给我安排好的，我会把所有的事情写进我人生的故事本子里，让世界知道中国是一个非常具有魅力的国家，让每个人了解中国！最后希望在中国的外籍人士们用心去了解中国，去探索中国更多有趣的文化！

我与中国的美丽邂逅

谢瑞莎(尼泊尔)

作为一名尼泊尔人,一直以来我就很想知道世界最高峰珠穆朗玛峰另一边的世界是怎样的。幸运的是,在我中学毕业后,终于梦想成真,来到这个美丽的国度——中国学习和生活。这个美丽的国家带给了我许多美好的回忆,值得我一生去珍惜。

让我从中国人开始说起吧。他们非常友好,也很乐于助人。记得我刚来学校的第一天在校园里迷路了,我向一位中国学生寻求帮助。虽然她只是个刚来学校第二天的新生,而且不太懂英语,但她还是热心地帮我问了别人,最后借助手机地图帮我找到了留学生宿舍,一路上虽然我们交流不多,但我从心底对她表示感谢。一些外国人可能对中国人有一种误解,觉得中国人不喜欢外国人。其实在我看来完全不是这样。只是由于许多中国人都比较内向,而且沟通时有语言障碍,所以看起来他们跟我们是保持距离的。只要我们主动寻求帮助,无论是在商店还是在餐厅,中国人总是很乐意伸出援助之手。

中国土地的辽阔与多样性造就了不同的气候,各异的文化,特色的街头美食,以及令人惊叹的节日等。这里既有丰富的自然景观,如森林、山川、河流等,又有丰富的人文景观,如历史古迹、古典和现代建筑、伟大的工程等,这些都吸引着世界上成千上万的旅游爱好者。中国是世界上人口最多的国家,但并不是每个地方都挤满了人。即使在人口密度这么大的上海,你会惊奇地发现依然到处都是公园和绿地。谈到建筑,我对中国的传统民居十分感兴趣,从北京的四合院到苏州的园林再到上海的弄堂,风格各异,却都让人着迷。

我早就在书本中了解到,中国是造纸、火药、指南针和印刷这古代“四大发明”的发源地。当今的中国，在自然科学、工程、医学、军事技术、数学、地质学和航空航天等方面都取得了巨大的成就，研发了多项先进技术，例如世界上第一个合格的机器人医生、世界上最大的浮动太阳能面板、全球首款3D打印电动车、世界上最大的空气净化器、世界上最长的跨海大桥、世界上最快的铁路等。这不仅是我在书本上读到的，更是我亲眼所见的，作为一个外国人，我真的大开眼界，赞叹不已。

在中国出门买东西，人们很少使用现金，几乎所有人都用手机支付。所以在这里你不必担心丢钱包，因为你根本不必带钱包，不过这也更凸显了手机的重要性。某一次我去了一家快餐店吃汉堡，把手机忘在店里了。半个小时后，我才意识到我的手机不在身边了。去汉堡店找回手机的路上我真的很担心，但是刚到店，店主就主动叫住我，并把手机交还给我了。原来店主早就把手机安全地保管好了。拿到手机的那一刻，我感动得说不出话来。

想跟大家分享的事情实在太多太多了，总之，我在中国有许多美好的经历。我认识了很多新朋友，也学到很多新东西。中国就是我的第二故乡，我爱你中国。

迅速发展的中国

阿米尔(尼泊尔)

我刚读完理科高中,就来到中国参加了尼泊尔特里布万大学(Tribhuvan University of Nepal)的英语专业 MBBS 课程。在那段时间里,我听到中国正在迅速发展,感到非常兴奋。当我降落在上海浦东国际机场时,我第一次看到建筑物和道路时,感到非常惊讶。我直接去了上海火车站,我们大学新录取的一位代表指导我如何到达新乡医科大学。那段时间我看到了上海广播电视塔,吃了北京烤鸭和半熟的蔬菜。这是我第一个梦幻之地,我站在那里,却无法相信自己,以为自己在天堂。

我乘坐了 14 个小时的火车旅行到新乡市,在那里我学习我的专业课程医学。我所有的教授都来自尼泊尔,用英语教授我们医学课程。没有人指导我学习汉语。我和我的许多朋友都没有学过中文,为此我感到遗憾。在那期间,中国暴发了疫情,我们在旅舍里被隔离了,给了不同种类的中草药。那时我觉得在中国很不安全,宁愿回我的国家。我记得很多外国学生因为疫情而回国了。但是,我相信中国可以控制,果然,中国成功地控制了疫情。

中国人非常乐于助人,充满爱心和关怀。在我学习期间,我去了北京,在那里我参观了许多美丽的文化和历史名胜,如长城、天安门广场、颐和园和人民大会堂。和师兄在北京大学宿舍住了两晚,让我对该大学平添好感。我还参观了青岛,从建筑结构和道路的角度来说,青岛和欧洲国家一样。中国的每一件事都因文化、环境和社会而变得完美,每一个到过中国的人都会因为他们的乐于助人和相互合作而爱上他们。我还亲身经历了中国的许多节日,如春节、清明节、劳动节、端午节、中秋节和国庆节。每一个节日都有自己的意义和庆祝方式,有特定的美食。中国被称为美食之国，因为中国有很多远近闻名的食物，据我所知，中国的食物在全世界口碑都是第一位的。

我现在仿佛置身于天国，对中国飞速发展的人工智能和基础设施，如桥梁、道路、建筑、铁路网、高速铁路网、支付宝、阿里巴巴、百度、微信、天讯等感受深刻，觉得中国生活的方方面面因此日新月异。这些设施使人感到非常舒适。中国经济的快速发展引起了世界各国的兴趣。现在很多国家都在摹仿走中国的道路，以中国模式发展经济。

我第二次来到中国攻读研究生学位，更让我对中国印象深刻。现在一切都变了，中国人民的生活水平几乎达到了欧洲国家的水平。世界最大的三峡大坝建于宜昌；青藏铁路是世界最高铁路线，中国有世界上最长的桥梁港珠澳大桥，世界上最快的磁浮铁路网正在中国进行试验。目前世界第二大经济体是中国。与其他发达国家相比，中国的科学技术还有进步的空间。由中国牵头的“一带一路”工程正在建设中，旨在连接亚欧，促进各国经济增长。我观察到这些中国的发展。相信在不远的将来还有更多的发展。

世界的目光聚焦在中国。在不久的将来，中国将成为我们这个时代的超级大国。我现在很自豪能成为这样一个神奇的国家的学生。我希望我到上海后能有更多的机会了解中国。中国上海是我的梦开始的地方。

中国变化之我见

王　子(刚果布)

时光荏苒,不知不觉我已经在中国度过了五年有余。这五年里,深刻感觉到身边日新月异。同济大学在变化,上海在变化,中国在变化,世界在变化。

以前出门,短距离的只能步行,如果想打车,往往需要等很久才能遇见出租车。而现在,每走几步就会有共享单车可供使用,可以轻松到达目的地。长距离的出行现在不仅有出租车,滴滴等打车软件叫车也非常方便;在市区,不管何时何地,只要在手机上进行简单的操作,随时随地都可以出发。

以前支付方式只有付现金或者刷卡,需要经常去银行排队取钱,同时还需要时刻保管好自己的钱包,稍有不慎就有可能丢失。而现在,微信、支付宝支付的推广和普及代替了传统的现金和刷卡,彻底改变了人们的生活。人们不再需要带钱包出门,只要手机扫一扫就可以满足日常的消费需求,省时高效,方便快捷又安全。

以前买东西,需要穿梭于一个又一个商场、超市,大费周折才能买到自己满意的东西。而现在,各种网购平台中的商品琳琅满目,许多二手闲置物品也可以满足有需求的人,只有你想不到,没有你买不到。物流也比从前更给力,哪怕是偏远的地方,时隔几日,也可以让人足不出户就能买到需要的东西。

我真的很幸运能有机会生活在这样伟大的时代,见证中国的飞速发展,享受改革开放的累累硕果。中国改革开放四十年,每一个变化都在很大程度上惠及每一个在中国生活的人。一个订单,外卖小哥就能让你立刻吃到任何你想吃的东西;一张车票,高铁就可以四个半小时把你从首都北京带到繁华的上海。科技的飞速发展正在不知不觉中改变着人们日常的点点滴滴,这一切变化归根结底都是为了方便人们的生活。这是我在中国生活的这几年,真真切切感受到的变化。

在中国留学的五年中,同济大学在一天天变美丽,上海在一天天变繁华,中国在一天天变强大。历史告诉我们,流水不腐,变化就是发展,变化就是进步,变化就是飞跃。“一带一路”的福祉也让我的国家变得更美好,一条条四通八达的高速公路,一幢幢巍峨矗立的高楼大厦,象征着中刚两国坚固的友谊,见证着两国繁荣的发展。

愿世界越来越和平美好,愿中国越来越繁荣富强,愿中国人民越来越幸福美满,愿生活在中国的外国人能够为中国创造些许价值,让友谊之光在生命中永远点亮。

第二章
历史长河

悠长历史长河、多民族文化交融、广袤富饶的土地，展开的是一幅多维度的画卷，可以去漫游、去欣赏、去体验。一次古城的漫步，一次武术或汉服的体验、一次马莲草对粽叶的缠绕……都是一次和历史的对话。不同颜色的眼睛看到的可能是不同的世界，不同关注的问题得到的可能是不同的回答。因此，这个过程变得更加丰富和美妙，无论是赞叹还是惊奇，无论是陌生还是熟悉，无论是浅尝辄止还是就此入迷，都提供了一种特有的视角，呈现给原本就身在此山中的人，一张张前所未见的剪影。中华民族自古热爱自然、热爱生活，天人合一的思想渗透在历史长河的水滴中，有人读出了坚毅、有人读出了自立、有人读出了历经苦难后的乐观向上、有人读出了笑看风云的悠然惬意。

“好玩儿”的中国文化

尹瑞邦(缅甸)

我和中国的故事应该从出生说起。中国与缅甸土壤相接,而我的家乡就是一个坐落在中缅两国边境的小镇。两国人民共饮一江水,彼此守望相助。两国之间源源不断的贸易往来让我从小就明白自己的生活和中国密不可分。

小镇里的孩子从小就上两所学校,一所国立学校和一所中文学校。每天的时间都被学习填满。如果周末遇到爸爸妈妈要去中国订货的话,就可以和他们一起去瑞丽逛一逛。那真是童年里非常美好的回忆,因为瑞丽有好多好玩的和好吃的。每次听到爸爸妈妈说“要去瑞丽啦”就好开心。渐渐地我对中国有了第一印象,那就是“好玩儿”。

后来我不太经常去瑞丽了,因为我生病了。我小的时候患了支气管炎,每次生病爸爸妈妈都带我去瑞丽民族医院看病,每次去看病都要在医院住上十多天。在医院漫长的日子里,每天早上医生都会来看我,还会问我有没有好好吃饭。在医生和护士的照顾下我的病好了很多。渐渐地我对中国的印象不仅仅是个有好吃的和好玩的地方,还是个能够让我变得健康起来的地方。对中国的感觉也已经不是喜欢与不喜欢那样简单,而是对自己生活在这样一个与中国为邻的地方而感到感激。

虽然自己开始对中国产生向往之心,但是回到课堂上对中国的印象却是“很难”,中国的文字很难学。为什么汉字笔画那么多还不像缅甸文一样可以组装起来?这件事困惑了刚上学的我很久。家乡的中文学校是按照中国的九年义务教育教材教的,所以最高的年级是初中三年级。当时我还在想一年级都那么难了,到了初三的话怎么办。于是我就问妈妈初三还排名次吗,如果是那样的话那么考到第一名的人大概是要不睡觉地读书了。妈妈可能是担心我害怕上学所以就说不会不会，初三是不排名次的。现在想一想还是会忍不住笑出声儿来。但是对于当时的我来说是切切实实地感受到了中文的难度。特别是学习用毛笔写字的时候手一直在抖，练习了好久才能勉强写出像样的字来。

随着我慢慢地长大，也学到了更多关于中国的知识。我发现随着学习的深入，我越来越喜欢中国文化。历史悠久的中国文化经过几千年的熏陶，从古代的诗词歌赋到现代的电影电视剧和歌曲样样都让人着迷。儒家思想的仁、义、礼、智、信、恕、忠、孝、悌一直影响着我。中国的电视剧和综艺节目也占满了我的休闲时光。每次心情不好的时候看一看湖南卫视的《快乐大本营》都能让我开怀大笑。每次看中国的电视剧都让我沉迷于其中。渐渐地，中国已经和我的生活有着千丝万缕的关系。

大学本科毕业后我毅然决然地决定要到中国攻读我的硕士学位。随着中国日新月异的发展，中国在我的心中更加充满了吸引力。经过一番努力，我终于拿到了同济大学的录取通知书！就在我以为我的中国留学梦快要实现的时候全球新冠肺炎延迟了我去中国的日期。但是我能感觉到我和中国的故事还远远没有结束，等到疫情结束、我去到中国留学之时将再续写我和中国的故事。

人生精华在中国

颜杨青(泰国)

您好！我叫颜杨青,我是泰国董里人。我今年二十三岁,学习汉语已经七年了。我现在在同济大学国际文化交流学院读研究生。我是孔子学院奖学金生,真感谢这里给我机会去中国上海读书。这是我的第二次在中国学习。我第一次来中国去了广州暨南华文学院学习两周汉语。那时候我就发现中国跟别人所说的不一样。

我从小听说过很多关于中国的事,因为爷爷奶奶都是华人。我听说,爷爷奶奶在中国的时候,人们的生活很艰难,很难吃到肉,没有新衣服。但是现在中国老百姓的生活跟以前大不相同。中国现在非常发达,有先进的科技,发达的技术,交通也非常方便。我觉得中国是很好的地方,有山有水,有丰富的自然环境。这里不仅有漂亮的地方还有很多传统文化和悠久的历史值得我们去了解。

我学习汉语,不只学习语言还学习中国的历史和文化。我非常喜欢中国历史,喜欢看中国古装电影和电视剧,比如《孔子》《三国演义》和《知否知否,应是绿肥红瘦》等。我想穿越到那个时代,我想见孔子真人一面,想跟他学习哲学。2019 年我有机会去了山东曲阜,参观了孔庙,我很开心能去参观孔子的故乡。我本科期间去过了中国不少地方,比如十三朝古都西安、六朝古都南京,以及武汉、黄山等。我还对中国文化感兴趣,比如书法、太极拳、中国茶、中国围棋等。中国文化都很优美,可以吸引很多外国人的关注,我也是一个外国人,我能感受到中国文化的价值。这么多人口的国家却能管理得这么好,我觉得不可思议,我爱上了这个国家。在我的未来,我会去中国的各个地方旅游,寻找中国各种特别的魅力,跟中国本地人聊天,了解他们的生活和文化。

中国是我的"第二故乡",我虽然在泰国出生,但是我一直认为自己是泰国华人,记得第一次来中国,除了感到好奇,就是感到温馨,我感觉中国在等着我,犹如老家的老爷爷老奶奶在等着孙女们去探望他们,这里也是我的家。我希望在天上的祖先们会很开心,因为他们的后代正在找回到自己的根源。我有华人的血统,我很骄傲。我感谢中国给予我机会在中国学习,我非常珍惜这次机会,住在中国的时间是我人生的一段美好回忆。祝中国更加繁荣昌盛,人民幸福安康!

四川之行

尧博超(德国)

眼前的风景越来越优美了,翠绿的树覆盖群山,梯田填满了它们之间的山谷,几朵白云悬挂在浅蓝色的天空中,比画还美丽……

那是一次难忘的中国之旅。2014 年 9 月 19 号,我跟大学同学一起坐火车去他的家乡——成都。接下来的六天,我住在他父母家,体验中国文化。到了成都,叔叔阿姨来火车站接我们。虽然我基本上不会说中文,更不会说四川话,但依然能感受到他们的热情。到了他们家,我第一次吃到地道的四川菜。阿姨做的菜都是辣的,极其好吃。吃饭的时候只有两个话题:“好吃吗?”“很好吃!”“辣吗?”“不太辣。”

一个梦想实现了——我可以亲眼看到大熊猫了! 首先,这是我有生以来第一次坐嘟嘟车,我紧张地抓住车上的把手,因为两边都没有门,我怕掉出去。一到了成都大熊猫繁育研究基地,我就赶忙下车,也算是有惊无险。接下来,我看到了身体胖胖的,耳朵小小的,眼睛黑黑的,黑白相间的大熊猫。大熊猫仿佛很懒,它们或是慢慢地走来走去,或是伸个懒腰,或是向后滚,真可爱! 之后我来到了繁殖中心,那儿有大熊猫宝宝,个头小小的,都在睡觉,可爱极了。最后还有一个小惊喜:在一个花园里,我们还看到黑天鹅、白色的鸭子和多彩的孔雀。黄昏中飞向落日的黑天鹅给我这美好的一天画上了完美的句号。

我们参观了成都的名胜古迹,学习了成都的历史。在金沙遗址我了解到太阳神鸟金饰的由来。它是成都的象征,灵感源自 2001 年出土于金沙遗址的商代末期金箔作品,金饰内层有十二条旋转的齿状光芒,代表一年十二个月;外层有四只鸟,代表春夏秋冬四季轮回。后人推断,该金饰可能是古蜀人祭祀用的神器。这一天我终于明白为什么我的朋友总是在他的脖子上戴这个符号的饰品。

接着我们游览杜甫草堂。杜甫是唐代的一个著名的诗人，从 759 年开始在一座茅屋中居住了 4 年，这 4 年是杜甫作诗最多也是最有名的时期。我没想到的是，杜甫草堂不仅是一座茅屋，而且是一个大的公园和博物馆，里面到处是漂亮的建筑和优美的水景。

了解了这么多历史以后，我也品尝四川的特色辣菜——兔子。让我很吃惊的是，菜里除了肉块以外还有兔子的内脏和头。有人向我发起挑战，要我吃兔脑、眼睛和脸颊。我勇敢地都吃了。我觉得兔脑还不错。

次日，也是很特别的一天。阿姨带我们俩去黄龙溪镇。当时，成都还没有从我们的住处去黄龙溪镇的地铁线，我们坐了三个小时公共汽车才到。黄龙溪镇是中国历史文化名镇之一，它拥有 2100 多年的历史。黄龙溪镇至今保留着较为完好的古镇格局，美丽的风景让我如醉如痴。古镇的胡同很狭窄，双边绵延着木制的精美绣花的房子，悬挂在屋顶上的红色灯笼与棕色木结构完美匹配。走过小巷，我看到一个绿色的池塘。从大门的方向，大量的水喷向池塘中间的青铜杯。在这里我们拍了很多照片，留下了美好的回忆。结束这一天，我们还吃了我最喜欢的菜——火锅。

第五天，我们和我朋友的中学同学一起去茶馆，他们给我介绍了中国的茶文化。一壶茶叶通过多次煮泡，散发出不同的味道。中国茶的质量世界首屈一指。告别前，我们还去市中心欣赏了夜景。

最后的一天，我们看望朋友的外公外婆。虽然我听不懂他们的话，他们也听不懂我的话，但是他们仍然为我的到访而感到开心不已，热情地跟我握手，问了我很多问题。叔叔还教我象棋，这是我第一次下中国象棋，虽然我输了，但是我也积累了不少下棋“战术”呢！

愉快的时光总是匆匆易逝，转眼我们就要离开美好的成都。离别时，我们的眼睛都湿润了。我非常感激好客亲切的叔叔阿姨。我觉得，在成都的生活将是我一辈子最难忘的时刻。这几天，给我留下很美好的印象，我更加热爱中国！

寻根之旅

林雪仙(印度尼西亚)

中国是一个历史文化悠久的文明古国,上下五千年的文明历史创造了灿烂辉煌的传统文化,到现在已经融入我们的生活,无处不在。

我与中国有着想抹也抹不掉的缘分。我的爷爷奶奶小时候在中国长大,他们都是名副其实的中国人。只是后来因为战争的关系,他们不得不背景离乡,来到了柬埔寨。因为家庭背景,我从出生到现在几乎每天都在跟汉语打交道。

小时候觉得学习汉语是一件很有趣的事情,少年时的叛逆期差点让我放弃,这是我人生中最大的转折点,我很幸运,因为老师的忍耐,包容,即使在困难的时候,老师也从来没放弃过我,耐心地指点着我,因此我重新走上了学习汉语这条路。

俗话说:“老天不负有心人”,偶然的一次机会,我参加了中国政府在广西举办的“华裔青少年寻根之旅”,这是我人生中第一次来到了这熟悉又陌生的家乡“中国”。说到广西,我们首先都会想到“桂林山水甲天下”,百闻不如一见,广西山清水秀的景色比书上描述的还要更美,让我大开眼界。自从那次旅行之后,我对中国越来越感兴趣。

后来,我作为一名交换生参加了福建华侨大学的培训课程“闽南寻根之旅”,这次培训课程非常有意义。在这半个月的课程里,不仅仅有艺术课国画绘画,手工课剪纸,武术课,历史课等,还有参观实践课,我们去了福建省很多著名景点,现在每当回想起那时候的点点滴滴,我就非常开心。

高中毕业之后,我来到了中国南方最大的商贸中心“羊城”广州。这次与以往不同,我不是参加学校活动、培训课程,而是作为家族企业代表参加中国最大的进出口商品交易会"广交会"。几天下来,我终于能把我所学的知识实用到实际生活中,好比人们常说:读万卷书,不如行万里路。

学外语的学生,大都有个留学梦,我也不例外,我一直想去中国留学,毕竟读了那么多年的汉语,如果没能去中国留学,这应该是我人生中最大的遗憾了吧。为了不留遗憾,2018 那年我鼓起勇气来到了我一直向往的城市"魔都"上海。自此,我和中国的故事又开启了新篇章,踏上了新的旅程。

我一直对中国历史文化很感兴趣。从秦朝秦始皇统一天下,到楚汉之争,到三国时期,到隋唐时期,又到中国近代史延续到现代,中国上下五千年的历史中,各个时代的中国人在各地留下了岁月的痕迹。中国最吸引我的是各个地方美食,像北京烤鸭、兰州拉面、重庆火锅、粤菜里的点心,所谓的美食数不胜数。

自从我出生起,我和中国的故事就已经开始了,中国也算是我的第二个故乡。从华裔的家庭文化,到第一次作为旅客来中国旅行,到第一次作为交换生参加培训,又到作为合作伙伴与中国人做生意,又到作为留学生在同济大学学习,一桩桩一件件事情,冥冥之中注定就是如此。虽然路途上有些坎坷,每件事都不像想象中的那么美好,可是还算是顺利地过来了。我和中国的故事可能永远都不会结束,故事没有结局,只会展开新的片段,未来的故事应该会更加丰富多彩!

越来越吸引我的中国文化

邓大宝(老挝)

我叫邓大宝,来自老挝。那为什么我叫大宝呢?大宝的名字源于我的外公,我外公是龙的传人,小时候,我外公家前面有个叫小宝的小伙子,我们两家人相处密切,所以就给我起名大宝,很有趣吧!

2017年,我来到了同济大学国际文化交流学院学习。来之前我对中国没有什么印象,但经过了3年的时间,我已经爱上了中国,爱上了上海,爱上了同济,我迷醉了这里的历史文化,美食美景、现代发展以及风土人情。

中国的历史文化悠长且有趣,在同济老师的教导下,我不断加深对中国历史的了解。在上历史课的时候,老师为了让我们容易记住中国的历史朝代,就教了我们一个很有趣的顺口溜,黄尧舜禹夏商周,春秋战国乱悠悠。秦汉三国晋统一,南朝北朝是对头。隋唐五代又十国,宋元明清帝王休。除此之外,我还懂得了中国的唐诗宋词,了解了著名的诗人,比如:李白、杜甫、白居易、苏轼。我最喜欢的是苏轼写的《水调歌头·明月几时有》中的一句“人有悲欢离合,月有阴晴圆缺,此事古难全”,这句话让我了解了人生的欢乐与伤感的离别。

汉字概述课也是我喜欢的一门课之一。没学过这门课之前,我认为中国汉字非常难,看上去就很头疼,每个汉字都要一笔一画地写,不能有一点错误,但学了这门课以后,我发现汉字的偏旁非常有趣。谁会想到我们可以通过偏旁来猜出汉字的意思呢?比如:“月字旁”就有了两个意思:第一,“朝、期”中,“月字旁”有时间的含义,第二,“肚子、脖子、脚”中,“月字旁”不再表示时间,而是只我们身体的部分,这里不是读月字旁,而读“肉”字旁。中国的汉字巧妙绝伦。

中国美食丰富可口，中国美景美不胜收。中国有八大菜系：鲁菜、川菜、粤菜、闽菜、苏菜、浙菜、湘菜、徽菜。我印象最深的是四川火锅，没想到四川人这么能吃辣。老师曾经说过，“河南辣不怕、四川不怕辣、湖南怕不辣”，我深信不疑。我去过了中国的很多景点，广西桂林山绿江蓝草如茵，就是所谓的“桂林山水甲天下”。

中国人非常热情，中国老师非常善良。同济让我感到这里不只是我们的学校，还是我们的家园，到了这里我遇到了来自不同国家的同学，因为一起学习汉语和中国文化，让我们成了好朋友，这就是“学好普通话，朋友遍天下”。同济的老师们把学生当成家人，在学生心里老师们已经成为自己的第二父母。老师们就像阳光，我们就像小草，老师孜孜不倦地用阳光温暖校园，我们小草也不停地吸收养分慢慢成长。同济老师们的关心与关爱让我了解了“同舟共济”这个概念。

2020 年我在同济毕业，疫情让师生不能在中国相聚，但我想告诉老师和同学们，心中有爱我们还会相见，同济大学永远是我们的家，有机会我一定会回去。

中国三日游

岑洁莹(委内瑞拉)

在一个满天星空的夜晚,我睁着眼睛看向窗外盼望着明天的到来,明天,我们要去的地方叫中国。我母亲曾经跟我说过,中国是世界上发展最快的国家之一,拥有五千年的历史、绚丽多彩的文化和丰富多样美食。

中国节日中最典型的有元旦、春节、中秋节、端午节。

每到春节,人们都会穿上新衣或者红衣,拿着许多美食和红包去向家人拜年,也在门上贴上福字,夜晚,人们纷纷来到院子里放鞭炮、放烟花。烟花映衬着天空显现出五彩缤纷的颜色,让人十分欢喜。

中秋节的时候,人们会吃着月饼赏月,还会点花灯、猜谜语。关于中秋节有很多传说,例如"嫦娥奔月"、"吴刚伐桂"和"玉兔捣药",故事非常浪漫有趣,表露着中国文化的特点。

端午节是中国人为了纪念著名诗人屈原而设置的节日,因为他不满楚国被灭,就跳江自杀。人们知道后悲痛欲绝,向河中投入粽子(端午节的特有食品),防止江中的鱼把屈原的尸体吃掉。后来,就把这一天称为"端午节"。在这一天,人们也会在夜晚跟家人吃团圆饭。

我来到中国首都北京,敬畏地望向这座高楼林立的城市。第一天,我去了天安门广场,那里是举行开国大典的场地,广场上一座纪念毛泽东主席的厅堂,厅内挂着他老人家的照片。在天安门广场,每天五星红旗都伴着日出升起。

第二天我去了故宫,故宫是一座金碧辉煌、富丽堂皇的宫殿。1406 年故宫建成,旧称是紫禁城,是中国明清两代的皇家宫殿,占地面积达七十二万平方米,建筑面积约十五万平方米,有大小宫殿七十多座,房屋九千余间,走几天也看不完。

第三天我来到了八达岭长城。长城是一个人类历史上最伟大的建筑工程,共两万多千米长。在战国时期各国争霸,互相攻防,至秦朝一统天下,先后动用了三十多万人才造就了这般奇迹,长到一年两年也走不完,当我走到八达岭长城段十分之一的时候我就已经累垮了,看前方还有那么长的路,我只得打了退堂鼓。长城告诉我一个道理:“坚持很难,成功可贵。”之后我们去了一家餐馆吃火锅和烤鸭,那里的美食简直是好吃到停不了口。中国的食品真的很美味,中国人喜欢辣、酸、甜和咸这四种口味,于是创造出了麻婆豆腐、红烧肉、红烧狮子头、担担面还有醉鸡等美食。

第四天我依依不舍地离开了中国。中国是一个很特别的地方,经过几千年的历史逐渐强大!

万法归一

林平宇(韩国)

我叫林平宇,在韩国庆熙大学孔子学院学习汉语。我很喜欢中国,所以大家都叫我“小熊猫”。“小”是娇小可爱的意思,“熊猫”是中国的国宝,我也像熊猫一样可爱。

我从小就开始学习四书五经、佛经、拜礼佛、参禅,背诵经典,临摹中国书画,接触篆刻、二胡、奚琴、伽倻琴等。

初次接触传统文化是在祖父的指导下。祖父醉心汉学,深谙四书五经,也经常让我背诵汉文。在禅师的指导下,我寅时起床礼佛、聚会,诵“神妙章句大陀罗尼”,彻夜祈祷等。背经文很困难,刻苦修行也吃力。但不积跬步无以至千里,在禅师的引领下,渐入佛教世界。

佛教世界带给我禅静和菩提心。菩提心也给我的生活带来了转变,让我养成了不虚度时光的习惯。放假时,我跟随师傅去中国开阔视野。去年大年初一,我们拜会了成都的大慈寺、大佛禅院,拜谒了乐山大佛,游历了峨眉山等地。在和中国同道交流时,我惊叹他们佛心坚定、宝相庄严、寺刹宏大,建筑有法古也有创新,释道二家能够和谐。当今中国佛教,上继大唐,下开新纪,在如何弘扬佛法上苦心经营。从成都回来后,我更加把参禅时间由以往的三十分钟延长到一个小时。

参禅是从传统文化中产生的一种高深的修炼。也是儒家所说的“敬”思想,“主一无适”的一种;道教所说的“修心炼性”。通过参禅提高集中力,寻求内心的真我。我不是民粹主义者,也不是厚古薄今的人。只是现代社会变化无常,不知明辨是非的时候很多。我觉得向古人问道才是最好的选择。

如此对韩中佛教学习，对古代经典的学习越来越如饥似渴了。

“读万卷书，行万里路。”深入学习古文和中国文化让我受益匪浅。同时我还拜谒了孔孟故乡曲阜、邹城，攀登了泰山，这些真令我眼界大开。大三时我为了更好地研读经典，考上了韩国古典翻译院，在那里研读《论语》《孟子》《资治通鉴》。我坚信经典和传统文化能让我建立正确的价值观和历史观。就像佛教中的业镜台，过去能照见未来。学习《论语》了解人际关系，学习《孟子》洞悉社会百态，学习《小学》增益礼仪规范，学习《通鉴》感叹兴亡之道。

想了解传统，向中国问法是必不可少的要素。我通过结交中国友人，购买中国书籍，看央视的《国家宝藏》等，间接学习中国文化。在大学学习《中国美术史》，临摹《女史箴图》、敦煌壁画，向中国传统艺术迈进了一步。

万法归一，传统文化也是多样的。音乐、佛教、儒家、道教、书画等，外在形式不同，但皈依之处是一样的，即“醒悟本心”“把内在的本性和人格发挥出来”。对传统文化的保护不是单纯地保护文物那么简单，也不要只在口头上继承其精神，要身体力行先人的智慧和传统。在我们所处的时代以及未来，发挥传统文化，使其能适用我们的当代是目标之一，升华人格也是学习传统文化的终极目的之一。

中韩两国有相似的哲学、思想、文化。两国的悠久历史都是我汲取营养的源泉。

我爱世界文化宝库——中国

昆凯婷(意大利)

从小,我就喜欢阅读与中国历史故事有关的书籍,在漫漫五千年历史长河中徜徉。

我爱世界文化宝库——中国。

在世界的东方,在黄河、长江横贯的地方,繁衍生息着56个民族,他们有着一个共同的名字——中华民族,中华民族的儿女们共同缔造了一个伟大的国家——中国,创造了灿烂的文明——中华文明。

中华文明源远流长,中华传统美德影响深远。在几千年的历史长河中,中华文明在经济、科技和文化等方面曾经在世界上遥遥领先。而今,在中国特色社会主义理论的指导下,伟大的中华民族再次走上了复兴的道路。有机会在这么富强昌盛的中国学习,我感到很骄傲。

中国是人类最早的摇篮之一,也是四大文明古国之一。古有指南针、火药、造纸术、活字印刷四大发明,今有神舟载人飞船航天技术等高科技。古有艺术独特的圆明园,今有璀璨通明的东方明珠等新地标。古有举世闻名的万里长城,今有雄伟壮观的三峡工程。近代有电报传送信息,今有领先世界的移动互联各种应用……在农业方面也有很大成果,例如杂交水稻、胚胎移植、抗虫棉等技术。

然而,复兴之路并不平坦,人口问题、资源问题、环境问题严重影响着中国经济的发展和社会的全面进步,制约着社会主义和谐社会的构建。实现中国的伟大复兴,必须实施"科教兴国"战略,走可持续发展之路,促进人与自然的和谐,实现经济和人口、资源、环境的协调发展。

在历史的长河中，各民族创造了辉煌灿烂的文化。56颗璀璨的明珠共同铸就了一个古老伟大的民族——中华民族。

中国各民族都有着自己鲜明的民族特色，每个民族有自己独特的风俗习惯甚至语言文字，在建筑、雕刻和园林设计等方面都有着自己民族独特的风格，他们用自己的勤劳和智慧，给世界留下了一份份珍贵的自然和文化遗产。

丽江古城具有800多年的历史，素以“家家流水，户户垂柳”闻名于世，被誉为“东方威尼斯”。在丽江有世界唯一活着的象形文字——东巴文，有国家级文物保护单位白沙壁画，有唐宋韵律的被称为“活化石”的“纳西洞经音乐”……

在浩如烟海的中国传统民居建筑中，山西省灵石王家大院被人们誉为“华夏民居第一宅”，它规模宏大、气势壮观、装饰精微、构思巧妙，显示出“贵精而不贵丽、贵新奇大雅、不贵纤巧灿烂”的民居特色。

中国是世界文化的宝库，在漫长的历史岁月里，各个民族留下了许多优美动人的诗歌、神话、历史传说和有价值的科学典籍，产生过许许多多著名的文学家、艺术家、军事家和科学家，创造了各具民族特色的饮食文化、服饰文化、建筑文化等。

我爱世界文化宝库——中国。

学习中国文化

顾凡奇(土库曼斯坦)

中国不仅是世界上经济发展最快的国家,而且拥有独特的语言、文化、价值观以及最古老和最丰富的历史。对于世界上所有想学习汉文化的学生来说,来中国留学切实体验中国文化都是第一选择。

中国的科技在不断发展。过去三四十年,中国科技的发展之快在世界历史上非常罕见。能够在中国亲眼见证这些进步,对任何留学生来说都是一个难得的机会。我希望能够通过在中国的学习,成为法律方面的专业人士。

土库曼斯坦与中国的关系始于古代陆上丝绸之路。近年来,中国和土库曼斯坦两国不断加强政治互信,两国贸易不断扩大范围,目前,中国是土库曼斯坦最大的贸易伙伴。此外,中国和土库曼斯坦在经济、科学、教育领域,以及人道主义的扩展和集约化问题方面都达成了战略性合作。能够学习汉语这种集说、写、读为一体的独特语言肯定会帮助我为促进两国关系做出贡献。

在中国学习和生活了将近一年后,我对中国人有了很大的了解。当然,每个人的看法都不一样。基于我在中国的生活,我认为中国人是这样的:他们工作非常努力,他们尊敬长辈、爱孩子、对同伴非常有耐心。

在我的学习和生活中,我获得了宝贵的经验。我结识了来自世界各地的许多人,尤其是来自欧洲和南美洲的人们,更重要的是,我也有机会学习中国文化,结识中国人民。当我需要他们的帮助时,我的中国朋友总是在我身边。

中国文化是地球上最古老的文化,为人类提供了大量的精神文明财富。在中国古代,出现了丝绸和诗歌,瓷器和火药,纸张和武术,两种世界宗教和独特的医学体系，一种有趣的哲学和完善的军事思想。

在大学学习期间，我有机会去了两座历史文化名城苏州和杭州。

苏州园林，作为美丽的伊甸园现已列入联合国教科文组织世界遗产名录。在苏州几乎每个弯道，你都可以看到漂亮的公园或古朴的宝塔。

我刚刚参观了杭州这个令人惊叹的城市，并且希望马上可以再去一次大量的芳香茶种植园遍布杭州的山区，这里还有一个博物馆，你可以在其中了解茶的历史，参加茶道，参观不同类型的茶。

我眼中的中国文化

潘　浩(意大利)

我眼里的中国形象这几年变了很多。

在我小时候西方国家对中国的介绍很少,我只认识几个去欧洲工作的中国移民,所以对我们来说中国是一个遥远而陌生的国家。

现在,中国在世界上的地位越来越重要,中国文化也越来越流行,很多西方人开始醉心于中国文化。几年前除了一些非常著名的名胜古迹之外,我没有关于中国的更多信息,但是我对东方文化和历史一直很感兴趣。

有一天,我试着写汉字,觉得很有意思,然后从那天起,我几乎每天写汉字。我对中国文化的兴趣也越来越大了。通过一个国家的文学可以学会很多关于那个国家的文化。我看了很多书,特别是经典小说,比如《红楼梦》《西游记》《水浒传》等,还有一些抗战题材的小说。每个故事都给我留下了很深的印象,比如古代家庭和对他们华美园林的描述、古代和现代的习俗、宗教和它们的礼法等。

我眼中的中国文化不能不包括中国美食。在这么大的国家,各地本帮菜特别多,吃完全部的菜,恐怕一辈子也不够。中国茶道也是中国文化的象征之一,茶叶的品种和它们的煮泡程序非常多样,对我来说品茶是一个精神上的享受。

最后,游戏也可以是文化的一大部分。从古代起,象棋、围棋等都是中国特色的消遣。几年前,上大学的时候,一些同学教我下围棋。这是最难的游戏之一,可是我觉得比较好玩儿,有时间我喜欢在网上下一盘围棋。在西方,人们都用日本名字称围棋,所以大家都觉得围棋是在日本发明的,几年前我才发现,围棋其实起源于中国。

我只列举我认识的一些东西,中国文化太丰富了,在一篇文章里不可能详尽描述的,更是一辈子也不够了解这一切的,那就让我们每天欣赏这个伟大文化的一个不同方面,用每一天,用你我的心去感受中国文化!

印象中国

玛利亚(乌克兰)

一年前,我很想来中国。我的妈妈说只要一直坚持,所有的梦想都会实现的。果然,我梦想成真了。现在,我作为一名孔子学院的奖学金获得者,在同济大学学习我心爱的汉语。

以前,乌克兰的老师们会给我们看电影,看图片,用他们的方式告诉我中国的样子。那时,我的脑海里,能冒出来的形容中国的词,只有"雄伟"。到了中国,我通过我的眼睛和耳朵探索真实的她。

现在,我不想用"雄伟"来形容中国,我想用"温暖"。

刚到同济大学,我不认识任何人,可是这里的老师和同学们都好像是我认识了很长时间的老朋友。来自韩国的、美国的、日本的、哈萨克斯坦的……还有那些中国朋友们,他们带我参观学校,带我在上海观光,带我去吃他们觉得最好吃的东西,我觉得我一点都不孤单。

很奇怪,我觉得在这里,就像在自己的祖国乌克兰一样,很安全。这里的人们,认识的,不认识的,都会热情地对我,热心地帮助我。这种安全感让我觉得我的家就在这里,想一直在这个国家待下去。

等我和我的朋友们用周末和假期的时间旅游了中国的几个城市——北京、西安、杭州之后,我更加喜欢中国了。因为它们不像乌克兰每个城市都差不多,中国每一个地方都有自己的特色。北京像一个将军,很雄伟;西安像一个老人,很古老;杭州像一个美女,很温柔。每到一个城市,我和我的朋友们都有一种不一样的心情,这种感觉很好,因为就像每去一个地方,就会有意想不到的惊喜!我喜欢这种

surprise!

在旅行中,我们会看到每一个地方的人不一样的性格和不同的生活习惯,也有不同的历史。在北京的长城,我知道了“孟姜女”的故事;在西安,我知道了“杨贵妃”;在杭州,我知道了西湖边的“苏轼”。我觉得通过旅游,我更了解中国了,也更喜欢中国了。

我还想去更多的地方,去知道更多的不同的故事,这成了我来中国以后的新梦想!

我的京剧梦

名仓步美(日本)

一次终生难忘的京剧演出,让我确定了将来要走的路——当一名世界知名京剧演员,用艺术传递和平!

两年前,我有幸到上海同济大学表演京剧,老师们借此机会给我们讲了京剧的历史,以及中日关系的发展史。也是在那时,我听到了村木春子和梅兰芳的故事,由此确信:艺术,可以让世界和平。

真正选择京剧,还要感谢我在日本樱美林大学的恩师——袁英明老师,她是梅兰芳的孙辈弟子。袁老师不仅在京剧艺术的道路上给予我专业指导,同时不断地关心鼓励我,让我的京剧梦更美,离我的中国梦也更近!

今年三月,袁英明老师邀樱美林大学京剧团去北京的中国戏曲学院表演。樱美林大学京剧团的学生大多不会说汉语,有些即使会说,但专业又不是表演,老师最终推荐了我,让我庆幸至今。我依稀记得,这一消息确定后我愁喜交集的心情。喜的是,我距离"用艺术传递和平"的梦想近了一步。愁的是最近我很懒惰,疏于锻炼,体形变胖了,这对演员来说是个大忌;而且这次演出的剧目对我来说是全新的,未曾接触过的,并且所有的台词都是标准的京片儿。一想到这些,我的惊喜劲儿就被冲了个精光。我只好抓紧时间,争取在表演前做好准备。

学习和练习京剧的过程中困难重重,可是一想到我即将拥有的演出机会,以及能带来的贡献,我咬牙坚持了下去。我不得不每天比别人早很多到练功房,努力锻炼,想尽快重新拥有以前的身材。老师愈加严厉,我愈加勤奋。都不记得为了一句唱词、一个动作,我们一起重复过多少遍。每次想偷懒,都会告诉自己:现在不好好努力，到北京想有成功的表演，是绝对不可能的。而且这次演出的学校是京剧学校，还是老师们的母校，虽然他们学校的学生比我们演得好很多，但我不想被观众笑，希望他们看了我的表演，能给我赞许的笑！既然我比他们差很多，我就更要努力！

老师大概也看出了我的焦虑，有一天她问我："咱们这次在中国戏曲学院的演出，我觉得对你来说，时间有点儿紧，你自己觉得呢?"看着她满怀关心的脸，我心里突然安心了，也开心了，正是她的关心和善解人意，让我尽情地释放出心中复杂的情绪。我认真地说："时间刚好，虽然偶尔懒惰，但会努力，相信演出也会成功。对我来说，这是一次千载难逢的机会，是中日关系友好发展的一步。我和我的同学们，每一个人，都是日本的代表，像本田圭佑一样！放心吧，我们会努力的！"

那次谈话直至演出出发，我在心里不断告诉自己，我就是一个日本代表，激励自己不断加强练习，也激励我身边的同学们。

终于，我们来到了中国戏曲学院，第一次站上中国戏曲学院的舞台开始第一次训练时，我觉得这个舞台给了我们更多的压迫感，我的脑海中总会有一个声音，告诉我这个舞台的历史有多悠久，曾有多少知名演员在这个舞台上展现过最好的演出，有多少次，台下座无虚席，爆发出一次次雷鸣般的掌声。想着这些，我再次告诉自己，我，不能输，我，要让观众们认可！

最后的演出如我所愿，很成功！我甚至挑战性地把演出中的三句"谢谢""什么""再见"改成了日语，我希望这能向观众传达中日文化融合的信息。当然在做这个决定的时候，我的心里直打鼓，因为我知道虽然现在的中国年轻人很喜欢日本的动漫，但这里是中国戏曲学院，来这里的观众也会喜欢吗？最后，没想到的是，观众听到时激动地笑着直拍手，这给了我很大的鼓励！

无数次的练习直至演出成功，走过的每一步，都很美！让我懂得了很多，也让我得到了以后在中国戏曲学院留学的机会。而这个机会，就像一把打开梦想之门的钥匙，让我更有信心去努力成为一个传达中日友好关系的名演员。也因为我，我的学弟学妹们，也决定了自己要坚持走下去的道路，我相信，有我们这些热爱中国传统文化的日本年轻人的存在，我们中日关系一定会更好，世界一定会更和平！相信我的梦想，中日关系，世界关系，都会像我的名字“步美”一样，越走越美！

领略宁波文化之美

红　进（日本）

在一个秋高气爽的早晨，我跟随着同济大学国际文化交流学院的五十多名学生一起坐上了宁波文化体验之旅的大巴。一路上，我怀揣着对中国壮阔景色与中国文化的向往，满心期待。

首先，我们来到了宁波杭州湾国家湿地公园。宁波杭州湾国家湿地公园在杭州湾跨海大桥西侧，是世界级观鸟胜地，是候鸟从西伯利亚迁徙至澳大利亚的重要中转站，每年都会有许多观鸟爱好者前往这里，观察可爱的鸟儿们。在此，我们看到了湿地公园生物的多样性，湖泊、水草、鱼鸟、树林，无一不向我们展现着大自然的风光与宜人。湿地公园为了打造这样风光，采取了多项积极措施，使原受损的环境得到了极大的改善，这些措施对区域环境与气候起到了重要的作用。看着这样美丽的景色，让我们更加坚定了保护自然的决心。在离开时，我望向湖面，清风徐拂，水波在夕阳的照射下闪烁着粼粼金光，水鸟也随风而起，正所谓“落霞与孤鹜齐飞，秋水共长天一色”，真是诗词画卷一般的景色！

夜幕降临之时，我们加入了宁波与法国尼斯共同举办的嘉年华。大家的语言虽不尽相同，但都沉浸在狂欢的气氛之中，在这一刻，我们彼此之间的距离很近。

让我印象最深刻的是，第二天我们来到了中国三大私家藏书馆之一的天一阁。天一阁建于中国明朝，距今已经有 400 多年。天一阁的主要建筑有宝书楼、尊经阁、东明草堂、明州碑林以及范氏故居。这些具有强烈南方特色的建筑使我们更加了解中国古代建筑，对中国古代建筑造诣之高无不赞叹。天一阁的景色之美也同样让我陶醉。在阳光之下，斑驳的树影印在古老的石墙之上，宁静的绿水之中时不时有鱼儿游过，我们充分见识到了中国园林建筑的优美与淡雅。

天一阁还是一个以藏书为核心，集藏书的研究、保护、管理、陈列、社会教育、旅游观光等功能于一体的专题性博物馆。收藏的文物种类多样，其中包括涵盖百余个姓氏、数量接近五百五十部的新老家谱，以地方志、登科录等史料性书籍为主的各类古籍近30万卷，还有各种出土和传世的陶瓷器、铜器、玉器等，以及地方工艺精品。随着导游的介绍，我们知道了范氏家族对书籍的珍藏与保护，对古籍研究做出了巨大的贡献，也明白了文人墨客对此的喜爱，让我们也得知了中国文化的传承与继承的重要性。

这次的旅行使我加深了对中国的喜爱与对中国文化的理解，是一次非常难忘、十分有意义的旅行。

细品中国文化

崔允娜(韩国)

自从学习中文以来,我一直思考着一个问题:什么是学习语言呢?学了十几年的我最近似乎找到了这个问题的答案——学习外语就是认识目标语言的文化,了解、习惯那个国家的生活。

几年前,我在伦敦学习,获得了硕士学位。伦敦的生活环境跟中国不一样,在去英国之前我已经熟悉了英文,口语对我来说没有问题,而且由于西方文化的普及,我已经习惯了欧洲的生活。但是中国却别具一格,来中国之前我没有适应中国文化(包括饮食文化)的机会,所以这一回住在中国学习汉语是既有效又有意义的经历。

参加中国陶文化体验活动让我受益匪浅。中国的茶文化闻名世界,我还记得上课的时候老师告诉我们中国出名的茶有黄山毛峰、云南普洱茶、杭州龙井茶等。而茶文化还包括煮茶工艺、茶具制作等方方面面。

茶具是一种艺术品。在中国著名陶都宜兴的体验让我见识到中国陶瓷艺术的精美和丰富,中国制陶人艺术的精湛和态度诚挚。第一天,我们访问了田申陶业实习的烧炉,看到完好保存的烧炉外表和内部,我感到中国人的陶艺文化的源远流长。

第二天,我们参观了徐秀堂大师陶艺庄园。导游特地强调了他作品的金贵,所以我感觉更加的好奇。果然,他的作品很好看、很细致,这些作品给我留下了很深的印象。我们又看了工业化陶器的现场,访问了制造举世闻名的中国茅台酒酒瓶的工厂。除了茅台酒瓶,工厂也做一些艺术加工的东西。我们在那里欣赏了一些其他陶艺家的作品,这些作品给我带来了惊喜——原来用瓷泥还可以表达各种各样物质的质感,能刻画人们的情绪神态。夸张地说,这好比我第一次看到了米开朗琪罗的圣母怜子石像。我竟然在一个陌生的中国艺术家的作品里又重新回味那圣母像22裙摆悬垂的精妙。

参观完艺术品后，我们去了陶艺工作坊学习紫砂壶工艺。看着专业技师示范，我错误地认为制作瓷器很简单。可是当我自己实践的时候，我连剪好泥和面都很难做到。师傅的技术是通过反复的练习而习得的，这个需要恒心、耐心和注意力高度集中，不是旦夕之间能得到的。

终于我完成了自己的作品，虽然比起陶艺老师的作品，我的作品显得十分粗糙，但是这样的经历却很有趣、很难忘。我正在目睹并且体验中国文化的一方面。我知道自己的中文学习还有很长的路要走，但每一次体验都让我感觉离中国文化更进一步，我很感谢同济大学给予我们这些珍贵的学习机会。

中国陶文化体验之游

爱　卡(哈萨克斯坦)

还记得,我们班的同学和老师一起去过江苏省宜兴的陶器工厂。对我来说,这个活动不仅是旅游,而且是一次难忘的体验。这不仅是一次近距离制作陶器的体验,还是对中国陶文化的深度了解。

第一天我们参观了田申陶器工厂,开了一个小会,互相认识了对方。老师们对我们很热情,他们给我们解释这次深度陶文化体验的安排。第二天,我们参观了徐秀堂大师陶艺庄园和工业化陶器生产流水线。我们体会到了宜兴悠久的制陶历史和灿烂的陶器文化,各个历史时期的陶艺品在这里得到了充分的反映。陶艺庄园里面有宜兴陶器发展演进的轨迹,各类具有重要艺术价值的陶瓷制品,古陶、名人名作彩陶、紫砂壶等。

接下来老师教我们怎么做传统的紫砂壶。紫砂壶是中国特有的手工制造陶土工艺品,它的制作始于明朝正德年间。之前我只在电视中听过紫砂壶,觉得这是一种具有丰富内涵的文化产品,现在能够学习制作,让我很是兴奋。老师做得很仔细很专心。我看到紫砂壶的制作过程才明白,做成一个紫砂壶非常不容易。紫砂壶的制作原料是紫砂泥,紫砂泥原产地也在宜兴,所以对我来说,在宜兴做紫砂壶是一件值得骄傲的事情。我们作紫砂壶的过程很开心,我们一起讨论怎么做才好,同时每个同学想出来了各种各样的形式。那边的阿姨给我们泡了紫砂壶茶,累的时候,我们一边喝阿姨的茶,一边聊关于紫砂壶泡茶的好处。通过和阿姨的交流我们得知,紫砂壶不仅仅是紫砂壶文化的一部分,还是中国优秀文化传统中不可忽视的瑰宝——茶文化不可或缺的一部分。宜兴紫砂壶的特点就在于能够较长时间保持茶叶的色、香、味。中国人民对紫砂壶的青睐，其实就是对传统瑰宝茶文化的一种青睐。

不知不觉地过了两天，我们要回上海了。回家的那一天我们都完成了自己的作品，每个同学在作品下写上了自己的名字。老师说，他会把风干好的作品寄给我们。现在我们无比期待拿到我们的紫砂壶，因为这不仅是我们曾经亲身体验中华陶文化的证明，也承载着我们对中华陶文化、茶文化的美好回忆。

我的中国故事

阿　亮（吉尔吉斯斯坦）

我叫阿亮/Aliiar，来自吉尔吉斯斯坦，是国际文化交流学院2016级本科生。我的名字在吉尔吉斯语中的意思是“诚实和伟大”。那么，你们觉得该给我取一个什么样的中文名字呢？谜底是“阿亮”，因为我要做一个堂堂正正、光明磊落的人。

今年马上就要过去了，新的一年很快就要来了。在这里，我祝大家一帆风顺，二龙腾飞，三阳开泰，四季平安，五福临门，六六大顺，七星高照，八方来财，九九同心，十全十美。哇，中国的祝福语辞采这么美！这是中国传统文化的魅力，也是我热爱中国的原因。通过汉语的窗口，让我感受到了中国的魅力。今天我就和各位讲一讲我心中中国的魅力所在。

以前爸爸总是对我说：“中国是世界的未来。”我对中国一直非常向往。后来，我就开始努力地学习汉语。在学习汉语的过程中，我也深深地被博大精深的中国文化所吸引。汉字的声调抑扬顿挫，汉字的字形形象生动，中国武术强身健体，中国剪纸栩栩如生，中国书法形神合一，中国京剧韵味十足。其实呀，我最喜欢听中文歌曲，还会唱不少中国歌呢——

“五千年的风和雨啊藏了多少梦，黄色的脸黑色的眼不变是笑容……”

泱泱中华，上下五千年，一个个鲜活的历史人物，跃然眼前。有“三过家门而不入”的大禹，有忠肝义胆的岳飞，有足智多谋的诸葛亮，有深谋大略的成吉思汗。其中，我最崇敬的是伟大的儒学创始人孔子，孔子的教导对我产生了很大的影响，尤其是《论语》，特别是“学而不思则罔，思而不学则殆”这句话，告诫我们不要读死书，读书要灵活，多思考，读万卷书，行万里路。2015年，我参加了“第七届汉语桥世界中学生中文比赛”并获得了三等奖，因此有幸在中国到处走一走、看一看。在北京，我和80多个国家的朋友们一起参观了神奇的天坛，游览了如画的颐和园，拜谒了庄严肃穆的故宫和天安门，攀登了举世闻名的万里长城。“不到长城非好汉”这句话我在课本上读过好多遍，但就在登上万里长城的那一刻，我感受到一种难以用语言来表达的感动。这个有着五千年文明史的国度，就是我梦想的土壤。

每一个人都有自己的梦想，我的梦想是学好汉语，成为吉中经济文化交流的使者，为吉中友谊长存贡献一生。我很荣幸有机会来到同济大学，学习中国先进的思想和文化。“青年兴则国兴，青年强则国强！”我相信梦想的力量，我也愿意为实现我的梦想而奋力拼搏，将梦想照进现实！

我非常感谢我的每一位老师对我的培养与帮助！希望世界上更多国家的人们能够全面认识中国！

中国孝道文化

陈忠德(越南)

我和汉语的缘分从很早就开始了。第一次听到中国人用汉语交流时,我就产生了一种很亲切的感觉。可能是因为我家祖辈是中国人,而且我在家里的时候妈妈常用云南省的方言和我说话,所以才有这种感觉吧。从此我就决定到中国学习汉语。

在中国学习汉语的过程当中,我发现"孝道"是中国传统文化的核心。中国古人非常重视孝顺,这不是无缘无故的。在很多有教育意义的故事中都提到孝顺的重要性。我认为一个人想成功、想做成大事就先要学会做人,而做人的基本就是要孝顺。一个连自己的父母、自己的亲人都不认真对待的人,怎么能为他人、为集体、为社会做出贡献呢?

在我很小很小的时候,我妈妈很辛苦地工作。每天早上四点钟,妈妈就要起床去做麻糖,然后就把那些刚做好的麻糖背到市场去卖。从我家到市场很远,而且路并不好走。背着三十公斤的麻糖,走两个小时的路并不是一件容易的事,更何况我妈妈身体很瘦弱,她的体重只有四十公斤。

我还记得那年妈妈由于劳累过度,生病了,那天晚上我刚从外婆家回来,看见妈妈一个人默默地坐在椅子上。我就走过去问:"妈妈,您为什么一个人坐在这里?"话刚说完,妈妈就紧紧地抱着我,边哭边说:"妈妈胸口最近很疼,不知还能活多久,如果妈妈死去了谁养你们呢?"我那时年纪还小,意识不到什么是死,只知道妈妈在说一件很严重的事。我只能抱着妈妈哭着说:"妈妈您别死,您别死……我什么都不要,我只要妈妈。"现在我长大了,也能够理解一些生老病死的道理了,我才知道妈妈是多么辛苦、是多么伟大。

妈妈的生活和工作是那么辛苦，但是妈妈从没有放弃对我外公、外婆、奶奶和家庭的责任。从我还没出生时我外公就得了偏瘫病，随时都要有人陪着他，那时我们家境很困难，我的外婆一边照顾6个孩子，一边照顾偏瘫的外公。我妈妈有什么好吃的都先让给外公吃，每隔几天就要给外公洗洗澡，换换衣服，带外公去晒太阳。她对外公外婆很孝顺，照顾得也很周到。她觉得做人就要先做一个好孩子、一个感恩父母的孩子、一个孝顺父母的孩子。

我认为，父母就是孩子的榜样，我妈妈的榜样就是外婆，我的榜样就是我的妈妈。我觉得，如果我们想成为一个幸福的人、一个对社会有用的人，首先就要学会孝顺。我以后一定要好好地奉养父母，报答父母的养育之恩。同时也做我的孩子们的好榜样。

假如以后我妈妈老了，我不孝顺她、不认真地照顾她，她会多么失望多么难过啊。假如以后我也有了孩子，年纪也越来越大，我的孩子也是那样冷漠地对我，我又会多么难受啊。假如以后人人都能深刻地意识到孝顺所带来的幸福，那这个世界该会多么美好啊。

当我们做出孝顺的举动、孝顺的表现时，其实我们就是他人的榜样，同时也是后辈们的榜样，我们不仅仅是在做一个好人，还是在给这个社会、这个世界带来更多的美好和幸福。

我和汉语的故事

金明珠(柬埔寨)

我来自柬埔寨,来中国之前,我没学过汉语,连一个单词都不会说,刚看到汉语的时候,我觉得又难又复杂。我开始担心一年的时间学习汉语是不是太短了,我甚至觉得这是不可能完成的任务。那时我每天都在担心,但我还是对自己说:别发愁了,努力地学习、做最好的自己就可以了。我相信别的留学生也像我一样,都很担心。

然而,到中国学习汉语后,我对汉语的感觉却发生了变化,现在我觉得汉语不那么难,反而很有意思,让我毫不犹豫地想把它全部学会,特别是汉字,它深深地吸引着我,让我不停地前进。有几个有趣的事实,想在这里跟大家分享一下。

第一,汉字跟其他语言不一样。它不只是元音和辅音的简单组合。别的语言,你无法从字母的组合中猜出它的意思,比如英语中的 learn 等,想要明白它的意思,你只能死记硬背。而汉字,你通过这个字本身就能获得它的意思,至少可以猜一猜它的意思,比如象形字“日”“月”“心”。我很喜欢每个汉字背后的故事,它们都非常迷人。我们还可以结合不同的字符来组成新的词语。比如,我们结合月和日两个汉字,将得到一个新的字“明”;人和木组合可以得到“休”。如果你知道“提手旁”的意思,你就能够猜出所有跟提手旁有关系的字的大概的意思,哪怕你没有学过这些字,比如“打、找、推、拉、摇、挤、捞、把”。因此,我们所掌握的词语远远超过了我们所学习的汉字的数量,一旦开始学习汉语之后,你会发现,学习汉语有窍门。

第二,学习汉语可以增强大脑的功能。这是另一个关于汉语的令人惊讶的事实。科学家已经证明,我们通常用左脑学习语言,用右脑学习艺术。但是对于汉语,我们却用右脑学习。这就说明汉字是一门艺术,也是一门科学。所以,我感到大脑在学习中文后变得比以前更加聪明了。

第三,汉字背后的历史极其神秘。汉字从象形字到简化字的演变有着悠久的历史。它是从一个简单的绘画表示具体事物开始,到改为全球通用的标准化版本。此外,汉字跟中国文化也有很紧密的联系。我来中国以前就对中国历史和文化很感兴趣,所以一边学习汉语,一边了解中国的文化,感到特别愉快。

第四,汉语里很多简单的字组合在一起却能表示很深刻的意义。比如,“世上无难事,只怕有心人”。我来到中国后发现,从大门到沿线公路的楼房墙上,到处都有谚语和标语,而且每个标语和谚语都有深刻的含义,可以教给人们许多积极的东西,如道德、人性、为人处世等。这些话可以教会我很多道理,因此我迫不及待地想把这些谚语全部学会。

第五,毛笔字是汉字的另一个有魅力的地方。虽然看起来很简单,但是要写得好,我们必须使用正确的技巧。我们要知道正确的握笔方法、运笔方法和写字姿势。这些技术和方法自古以来就保存下来了,我特别想学。

总之,我觉得汉语是一门非常有意思的语言。虽然我们必须付出很大的努力才能成功,但是这非常值得去做。开始学习汉语以后,你们一定会发现学习汉语越来越容易,而且非常有趣。

据估计,全世界有十几亿人在说普通话,学习普通话能改变自己,并成为全球文化的一部分。能来中国学习汉语我觉得我特别幸运。学习汉语不仅能得到知识,而且还能让我享受我的生活。大家一起来学习汉语吧!

第三章
红色“济”忆

新天地、井冈山、嘉兴南湖……中国人耳熟能详的革命圣地，在国际学生眼中是怎样的？在本章，大家将读到他们用最真挚、朴实的语言，讲述他们的亲身体验与所思所感。强烈的今昔对比，让他们深刻认识到只有代表人民利益的共产党才能让百姓过上好日子；“险象”环生的登山路，让他们对中国革命先烈更添崇敬之情；热情、优秀的中国同龄人，更让他们看到“红色基因”在年轻一代的传承。

充满魅力的红色嘉兴

春　雁（乌兹别克斯坦）

每次旅游会让人有所变化，改变他的思想、感情、神态，而且每次都会有不同的变化。上个星期的嘉兴之旅，让我对中国、中国人民以及中国共产党有了更深入的理解。

上个星期五学校组织留学生去嘉兴南湖参观游览。我们先去参观嘉兴市的南湖，乘船来到湖心岛。秋天的南湖极为平静，天空照亮着太阳，周围的环境丰富多彩，建筑花园富有中式的风味。从二楼往外边看，金黄的古树、多彩的花朵，一片美观的风景显露在你眼前，令我感到南湖的华美。在看到如此美丽的景色的时候，我就已经爱上了这个地方，在导游讲述了这个地方的重要意义后，我又对这个地方产生了钦佩之情。导游一边带领我们领略美丽的南湖风景，一边给我们讲革命时代跟南湖地区有关的故事。跟随导游的讲述，过去的历史我感觉都浮现于眼前，让我感受到南湖对于中国共产党、中国人民的重要意义，感觉到南湖之美，也被中国共产党人在革命时期的顽强不屈的精神所打动。

之后我们去了南湖革命纪念馆，这座纪念馆以“中国共产党第一次全国代表大会”为中心主题，展出了中国从第一次鸦片战争至新民主主义革命时期的过程。以前，我从历史书籍中很多次读过这些信息，但是我只是了解，并没有理解。在纪念馆里摆着当时劳动人民的塑像，表现出中国人民对祖国的热爱之情。虽然当时中国人民处于穷困的状态里，也有过很多次失败，但是他们却没有放弃，勇敢地为祖国斗争，努力到底。百闻不如一见，参观了这座纪念馆，我才深切地理解了中国近代史，被南湖革命纪念馆中传递的精神感染。正如我在前面写到的，每次旅游会让人有所变化，改变他的思想、感情、神态，这次在南湖、南湖革命纪念馆的经历改变了我许多，感谢学院能够组织我们来到这里旅游。

午饭过后我们在月河街道散步，亲身体验了嘉兴的古代与现代平衡地融合起来的景色，有一种时空交错之美，这种美让我沉醉。沿着月河走上古老的街道，路的两边都是小小的商店、花店和做当地特色菜的摊子。热情的中国人即使看见我们是外国人，也仍然会热情地招呼我们，如同我们的家乡人民一样，让我们的心里暖暖的。我和同学们一边走路一边谈笑，对这里的每一寸土地、风景以及勤劳的人民都产生了亲近的感情。

这次旅游让我对中国、对中华民族有了新的理解，我从心底里是佩服他们、佩服中国共产党的。我非常感谢学院给予我这么好的机会去深入了解中国，这是一次难得的出行，往后我每次谈起中国和中国共产党，都会想起这次旅游的经历。

红色的嘉兴，革命的南湖

全正仁（韩国）

其实去嘉兴旅行之前，我没有任何期待，因为我一点都不了解这个地方。正好周五没有课，所以决定了前往嘉兴旅行。但从结果来说，这次旅行让我收获满满，我很庆幸自己当初做出了去嘉兴旅行的决定。天气也帮助了我们的旅行。虽然已经是 12 月，但是幸运的是，没有前段时间那么寒冷，让我们不用蜷缩在冬衣里瑟瑟发抖，而是能够快乐地尽情享受嘉兴美景。我们游览了三个地方，分别是：南湖、南湖革命纪念馆和月河街历史街区。

我虽然还没去看过杭州西湖，难以把南湖和西湖相提并论，但坐船进入湖心岛时，绿色的豁然开阔的景象使我心旷神怡。特别是在烟雨楼看到的南湖风景。尽管是 12 月，但从染红的染黄的树叶，可以感受到秋天的气息。如果天空是蓝色的话，就更完美了。

在烟雨楼可以发现在“雨”字里只有两个点，这是有意这样写的，为了盼着小雨，这一部分让我印象深刻。

我们外国人用汉语交流的样子，令中国人很惊讶。他们注视着我们，并帮我们拍照片。这一点也留下了深刻的印象。他们问到我们来自哪所学校的时候，我自豪地回答：“同济大学！”

在南湖革命纪念馆，我才明白南湖对于中国的重大意义。嘉兴南湖是中国共产党第一次全国代表大会召开的地点，南湖革命纪念馆就是为了纪念这一对中国历史影响深远的重要事件而建设的宣传、保护、管理机构。这里陈列了中国的历史文化图片和介绍，围绕着“中国共产党第一次全国代表大会史料陈列”的主题，系统地介绍了1840年鸦片战争以后中国人民为寻求救国救民的道路而不断探索、抗争以及领导中国革命的工人阶级的壮大、马克思主义在中国的传播、共产主义小组的建立直至中国共产党的成立这些历史史实。其中,着重介绍了中国共产党成立的历史过程,让我加深了对中国近现代史的了解。

月河街历史街区是通过这次旅行认识的上海近郊的水乡。但游览水乡的时候,自由时间相对较短,如果能有充足的时间细细地观察点点滴滴那就最好了,虽然有些遗憾,但我还是感觉到了月河古街的特有气质。

在上海学习有很多好处,其中,就像这样,离开上海只需两个小时左右,就能感受到与上海完全不同的氛围。最近本来就不知为什么心里焦急不安,通过这次嘉兴旅行排解了郁闷,所以真是一次非常好的经历。

井冈山之旅

陈慧玉（柬埔寨）

还记得年幼的我经常会听到长辈们提及他们那一辈的故事。每当他们描绘着当时的情景时，我总能体会战争带给他们残酷的灾难，总能从他们神情里感到一缕悲伤。

此次的井冈山之行让我收获良多。其中最令我印象深刻的便是我在井冈山革命博物馆里观看的纪录片。看着影片中重现当时国共内战带给人民苦难的情景，我的脑海中一下子就浮现了柬埔寨红色高棉时代的画面。刹那间，我似乎能理解中国人民在历史上所经历的苦难，更能体会我的长辈们遭遇的劫难。中华民族在历经磨难之后给后代子孙留下了一条康庄大道和博大精深的革命文化，这样的精神和坚持实属不易。

来到井冈山处处都能看见年迈的穿着红军装的爷爷奶奶们。每个人精神抖擞，腰板依旧笔直地挺着。在他们饱经沧桑的脸上，除了有着岁月的痕迹，还多了一份独特的从容以及安定。当时，红军老爷爷为我们讲述他们抗战时的情景，那种坚毅神情让我感到无比的震撼。当他们叙述着如何保家卫国时，那种誓死杀敌的决心至今仍让我们感到惊叹。当提起亲人和战友时，我看到他们眼中流露出浓浓的思念之情。对他们而言，那些在战争中牺牲的人是他们这一辈子都无法忘怀的。听着听着，我逐渐了解到战争带来的灾难远远比我们想象的还要可怕，它使一个幸福美满的家庭支离破碎，使许多人过着颠沛流离的生活。那时我看到在他们眼里打转的眼泪才意识到无论一个人再怎么坚强，最终依然难以抵抗战争的无情和残酷。如今他们重上井冈山旧地重游，虽然许多当时的情景被保留了下来，但早已人事全非，心境也不再是从前的那般沉重。此刻更像是带着缅怀的心情，看看之前自己拼命保留下来的江山。

时间总是在瞬间就流逝，但人的记忆可以传承。通过参观博物馆和爬井冈山等活动，我知道了越来越多当年井冈山革命根据地上发生的大小战役。这些历史对中国后来的发展有着重要的影响。在这次的旅程中，虽然3天的时间十分短暂，但是过程却给我们留下深刻的印象。

我体验到了许多我来中国后还没尝试过的事物，例如第一次乘坐绿皮火车，也了解到当地人民的生活习惯，以及他们的饮食习惯，让我的眼界更加开阔。我深知这世界还有许多事物是我们没见过和体会过的，除了学习关于井冈山革命根据地的历史，这次活动更让我学会要珍惜眼前。生活在一个和平的时代其实是一件很幸福的事情，因此我们应该学会知足并且乐观对待生活中所发生的事情，同时我们也应该懂得感恩。即便我不是中国人，但我也能深深体会到如果没有以前革命先烈们的努力，就没有如今的太平。很多事都并非理所当然，这就是为什么我们要通过学习历史鉴往知来，继续为美好的未来而奋斗。

汉语伴我行

初　兴(泰国)

我这次去江西吉安井冈山社会实践,经历了许多难忘的事情。从上海到江西,这是我第一次坐卧铺,是我第一次呆在火车上长达10个小时,也是我第一次和这么多朋友一起旅行,我可以和许多国家的朋友一起交流,是很难得的一次机会。在火车上大家互相帮助,一起娱乐,共同分享美食。我还贡献出了自己的座位,只要有人需要,我随时都可以调换座位,这一路我一共和别人换了5次座位。我们还拍小视频记录下这个珍贵的旅程。

坐车的时候我能欣赏到沿路的风景,有一些风景也让我想念家乡,旅途整体感觉轻松愉快。

到了吉安,老师先带我们去了井冈山大学附近的酒店安顿好行李。第二天早上便带我们来到了井冈山大学,与这里的学生们一起交流,听他们演讲,讲述井冈山的历史、美食和风景。

接下来他们带我们去了白鹭洲书院,在那里我们知道了在历史上白鹭洲书院对教育影响很大,我们听中国学生讲白鹭洲书院的来历。结束之后,他们表示也想了解我们的国家,他们也想听我们国家的历史,我讲给他们听,大家边走边谈,很开心。到了晚上,井冈山大学的学生还带我们学了很多诗歌,到现在我都还记得。

第二天我们要去爬井冈山,有5个中国学生陪我们一起上去。有一位中国学生坐在我旁边陪着我坐车,她特别热情,给我讲了很多事,让我了解很多路边的建筑和风景。到了第一个景点黄洋界,站在这里我的心激动得砰砰跳,不是因为山很高,而是因为风景太美了,身旁云雾缭绕,我们仿佛置身于仙境。

黄洋界保卫战发生在1928年8月底,敌人乘毛泽东率部前往湘南迎回红军大部队、井冈山守山兵力空虚之际,纠集了四个团的兵力,妄图乘虚而入,一举攻下黄洋界。当时,守山军民只有两个连的兵力,在当地人民群众的配合下,凭险抵抗,打退了敌人的进犯,取得了著名的黄洋界保卫战的伟大胜利。

从大一到现在,我没感觉出自己的汉语水平有多大的进展。但是通过这次活动,我明显感觉到自己的汉语水平其实提高了不少,能和大家自如地交谈,可以认识到这么多的人。大家的母语各不相同,但是却可以用汉语顺利沟通。最重要的是我自己用汉语跟售票员交涉补上了车票,成功地回到了上海,那一刻感觉懂汉语真好,汉语是多么重要的一种语言工具啊!

井冈山文化体验行

金睿琳(韩国)

学习中文已经四年了,这次第一次去江西井冈山参观得以检验成效。另外,江西省美丽的风景和清新的空气,让疲惫的我有了完美的休息机会。

活动安排十分丰富,除了参观项目之外,还设置了演讲和合唱活动,通过这些活动体验了中国革命史上的胜地,感觉到对中国人来说井冈山意义巨大。特别是在井冈山大学的朋友陪着我们一起玩,向我们解释历史,以及他们的想法,这一点我觉得非常有益。我了解到井冈山是中国共产党的革命摇篮,还了解了中国年轻人的心里的想法。因为有他们的满满的热情,使我对中国的理解范围扩大了。我一般都在上海生活,所以和其他城市里的同学们没怎么接触过。参观博物馆、书院、毛泽东故居的体验都让我比只听讲座更能了解当时状况,而且还增加了对中国的好奇心和对中国的理解。看龙潭时更是体验到了美丽的自然风景,感受到"在大自然面前,人有多么渺小,在大自然面前显得非常谦逊"。能够看到"新中国的摇篮"——中华苏维埃共和国的临时中央政府大礼堂旧址,这一点令人很感兴趣。距离刚开始学习汉语的时间已经过去了四年,但这段时间都只集中对当代中国的形象了解,之前没有特意去旅行了解近现代中国的情况,所以这次井冈山之行让我更加受益匪浅。遗憾的是,因为我的中文水平有待加强,所以无法理解导游对于井冈山的详细说明。此后再有这种机会,就会更加努力地学习汉语,努力了解中国文化。

通过江西井冈山旅游,对现代的中国政治、现代史上最重要的人物的理解度提高了。希望以后能有更多现场参观活动的机会,这样可以更加直观有效地让外国人自然融入中国的文化和体验中国历史。也希望能够有更多与中国同学专门交流的时间,增加我们之间的交流互动。

最后,再次感谢老师们给予我参加这种活动的机会。

井冈山文化体验之旅

仲丽玲（澳大利亚）

高耸入云，重峦叠嶂，山清水秀，有众多成语能够形容这座山的壮观与精美。那里的山，那里的水，那里的花草树木，还有那里的人，没有一个是不吸引我的。

去井冈山之前，我看过那里景色的照片，非常漂亮，而那里的历史又非常丰富，我就非常期待到了那里以后的经历。但我没想到的是，无论我准备了多少，都无法与我到了那里以后，亲自去体验它的历史文化相比。

去井冈山的路上，导游彼得介绍了井冈山与毛主席和红军的革命故事。在那时，大小战斗非常激烈，是毛主席领导这些战斗取得了胜利。

天下着小雨，我们先去毛主席住区，住区里我参观了很多人的房间，比如何长工、宛希先、王佐等人，当然也有毛主席的旧居。那里的历史如山一样壮观，厚重，是中国人的骄傲。

井冈山革命博物馆里有许多关于毛主席和红军的历史记载，毛主席和红军在井冈山上的成功失败都陈列在博物馆里，我对中国革命史是越来越了解了。

最后我们去了杜鹃山，听说风景也非常美丽，遗憾的是，那天雨下个不停，我们坐半个小时的缆车上去都看不到什么风景，因为周围不是雨就是雾。虽然如此，那也是一种美，也是一种经验。花没看到，但是我们留学生与留学生之间的友谊增进了。

虽然最后一天在下雨，但是我们还是参加了非常有意义的活动，回去的火车上我还是回味着，如果我再回去井冈山，就一定要再多多参观那里的景区，多多学习那里的历史，因为那里实在是太诱人了。

井冈山,我们来了

艾丽娅(老挝)

在去井冈山路上,我就对这次旅行有很大的期待,希望能够慢慢地收获。而正如我所期待的,这次参观旅行确实让我获益匪浅。

井冈山同学都非常热情,去爬山的时大家都兴奋不已。我们穿上雨衣,周围离我们2～3米的距离什么都看不见,因为被乳白的浓雾环绕。山上面的空气好好,一到就感觉很凉快,我们一边爬山拍照一边聊天,感觉我们都很惊讶第一次看到那么厚的雾,风景很美。瀑布是我觉得从出生到现在见到的最美的地方,我第一眼看到什么都说不出来,很美真的很美,让人很惊讶。不过有一点可惜因为我们那天去的时候下雨,如果出太阳的话可以看到更美的云海,这也是其中我最期待能看到的风景点之一。

天街也是个很有意思的地方,没想到水果摊的老板是我们导游的老同学,送给了我们水果,留给了我们很好的印象,果然井冈山的人这么热情。

之前我从没听说过也不知道井冈山这个地方,这次认识到了。井冈山是个很有历史的地方,我们不仅仅欣赏到井冈山的美丽风景景点,也学到了很多历史文化,知道毛泽东同志和各位同志对井冈山的战争和对中国之前的抗争有多么重要,每个去参观的地方都有自己的历史特点。《毛委员和我们在一起》这首歌我相信会永远地留在大家脑海。

井冈山美丽的自然景点,热情友善的人民和良好的空气让人很难遗忘。井冈山的特色菜确实是很好吃,红米饭和南瓜汤实在是很好吃,我个人挺喜欢的。参加这次实践活动还让我认识到了很多新朋友,也认识到了很多人,能交换想法,商量聊天,互相帮助,让我很激动。

感谢老师和学校,以后希望还能参加这样有意义的活动。

井冈山精神

雷观帖（柬埔寨）

上海的火车发出咕嘟咕嘟的声音，我们终于出发了——前往江西井冈山。

车站旅客来来往往，人山人海。老师给我们买了硬卧的火车票，第一次乘坐火车的我心里感到很期待。上海到江西要坐十个小时的火车，刚开始我觉得在火车上待十个小时会把我闷死，没想到这期间我却感到很开心。在火车上我们不仅欣赏了窗外优美的风景，还认识了车厢里的几个中国小朋友。我们聊天儿，玩游戏，一起拍了在中国最流行的抖音视频，一转眼十个小时就过去了。

感觉中江西井冈山属于比较偏僻、不发达的农村，普普通通的房子和朴朴实实的村民，结果完全出乎我的意料，这里也有很多高楼大厦，很多小吃店和很多让我感到开心的奶茶店。井冈山大学实在是太大了，离大门口不远的地方是正在修建的井冈山大学图书馆，跟我们同济大学的图书馆确实有几分相似，原来这个图书馆是同济大学土木工程学院捐助的，难怪建筑风格跟同济的图书馆比较相似。

据我所知，江西省是中国革命史上最重要的地方之一，这里留下了很多有意义的历史，毛主席和朱德就是在井冈山上成功会师的，当然还有很多红军英雄也牺牲在这里。我去了毛主席战争时居住的地方，了解了他们当时的情况，让我敬佩不已。

在井冈山上有一个地方叫黄洋界，我的搭档跟我说黄洋界是井冈山最高的地方，也是在战争时所说的最危险的地方，我们已经到了最危险的地方，还会害怕其他小小的危险吗？感觉自己变得更勇敢了，那是我印象最深刻的地方。除了参观一些纪念馆，我们还去了很多井冈山的自然风景区，这里有很多特别特别高的山，云在山腰上飘来飘去，很美，就像在天堂似的。

井冈山的瀑布有五级，我最喜欢第五级的仙女潭，实在把我迷住了。仙女潭是最低一级的瀑布，下去时因为带着期待的心情，一点也不累，我们走了差不多900米就到了。那里很凉快，风景特别美，美得无法想象。当时我拍了很多的照片，瀑布的流水声加上鸟儿的啼鸣声，就像给我们唱歌似的，感觉很舒服。我们在那里玩了大概一个半小时，因为时间的关系我们要赶回车上。但是我们实在太累了，往上爬的时候完全爬不动了，我们打算一人花六十元，坐缆车回去。那是我第一次乘坐缆车，虽然我有点恐高，但由于好奇心，想冒一次险，年轻人应该多接触新的东西。当时我的同胞也跟我说中国人制造的东西你应该放心，很安全的。他的这句话像定心丸，让我很安心。坐在缆车里面看着下面的风景，真的让我很入迷，我以为自己在天堂里飞来飞去，几层瀑布错落有致，低头看地上的树，我仿佛真的变成鸟，飞过了树梢。我心里想，要是我真的能飞该多好啊！

井冈山给我留下很深刻的记忆，让我了解了红军的伟大，有了他们的牺牲才有现在伟大的中国。这样的精神值得我们学习，希望“一带一路”的政策，能使柬埔寨和中国的友谊更加亲密，让对中国历史文化感兴趣的留学生们有更多的机会去学习中国的精神。

伟大的井冈山

优丽娅(乌克兰)

作为一个留学生,对中国各个方面感兴趣,何惧探索新的城市?我特别激动就报名了参观井冈山的活动。这是第一次坐那么长时间的火车,我们又激动又紧张。

我们参观很多有名的地方比如井冈山大学、白鹭洲书院、革命博物馆、毛泽东的旧居。我们也爬井冈山,游览五龙潭。我最享受的一部分是中国同学们陪着我们一起去玩儿,游览时如果听不懂导游说的话他们就简单地解释一下。除此之外,还会补充中国共产党在井冈山的革命事迹,这些革命事迹都让我印象深刻。中国同学待人非常热情,给我们吃中国的土特产品、教我们新的词语,总的来说我们一起度过了非常愉快的时光。

虽然我已经去过不少中国的城市,认识了很多不同省份的人,但是最让我印象深刻的还是中国人对自己国家历史和文化的兴趣盎然和崇高的敬意。这几天我们参观很多跨时代的地方,我会发现中国人非常重视自己的历史,也全力以赴宣传它们,为了给全世界来看中国的历史真的是悠久,中国人为之骄傲。这次活动丰富了我的知识,尤其是关于国共内战的知识。我们有机会体验那时代的生活,我们也尝了那时候吃的红米饭和南瓜汤,我们在龙江书院参观的时候看到了很多中国游客穿着红军的服装,突然我们好像真的回到那个时代。

不用说,难以忘记的是井冈山迷人的风景。在中国我已经看见了不少山岭,但是井冈山无可争辩超凡脱俗。江西人给它们起绝妙的绰号“云海”。这并不是夸张,你坐在山顶望着山下,到处都是云海。不过爬井冈山你不会只欣赏美丽的风景,你会不由地想起历史事件,想象那时候的情境。井冈山是中国的执政党——中国共产党曾经的重要革命根据地，中国人民将当时中国共产党在这里奋斗的精神称为“井冈山精神”，因为中国共产党人的顽强不屈、艰苦奋斗。中国同学跟我说，“井冈山精神”至今对于他们也有着巨大的影响，他们是受着“井冈山精神”的鼓舞长大的。

对我来说，五龙潭是井冈山的瑰宝。这是我在中国第一次看到瀑布也是第一次坐缆车，所以我兴奋得不得了。那里的景色给我留下了深刻的印象。仙女潭堪称大自然的奇迹。

我们离开吉安之前，中国学生送给我们手写的书法条幅。我收到的是“敢闯新路”。中国学生解释说我们选学习汉语，这并不是容易的事情，所以我们很勇敢，只要坚持终会成功，天天向上，世上无难事，只要肯登攀！这次旅游我永远不会忘记，希望有机会再一次跟中国同学们见面！

井冈山难忘的回忆

雪　云(乌兹别克斯坦)

2018 年 6 月,国际文化交流学院组织了几名奖学金获得者代表去江西井冈山大学交流。井风山大学是一所综合性普通本科院校,也是同济大学对口支援和南京军区委托培养军队人才的高校。13 年来,同济对井冈山大学在学科建设和学生培养方面进行了卓有成效的支持。

在漫长的 12 个小时车程中,我们趁机交了很多新朋友。我们参观了井冈山大学的教学实践基地,举行了人才培养基地挂牌仪式。在中外互动环节,来自波兰、柬埔寨的同学介绍了各自的历史、文化和习俗。

白鹭洲书院为朱熹的弟子江万里在南宋淳祐元年创建,初衷为“创鹭洲如白鹿”,希望白鹭洲书院能像白鹿洞书院一样成为当时的理学重镇。在白鹭洲书院我们认识了好多中国朋友。他们都非常热情,友好,善良。他们对我们国家的文化、习俗很好奇。

下午我们参加了“经典诗词诵读”活动。这次活动的目的就是体会中国文化和诗意,教我们一些关于井冈山的传统诗歌以及歌曲、在诗歌和歌声中带领我们领略井冈山的独特文化。

井冈山是江西的一个旅游胜地,也是风景优美的好去处,迷人的云海、原始森林,雄伟壮观的瀑布,如碧玉瀑、珍珠瀑、白龙瀑、仙女瀑……其中我最喜欢的是白龙瀑。白龙潭的水很深,呈蓝绿色,潭里还有一些小小的鱼儿游来游去,可爱极了!

我们还去了革命英雄纪念馆,参观了毛泽东主席领导工人和农民在井冈山建立起来的革命根据地的图片。我们恋恋不舍地告别了井冈山。

醉美的井冈山

赵明艳(老挝)

2018年,我们学院组织了一个中外交流活动让学生们到了江西井冈山,我有幸全程参与其中。说是一次游玩,不如说是一次关于井冈山精神和中国文化的深度体验。只有在游学中才能收获书本上学不到的知识。

那几天,我们分别去了龙江书院、茅坪八角楼、挑粮小道、黄洋界、茨坪毛泽东旧居、井冈山博物馆等地方,了解到很多关于中国的文化知识。每当导游语速太快让我们听不懂时,同组热情的中国同学都会耐心解释。

在井冈山博物馆,我们看到了红军长征的艰苦情景,这里有他们当时用过的碗筷,特别让我影响深刻的是他们穿过的草鞋和破棉袄,诸如此类物件让我仿佛感受到了当时红军们生活的艰苦和作战的艰辛。

井冈山让我留下很深的印象,在这里看到了连绵葱绿的山脉、清新的空气,壮丽秀美的景色,我们被它完全吸引住了。仙女瀑真像仙女在梳头发,那长长的头发直达地面,多彩多姿。山上的石头隆起而又光滑,星星点点地分布着,有大有小,千姿百态,有的像肉嘟嘟的肥球,有的像高大的巨人,有的像叽叽喳喳的小鸟,美丽极了!我听老师说这边是毛主席曾住过的,还编了一首童谣呢!

这一次活动,不仅让我们开心地玩耍,最重要的是,我们又在远行中学到了书本里学不到的知识,对井冈山文化、井冈山精神有了更加深入的理解,感觉自己对中国的了解又上了一层楼。

走向幸福的旅途

崔允娜（韩国）

我第一次看到到井冈山这个名字是在我去年在北京刚刚开始学习汉语的课本里。课文内容是关于“希望工程”，一个北京的大学生帮助很贫穷的少年上学的事情，这个少年住在井冈山的山谷。虽然北京青年也很贫困，但他省自己的生活费帮助比他更贫穷的少年，他的这种精神给我留下了很深刻的印象。所以我一听到学校计划井冈山考察旅行，我就跑到办公室报名。因为我很想知道这个“希望工程”故事的背景，还想了解一下这样高尚的精神的根源。

从上海坐火车到达到吉安需要大概 10 个小时。在火车上我拿出了预先准备的一本书，中国大学生必须学的马克思和恩格斯写的《共产党宣言》。井冈山被称为“中国革命的摇篮”。所以我想全方位地了解共产党的目标或者精神。在餐车的经历也是很新奇的，在晃动的火车上吃饭，看一看窗外的风景让我感觉十分浪漫。

在井冈山大学我感受到那里的学生们对我们的关心和好奇。井冈山是理解“新中国”很重要的场所。了解“新中国”首先要跟井冈山大学的学生们见面。他们展现的传统服装、古筝演奏与书法很有中国的风格，这才是真正的国粹！我沉迷在了这种神仙般的仙境之中。

下午我跟着井冈山大学的伙伴参观白鹭洲书院。这个书院位于江上一座很美丽的岛屿，为了集中教育、培养中国古代的读书人而建立的这所学校，让我见证了中国人的传统教育的一方面。我的井冈山大学的两个伙伴很热情地介绍书院的历史和回答我的各种问题。我们互相挽着对方走着说了很多。我很喜欢她们诲人不倦的态度。她们十分坦率自信。这样的情绪在跟中国人的交流上我经常能感受得到。

我觉得这是典型的魅力。

我很好奇井冈山火把样子的路灯，原来这象征革命的火把照亮山村的每个角落。为什么中国游客大量地来井冈山呢？除了这里是新中国历史的主要的一部分与有着很美好的景观的事实以外，我在这儿可以发现什么呢？

我们参观了毛泽东的旧居，革命博物馆，与很美好的山野和瀑布。我看见了许多的中国人穿着红军军服参观井冈山的遗址。爬过黄洋界哨口的时候，当年的红军冬天的时候甚至没有适合的鞋子只有穿草鞋，更没有充足的饮食和衣服。为了什么他们可以如此为理想斗争呢？

我觉得他们十分地盼望着幸福。这是对更好的未来的热烈期望。人不同于动物就在于对进步的渴望。人们相信这个渴望终于能来带幸福感。为了建设更美好的未来，人类可以忍受现在的困难和苦痛，甚至牺牲。

幸福不是能够轻易得到的。我喜欢习近平主席说的“幸福都是奋斗出来的”这句话。我觉得只有进行激烈的斗争的民族可以获得进步与最后的精神的满足感。由于过去的许多的中国人的牺牲，现在的中国才得以存在和强大。中国用自己的方式进行创造式发展。我目睹了在井冈山的中国人民中存在的活力与生命力。我希望中国人一直保持这个可贵的精神。我很希望热情、淳朴的中国人民能够通过不停的努力，昂首走在进步的道路上，并最终建成幸福的小康社会。

中共一大会址纪念馆观后感

古来娜(哈萨克斯坦)

我对于中国共产党成立的历史,以前也只是在中国简史的学习过程中有过简单的了解。学院组织参观中国共产党第一次全国代表大会会址的活动正好让我可以亲身去体验和感受,因此我不想错过,积极报了名。

在导游的引导和讲解下,我们进入那一幢石库门房子,怀着虔诚与激动的心情开始进行参观。1921 年 7 月 23 日,毛泽东等 13 位一大代表和共产国际代表就在这幢石库门房子里召开了中国共产党第一次代表大会,会议举行至 7 月 30 日,因为被法租界巡捕房密探发现,紧急停止开会。7 月 31 日,一大的 13 位代表转移到嘉兴南湖的一条游船上继续开会。会上讨论通过了党的纲领、决议和中国共产党成立宣言,选举产生了党的中央领导机构。这是中国近代史上最黑暗的时段,当时百姓穷得无立锥之地,要想建立一个代表人民利益的党当然也没有落脚之地。然而这样的创立之艰并没有阻挡共产党人的步伐,没有冷却共产党人的满腔热血。

纪念馆中陈列着许多珍贵的革命历史文物,再现了 19 世纪中叶以后,中国沦为半殖民地半封建社会的悲惨史实。展品集中反映了中国共产党早期领导人李大钊、陈独秀和毛泽东等一批早期党员开展革命活动、筹建中国共产党的革命历史。

中国共产党从无到有,经历艰难曲折无数。我更深一步地懂得了什么叫"艰难困苦,玉汝于成"的境界,无数的革命先烈缔造了中国共产党,中国所酝酿的巨变将是全人类史上的丰功伟绩。

现在的中国,在共产党的带领下越来越好,越来越强,这更加证实了中国共产党的创立是中国历史上改变中国命运的重要选择。

时光不再，英雄虽逝，精神长存，犹如黑夜中的明灯盏盏，照亮了中国共产党前进的道路，照亮了中华民族崛起的前程。

第四章
中外融合

每一名来华留学者的心中，都怀着一个“中国梦”。这个“梦”，萌发的起点或许只是一段旋律、一道美食、一个父辈讲述的故事。但当他们来到中国后，与这里的人民朝夕相处，“梦”有了越来越清晰、具体的图景，并延展出更大的天地。在本章，同学们记录了自己真实的心路历程。他们没有讳言最初的无措与艰难，但在自己的努力以及热心中国人的帮助下，他们慢慢融入这里的生活，也更加理解中国、喜爱中国。

迎着梦想，一路前行

塔瑞克（也门）

我叫塔瑞克，来自靠近也门首都的莱伊玛，目前在上海师范大学学习通信工程。

也门位于亚洲西南部，阿拉伯半岛南端。也门有约 2 000 公里的海岸线，海上交通十分便利。位于西南的曼德海峡是国际重要通航海峡之一，沟通印度洋和地中海，是欧、亚、非三大洲的海上交通要道，具有重要的战略地位。

也门地处“一带一路”西端交汇处，是沿线重点区域和中国推进“一带一路”建设的天然和重要合作伙伴。

也门的临时首都亚丁位于阿拉伯海亚丁湾，是历史上有名的港口之一，它不仅是座风景如画的美丽海滨城市，也是国家的经济中心。

中国人对亚丁应该并不陌生，自古以来它就是海上丝绸之路的重要港口，明代叫做“阿丹”。

郑和下西洋时曾经派使团从苏门答腊驾三艘船送衣服给阿丹国王，受到国王热烈欢迎，使团还在阿丹购买麒麟与金钱豹等宝贝。

到了近代，亚丁仍是西亚与东非重要的贸易城市，著名的摩卡咖啡豆也是通过亚丁港出口的。

（1）梦想起航

来中国之前，我对这个神秘的东方国度的印象局限于“中国制造”、中国人都会功夫、吃青蛙和蝎子、是世界上最勤劳的人，等等。

在我的国家，出国留学很困难，所以我努力学习成为我们省的第一名。

原本我可能会选择和我从小到大的朋友们一起去匈牙利学习，但是我那身为历史教授的父亲告诉我应该去中国，那里有孔夫子的儒家文化，我听从了我父亲的建议，现在我十分感谢他睿智的决定。

有一句阿拉伯谚语说："الصينولوفياطلبوالعلم"，意思是到了中国也要探索知识，中国的遥远并不能使人胆怯。

随着"一带一路"倡议的推进，越来越多的国家意识到中文的重要性，Facebook的创始人在说中文，Trump 的孙女在说中文，很多国家在推行中文教育，比如在沙特阿拉伯就已经实行。2019 年 3 月也门就有 30 位外交官来上海参加中阿研修班。

我为我能在中国学习中文而感到自豪，在将来我会把更多中国的文化带回也门，让更多的人了解中国的文化。

我的梦想就从这里出发。

(2) 初到魔都

2017 年，我幸运地拿到了同济大学的录取通知书，第一次来到了上海。

那时我完全不会说中文，人生地不熟，身边也没有人民币，历经千辛万苦来到校门口，还闹了一个笑话。

我以为快递站是接待留学生的，拿着录取通知书问快递小哥留学生宿舍怎么走，结果他竟然不知道我在说什么，等了两个小时才等到会说英语的人。

陌生的环境让我非常不适应，我有些害羞于向别人寻求帮助。

幸运的是机缘巧合之下我认识了一位中国医生，她像亲生母亲一样地照顾我，她把我介绍给她的家庭，我们一起出去吃饭，一起出去玩，建立了很深的感情。

我亲切地叫她我的中国妈妈，我也像爱我的妈妈一样爱她，没有她，我不会那么快地适应中国的生活。

最终，我逐渐习惯并爱上了这里的一切，体重也从 57 公斤涨到了 75 公斤。

我之前都没想过我以后会说中文，来中国之前也有那么多人说，你以后不会说中文，中文是世界上最难的语言。

我偏不信，我偏要努力，努力学习中文证明给他们看，我做到了。

但是学习专业跟学习中文一点都不一样，学习专业更难，需要花很长时间来翻译，因为所有课程都是中文的，而且课程比较难，但是我相信这些困难慢慢会减少。

随着我在中国的时间越来越长，我对中国的了解也越来越多，我对中国的感情也越来越深。

中国地大物博，有各种各样的名胜古迹和文化。

中国的发展十分迅速，一座城市在十年内能有翻天覆地的变化，虽然生活节奏很快但是让人很兴奋，总是有很多新鲜的事物不断出现。

中国人的思想日益开放，不像我从前想的那样，中国人很谦虚学习，越来越多的人会说英语，我相信随着“一带一路”的推进，中国人和其他文化的思想会有更多的碰撞。

(3) 展望前路

中国和也门在能源、基础建设、职业技术培训、教育与医疗等多领域的合作源远流长。

早在 1959 年，中国就和北也门签订修建也门—荷台达柏油公路协议，中国特别派了一支参加过康藏公路建设的队伍赴也门指导施工。

另外，我们还达成建设萨那棉纺与印染工厂的合作协议，它是也门当时最大的工业项目，也是当时中东地区最大的纺织厂。

1966 年起，中国就开始派也门医疗队，还援建了塔兹革命综合医院、萨那妇产医院等医疗设施。

上个世纪 80 年代末，上海外国语大学阿拉伯语系教师曾多次前往也门担任中国技术人员的翻译。

2013 年也门总统访问中国，再次和中国达成基础建设方面的合作协议，其中包括扩建亚丁港与新建两座发电厂。

受内战影响，也门全国很多地方电力受到伤害，很多基础设施不能正常运作。也门全国 6 000 多公里的道路需要修整，亚丁港、萨那国际机场与亚丁国际机场也需要修整。也门各地的学校与医院也需要重建。

人口近 3 000 万的也门有很大的市场,中国参与也门战后重建不仅对也门的人民有利,也对中国人民有利。

"授人以鱼,不如授人以渔",中国在未来扩大对也门投资的同时,对也门输出更多人才,不仅能加速也门战后重新建设,为也门创造很多的就业机会,解决也门青年失业问题,而且还能推动也门的技术升级,实现可持续发展。

未来我想考博士,以后在大学做学术研究;另外,我也想开一家进出口公司,通过"一带一路"搭一座与阿拉伯国家的桥梁,而且我想把中国先进的电子商务带给我的国家,传输像微信、支付宝和美团等新的概念、新的经验。

除此之外我想做一些慈善,帮助有需要的人们,无论他们的国籍种族是什么。

未来我还想做许多许多的事情,让"一带一路"走得更远,为中阿友谊的源远流长出自己的一份力。

就像外交部部长王毅所说:"我们共建'一带一路',就是要用对话代替对抗,促进中东和平与稳定;就是要对接亚洲大陆东西两端,促进共同发展和繁荣;就是要打破隔阂与偏见,促进文明交流与互鉴。"

我的梦在中国,我未来的路在中国;世界的梦在中国,世界未来的路在中国。

中国梦，我的梦

潘成功（柬埔寨）

国家有梦，民族有梦，每个人也都有自己的梦想。有梦想的人才会有更多的机会实现自己的目标。我十五岁上高中，开始学习中文之后，也有了一个梦想，就是到中国留学，学习浩如烟海的汉语知识，体验丰富多彩的中国文化。

说起我的梦想，不得不提中国和柬埔寨两国悠久的友好渊源。远的不说，就拿近的来说吧。2013 年习近平主席倡导建设“一带一路”，这将给我们柬埔寨带来很好的发展机会。柬埔寨将与中国和“一带一路”其他沿线国家一起共同打造政治互信、经济融合、文化包容的利益共同体、命运共同体、责任共同体。许多中国人喜欢来柬埔寨旅行、投资或走亲访友。他们让我们柬埔寨人对中国、对汉语产生兴趣，渴望了解中国。高中学习汉语的时候我就学过一些中国历史，我所了解的中国的风土人情、传统文化、经济发展等情况，都十分精彩。我平时在家也喜欢看一些中国的节目，对中国了解得越多，我对中国的兴趣就越浓厚，于是我更努力地学习汉语。高中毕业后，我到首都金边的孔子学院继续学汉语，同时在孔子学院申请来中国留学。我申请来同济大学读本科，因为我对中国了解较多的城市就是上海，上海是中国现代经济的中心城市、海派文化的发源地，是个繁华的大都市。那时，经过自己的努力，我通过了考试和申请。感谢中国的孔子学院帮助我实现了我的梦想。

转眼来同济大学留学已经四年了，在同济我学会了很多新的知识。同济的每一位老师都有丰富的教学经验，很高超的教学方法。同济的图书馆是一个非常好的去处，我经常到那复习功课，完成作业。有了老师们的帮助，加上我自己的努力，我的汉语一天天进步。虽然我的汉语水平还不是很高，但我一定会坚持继续努力，学习更多的知识了解更多的事情。

这四年来，第一次离开父母在国外独立生活的我，虽然遇到很多问题，但我得到了很好的锻炼，学会了自己解决问题，现在我在同济过得很幸福。我交了很多来自其他国家的留学生朋友，还认识了不少中国同学，他们都热情开朗，心地善良。此外，在校期间，本人表现优秀，好学上进，勤奋钻研；有责任，有担当；知书达礼，待人友好；积极参加各种比赛，乐于参与各项文体活动，曾经获得多项比赛的奖励。各门功课都表现优秀，各项活动都表现突出。让我印象最深刻的是，我在同济参加了一个“舞龙”社团。以舞龙的方式来祈求平安和丰收是中国的传统民俗文化。经过多次训练，我学会了扭、挥、仰、跪、跳、摇等多种舞龙姿势，虽然舞得还不是那么好，但感觉舞龙挺有意思的，既可以锻炼身体，又可以结交不少有共同爱好的朋友。我经常参加学校的各种活动，同济的留学生活丰富多彩，令人难忘。

中柬友谊已经走过了四十多个春秋，而我和中国的故事才刚刚开始。我非常珍惜这来之不易的留学机会，一定好好学习，毕业后回国当一名中文老师。不仅把中文教好，更希望自己能把中国优秀的传统文化和发展理念分享到柬埔寨。感谢中国所给我的一切，希望中柬两国友谊万古长青。我一定会一步一个脚印，为中柬两国的友好做出贡献，让两国携手并肩共同走向美好的明天！

中委友谊之桥

洁　莉(委内瑞拉)

我叫洁莉,来自热情似火、柔情似水的委内瑞拉。我为什么这样形容我的祖国呢?因为委内瑞拉人像火一样热情、活泼、欢乐。同时,委内瑞拉的姑娘柔情似水、天生丽质、风情万种。她们不光有魔鬼的身材、迷人的眼睛,而且秀外慧中、锦心绣口。委内瑞拉的选美活动在世界上家喻户晓、尽人皆知。委内瑞拉姑娘多次获得世界小姐、环球小姐、国际小姐的桂冠。除了选美之外,我们国家风景秀丽。天使瀑布,美丽的海边,玻利瓦尔峰,马拉开波湖等。吸引了各地众多的朋友们,增进了各国人民之间的友谊。

我是同济大学汉语言本科专业三年级的留学生。我从小就对有悠久历史的中国非常好奇。长城、武术、天安门、宫保鸡丁、麻婆豆腐、粤语,思想家如老子、庄子等,让我深深地入迷。为了与我非常喜爱的中国更加接近,为了更进一步地了解中国,我开始学习汉语。我将来的目标是能有足够的能力深入细致地研究中国的传统文化思想,能够把中国的《道德经》《庄子》《论语》这些经典翻译成西班牙语,也希望变成促进中国与委内瑞拉之间友谊的桥梁。

记得小时候,我爸爸与中国人一起工作,所以我有了与中国第一次接触的机会。他每天回家之后,总会给我讲一些关于中国的故事,在爸爸的影响下,我慢慢喜欢上了汉语。在委内瑞拉有很多华人,为了加强同胞之间的联系沟通,保持中国的传统文化,他们建立了"华恋社中华会馆中文学校"。

2004 年当我还在读高中时,我就在"华恋社中华会馆中文学校"开始学习汉语了。每天下午 3 时至 5 时上中文课。在我的班里我是个例外,其他的同学都是黑头发，黄皮肤，爸爸妈妈是中国人，年龄从 4 岁到 16 岁，而我是唯一的委内瑞拉大姐姐。在这个学习汉语的过程中，我对汉语越来越感兴趣，所以决定要去中国。

2009 年，我有幸得到了来中国学习汉语的奖学金。到现在为止，我学了不少汉语，我的汉语进步得很快。如果要我用一句话来形容中国文化，我会毫不犹豫地说："中国文化实在是'博大精深'。"

能与来自世界各国的同学相识我感到非常荣幸。非常感谢汉语桥给了我继续进步的机会。我会用我的汉语向全世界展示我对中国的了解，我一定会我一定会抓住"汉语桥"这个机会更进一步地了解中国，了解中国传统文化，使自己的汉语水平更上一层楼。

路漫漫其修远兮，吾将上下而求索。

我的“中国家庭”

汉诺娃(哈萨克斯坦)

一放寒假,我就很兴奋,因为要回家了,要见亲人和朋友了。但是我一直很好奇中国人一般怎么过春节,中国人的家庭和我的有什么不同?今年我居然有机会了,我的好朋友邀请我去她家做客,还和她家人一起过春节。我朋友家在山东,离我们那时候读书的地方挺近的,坐火车大概只要一个半小时。因为我是第一次去中国家庭做客的,我想给大家留下好的第一个印象。我知道去别人家做客也不要空着手。从我家回中国的时候我经常带一些吃的,尤其是甜品。我觉得我国家的巧克力是世界上最好吃的,所以我给我的朋友和他的家人带了很多巧克力。除了巧克力我还买了一瓶酒。

出火车站后我朋友的妈妈开车来接我们,回他们家的路上我们聊了很多学校最近发生的事情。一到家,我就看到了个宽敞漂亮的房子。除了门上、墙上贴的几个“福”字,那个地方真的很像我家。她的妈妈给我安排了一个很不错的房间,以后我知道了那个是我朋友之前的卧室。刚到我朋友家我已经感受到了中国人的热情好客,她妈妈还给我买了洗漱用品和一件比较厚的睡衣。晚上她爸爸下班回到家了,然后我们四个人一起吃晚饭了,她的妈妈做的菜真的太好吃了!虽然我在中国已经五年了,但是我还是不能吃辣的,所以发现山东菜很适合我的口味。第二天我们去我朋友的爷爷奶奶家。虽然我不熟山东话,也听不懂他们在说什么,但是爷爷奶奶都对我太好了,一直让我多喝点热水、多吃点水果。

过了几天就到春节了,我朋友的其他亲戚也回到家了,我们都过得挺开心的。但是除了假期来了以外,疫情也来了。中国政府的反应非常快,为了保护人民健康限制一家只能一个人出门。学校也不让我回去,我只能一直待在我朋友家。那时候我妈妈每天都给我打电话,哭着问我:“你们那情况怎么样？你没事吧?”我每次都和她说自己没事,这里的人非常好,他们都对我很好。我本来打算在朋友家大概呆两个星期,真的没想到我会在那边住三个月。每天都过得差不多,无非吃饭玩手机睡觉。但是我感觉我们越来越像一个家庭,晚上会一起看电视,我从那时候爱上了中国的节目和电视剧。有一天我和我的朋友帮她父母包饺子,虽然我之前没试过包饺子,但是她的妈妈说我包的饺子比我朋友包得好看。那时候两件我目前的生活中最重要的事情同时发生了:第一是大学毕业,还有是研究生申请。因为那时候我们已经大四了,学校还不让回去,我们也没有其他的选择,所以在朋友家开始做毕业设计、写毕业论文。这些令人疯狂的事情都让我很难受,这段时间有很多次我想要放弃了,想回家了,但是最后我战胜了自己,克服了所有的困难。

我非常感谢我朋友和她家人陪我渡过最困难的一段时间,给我和自己的家一样的温暖。这三个月的寒假生活带给了我很多快乐。我希望如果以后有机会,我会再见到这些人,我的“中国家庭”。

记忆的图腾

钟芬达(印度尼西亚)

在我模糊的儿时记忆中,有这么一个异国女人,她的歌声曾经几乎传遍每个印尼的大街小巷。当时的我听不懂歌词,但每当旋律响起时,都能让我沉浸在她将语言以歌声的形式表达出时而悲怆时而明快的个人情感。也不论是何种情感,即使在不同的曲律中,这个语言总能表现出一种恰到好处的温柔,使人沉醉其中不自知。时隔多年以后,父亲才告诉我这个歌手的名字,是邓丽君,这个一直保留在我记忆深处,温柔而又神秘的语言,叫中文。因此,这便成为我第一次在脑海中刻画出的中国模样,或是《绣荷包》里呢喃的秋虫又或是那湿了红色纱笼白衣裳的《南海姑娘》,虽都源自生活中最平淡的人或物却让人产生出莫名的亲切感。

也都说婴儿在妈妈的肚子里是有灵性的,在妈妈怀我的时候,就曾经游览中国,如十三朝古都西安、中西现代文化交汇的香港以及如今的中国政治中心北京。纵然当时不能亲身感受,但妈妈的所见所闻似乎也触发了我对中国的先天向往。因此,在我还没上小学之前,我就自发地向父母提出想要学习中文的意愿,起初我也只是在印尼请中文老师给我补课,但渐渐地,我不再满足于课本中描绘的中国景色以及老师教的唐诗宋词、四大名著。于是我就更大胆地提出要实现赴华留学的梦想。老天不负有心人,在我发起猛烈的央求攻势下,我的父母最终也答应让我去中国留学,但同时也有个条件,那就是爸妈把我送到中国以后,他们将不会陪同我,回到印尼,意味着七岁的我将被寄养在他人家中。可即便如此也无法动摇我赴华留学的决心,我还非常清晰地记得当时自己在飞机上因为太过于激动,到处乱跑乱窜,最后还被爸爸抓起双脚倒立,就为了能让我乖乖地坐在位置上。听到飞机落地的那一刻,我就知道自己的梦想也着陆了！我赴华留学的第一站是厦门，在完成学校报名后，爸爸妈妈也如之前所约定一般回到印尼。未来的三年里，我在异国他乡没有爸爸妈妈的陪伴下成长，我比别人付出更多的努力就为了能够达到和中国学生一样的语言水平。无形间中国与我之间已然不再是我单方面强烈的好奇心，而是转变成承载我孤独童年的“栖息地”。

学会承受孤独是我在中国学习的第一门课，因此锻炼了我日后不论遇到什么困难，都是选择独立而不是依赖。高中毕业后，我决定前往属于我的更遥远的远方，只身一人来到了同济大学，学习土木工程专业。众所周知，土木工程作为同济大学的王牌专业之一，也是全中国名列前茅的“第一把交椅”，自然汇集了海内外的优秀人才，来到这里后我才真正感受到了“山外有山，人外有人”的道理。以前的我总享受超越别人的快感，但站在一个更高的平台后，我才开始认清了自己的能力和个人定位，四年本科时光最终也磨平了我的棱角，使我谦卑使我返璞归真。如今的我，是即将步入社会的工科研究生，是在国外留学近 20 年的印尼女孩，也是那个和中国做共同成长的见证者。

这期间，我踏上了北京的万里长城，那一瞬间俨然回到了两千年前中国大一统王朝的起点，秦朝；我体验了河南之旅，才通过亲身经历了解到三国时期被誉为“居天下之中”的洛阳作为兵家必争之地的原因；我游览了中国经济中心亦拥有“魔都”之名的上海，深刻地感受到历史曾经带给这个城市的荣辱兴衰。中国上下五千年的历史，几度繁华几度衰，所以在经历一段文化沉淀以后，大到山川湖海，小到一砖一瓦，不论我走到哪，总能处处感受到时代留给这个国家的印记，也正是我在中国的一步步脚印，一段段经历，使得这些印记变成了我记忆深处最华丽的图腾。

中国于我，不再只是为了实现我出国留学梦想的平台，而是承载了我从童年到成年记忆的寄托，是我未来难舍离的乡愁，是寄予我最大安全感的依靠。如果我是那多年漂泊的小船，那中国就是在我疲惫停泊时，一处家的彼岸。

中国文化与中国温情

吉津蓉子(日本)

我的小学时光是在中国度过的,在中国生活的日子里我学到了很多事情。第一个是我在上海日本人学校时有一个活动叫"学一学中国文化"。我在这里学到了京剧、舞狮、中国刺绣等。小学三年级的时候,上海京剧院的老师来我们学校教我们有关京剧的知识,教得非常详细。京剧作为国粹,给人留下的第一印象就是比较夸张的脸谱,很多人要问京剧为什么要画脸谱?脸谱的颜色和花纹各自代表着什么?当看到台上的老师表演变脸的时候,我感到非常惊讶,他为什么能在那么短的时间内如此快地变脸?因为我很好奇,所以问了一下老师,他告诉我,京剧变脸有三大基本手法技巧:分别是抹脸、吹脸、扯脸,每种手法的原理和技巧都是不一样的。我觉得舞台上的演员变脸的速度简直太神奇了。

第二个是我体验过的舞狮,有一种说法是:中国人是"龙的传人",我看到舞狮的演员实在是太厉害,不仅是漂亮,而且很不简单。让我感到有点意外的是,舞龙师操纵着那么重的狮,跳来跳去,上下挥舞,而且每个人配合得十分默契。原来我以为挺轻的呢,直到后来我们开始体验舞狮,才知道这套舞狮道具比想象中的重多了。这件事给我的启示是舞狮师一个一个一定要相信自己,而且要相信自己的团队成员。如果做不到这一点的话,很难使狮舞得精彩。

第三个是我体验了中国刺绣,老师先给我们看了完成后的作品。我看到了鸟的刺绣、玫瑰的刺绣、龙的刺绣,真是美极了!终于我可以体验刺绣了,我本来就笨手笨脚的,所以非常担心,但又想像老师一样做出精美的刺绣作品。接着,老师给我们发了模仿的刺绣后,我们开始刺绣起来,一开始我比别的同学慢,可是没想到我加快了速度，最后完成了两幅作品呢！一幅是一朵花，另一幅是一只小虫，我觉得这两幅都很可爱。

通过体验这三个中国文化活动，我对中国文化以及历史产生了很大的兴趣。除了学校生活以外，另一件让我有感触的事情是，中国人看外国人的时候，不会只是根据新闻的报导，轻易地判断，而是一个人一个人地去看。我很尊重中国人的这种看法。并且，我还喜欢中国人做事主动积极的方式，会主动地去思考，主动地做自己的事情。目前我有时做事还不够主动，我想进入中国大学之后，与中国的学生积极地互动交流，取长补短，提升自己。

另外还有一件令我难忘的事，有一次我在中国迷路了，我感到很困扰。我看着指示牌，看来看去也不知道去哪儿的时候，有一个二十多岁的小姐姐问我："你是不是迷路了？"我说是的。紧接着她一路带着我，我跟着她走了好长一段路，最终到达我要去的地方。她是一个善良的人，这座城市让我感到温暖。以后，遇到别人有困难的时候，我也要帮助他们，向这位小姐姐学习，为别人指引方向。做一个让人感觉温暖的人。

感动一生的缘

法瑞佐（厄瓜多尔）

有缘千里来相会，不能错过汉语美！

第一次来中国时我听到了一句话说："中国人相信缘分。"他们认为，事情都不是简单的巧合。

我，一个厄瓜多尔的年轻人，有着很多的理想和憧憬，是否能拥有像中国人所说的那种缘分呢？

功夫不负有心人，奇妙汉语梦成真！

因为我和孔子学院的缘分，才让我能再来中国学一个学期，现在，我回到了日思夜想的同济大学，回到了熟悉的校园，继续汉语深造。你可曾知？我已经来过 4 次了。要不是最初选择到厄瓜多尔孔子学院学习，这个是一定不会实现的。我和孔子学院的故事，且听我娓娓道来，你会看到，孔子学院、汉语和中国是如何改变了一个厄瓜多尔年轻人的生活！！

学汉语妙不可言，亲密接触像初恋！

犹记得那一年，我 19 岁，在我的国家，在厄瓜多尔的孔子学院，我报了名。当时的我，无论如何都不会想到，那个决定会成为我生命中最好的、最有意思的，而且也是最重要的选择！我上了星期六的课，惜时如金，越学越有意思，一发不可收拾。孔子学院的老师、教室、课本、汉字、中国文化……我想起了一句话，子在川上曰："逝者如斯夫！不舍昼夜。"就这样不知不觉过了一年的时间，我如愿获得了一年的奖学金，拥有奖学金，我就可以真正地去中国了，听到奖学金的消息我有说不出的开心，心情难以言表。

也正是在那一个,我坚定了自己的理想,也终于可以慢慢地开始实现我最大的愿望:成为厄瓜多尔的第一个“中国通”!!

同心同德同舟楫,精彩纷呈难忘记!

是的,没错,那是 2013 年。也是我第一次来到中国学习的机会。

那一年,我认识了很多来自世界各地的朋友,跟学校的老师也建立了真正的友谊。与此同时,在老师的支持和帮助,我提高了我的汉语水平。

那一年,我也找到了我的爱好,那就是唱中文歌曲。出乎意料的是,孔子学院的老师决定派我作为同济大学的代表去哈尔滨工业大学参加大型的演出。在这次全中国高校的联谊会上,我演唱了浪漫的《青花瓷》以及热情的《世界杯》。《世界杯》的前奏一响起,观众们就沸腾起来了,我唱着跳着,尽情释放着南美的热情,观众们也被带动起来了,跟着节奏舞动着。全场的气氛非常热烈,我也觉得非常开心。这真是又一次难以忘怀的经历。是中国、是汉语让我拥有这样的魅力,不是吗?

2014 年,在那个学期的闭幕式上,我感到非常荣幸,自己能够作为优秀毕业生代表在毕业典礼上发言。我记得,在发言的最后一部分,我在台上演唱了张震岳的《再见》。我这样改了歌词:“我可以答应你,我以后会再回来,再回来,我们相聚在同济。”发言结束之后,我做了一个承诺,再回到我日夜思念的同济大学。这首中文歌的旋律,如今依然回响耳畔,再回来的日子会远吗?

就在 2014 年 12 月,孔子学院的 Shining 老师给我发了一封邮件,说我在上海图书馆全球朗诵比赛中取得了比较优异的成绩,主办方邀请我去中国参加颁奖典礼。我非常感谢并珍惜这次去中国的机会,因为在离开中国五个月之后我又回到了中国,虽然——只有短短的四天。

时间来到了 2015 年 7 月,汉语成了我生活的一部分。我参加了“汉语桥”世界大学生中文比赛。第 3 次,我第 3 次获得了来中国的机会,那是我生活中最开心的时光之一。在比赛的过程当中,不仅结识了是对手又是朋友的各国选手,又让我明白了成为一名“中国通”的难度有多大,成为一名“中国通”的趣味有多大。因为那次的比赛，每一个选手都获得了半年的奖学金，拥有那么好的机会，我依然毅然选择了——同济大学。

乐知者不忘初心，缘此一生中国情！

中国的孔子说过："知之者不如好之者，好之者不如乐之者。"我想成为一名"乐之者"。在"中国通"的梦想上更上一层楼。此时此刻，我，那个无悔当初选择的厄瓜多尔年轻人，第4次来到了中国，来到了同济大学。因为孔子学院，因为汉语，在中国，在上海，在同济，我不仅感受到了源远流长的文化，而且还收获了自己的浪漫的爱情。

我和孔子学院的故事又长又丰富，我希望在剩下的时间可以积累更多的好机会，认识新的朋友，专注新的课程，提高我的水平，成为厄瓜多尔的第一"中国通"。

流连忘返在中国

佳库巴（波兰）

我的梦想与中国？这不是一个简单的问题。我已经来中国一年了，不过我还不知道中国是怎样的，我对中国的感情是怎样的。尽管中国的生活跟自己国家的生活不一样，有点儿不适应，但在我心底，我觉得我是爱中国的。

来中国以前我在孔子学院学过几个学期的中文，我觉得我的中文还不错。收到获得奖学金生的伊妹儿，一开始我不要敢相信，看了一遍又一遍，后来我终于相信了，我的心里有说不出的高兴。我高兴地告诉所有人我要去上海学汉语了。我看了一下全球地图，找到中国。后来我发现我的国家离中国非常远，坐飞机要很长时间，而且文化也不一样，心里真有点儿着急了，我的朋友安慰我，并告诉我这是学中文最好的机会。父母把我送到机场，看他们恋恋不舍的样子，我很伤心，也舍不得跟他们分别。

来中国以后我什么地方都不习惯，最初一个星期我感到孤独和寂寞。去哪儿，做什么，吃什么，我都不知道，我好想回家，不过慢慢地习惯了。中国人有句俗话："在家靠父母，出门靠朋友。"我交了很多新朋友，认识了很多来自世界各国的朋友。我跟他们一起学习，一起吃饭，一起玩儿，很开心。

寒假的时候我跟两个朋友一起去旅行。我们去了中国最北的地方——黑龙江漠河。在路上，我们认识了很多中国人，虽然我们有时候听不懂他们说什么，他们也听不懂我们说什么，但是他们对我们很热情。现在我的汉语越来越流利了，我可以什么事都自己办好了。

快回国了，有点不舍，我不后悔来中国，说实话我很希望在中国再留一年。

中国历史文化的魅力

李民根(韩国)

我叫李民根,来自韩国。我对历史很感兴趣,尤其是中国历史。中国的历史非常悠久,一直以来对周边的国家产生了很多影响。中国是世界大国之一,将来也会是这样。我觉得,如果要了解一个国家,学习那个国家的语言是一种好办法。于是上大学后,我开始努力学习汉语。

到中国研修学习,最大的好处是能够直接面对当地人与当地文化。如果能够当上汉语研修生,我一定会努力学习汉语与中华文化。去年,我终于获得孔子学院奖学金,来到同济大学进修汉语。为了提高汉语的口语和听力水平,我不怕犯错,尽量多说,并让老师或同学们多给我改正。我想,如果因为怕说错而不说,那么在中国的那短短的时间里我的汉语不会提高。

我希望了解中华文化。这也是研修的重要目的。中国到处都有名胜古迹。我有空时,就去各地参观。我对中国人的生活习惯很有兴趣。生活习惯,其实才是真正的文化。如果有机会,我想去中国人的家庭看看。比如说,我希望自己能了解中国家庭的礼节等等。

时间过得真快,马上要毕业了,真舍不得!我来到上海后交结了世界各地的很多朋友。有空的时候,我常常跟他们一起出去拍照、聊天、吃饭……我在上海的这一段时间,十分享受做一个"中国人"的生活了。

虽然我中文还不是那么好,有时候还听不明白中国朋友们跟我说的话,可是比以前好多了。因为,不管我的中文怎么样,现在我一点也不怕跟中国人说话。对我来说,中国在我的心目中已经成为我另一个祖国了。我永远不会忘记这一年在上海生活的日子。要是还有机会的话,我愿意在上海发展!

望再相聚在中国

岩城奈步(日本)

夏热依旧,大家过得怎么样?京都的五山送火虽然已经结束了,但是仍然闷热难耐。

去年,我去中国旅游了两星期,目的地是上海和敦煌。这两个城市都没有去过,见到、听到的一切都让我感觉到很新鲜。

在上海,无论去哪个寺庙我都要上香。中国的香比日本的更粗、更长。拿了香以后,手都变成红色的了。我的头沉浸在寺庙缭绕的烟雾中,不知道会不会变得更聪明呀!

在饱览了上海的美景,饱尝了上海的美食之后,我前往敦煌。早晨,我们从浦东机场出发,午后在西安机场转机。下午三点多,我们到达了敦煌。我们的舒适路程是古代人不能相比的。虽然那样,路程时间还是非常长!

这个季节日落时间晚,下午四点左右去鸣沙山也能玩得开心。我们穿上租来的橙色荧光防沙长筒皮靴,向沙漠进发。看着月牙泉里寺庙的倒影,听着爸爸讲述他二十几年前来敦煌的故事。我们骑着骆驼列队前行,恍若丝绸之路上的商队。登上沙山的山顶,看到的是广阔的沙漠。沙漠的那边是郁郁葱葱的草木和街道,还有那一望无际的蓝天。在干燥的空气中,我们看到天空是那么湛蓝,白云那么绵长,世界是那么的宽广。我们去的时候人很少,感觉这样的景色专属于我们一样。

在莫高窟和榆林窟,导游手电筒的灯光下时隐时现的壁画与佛像充满了时间的沉淀。在这冰冷昏暗的石窟中,佛像又接受过多少人的朝拜呢?

我忽然觉得,文化边走边发展的时间和路程是多么漫长呀!在这么漫长的路程里，有的东西消失了，新的东西又加入进来。漫长的时间河流里，文化也会变得越来越适合当地的人们。而且，已经变化了模样的文化，也会追溯到它曾经来过的地方。文化本来就没有国境。

从现在开始我要在中国留学。我将根据自己的留学经验，作为一个在中国实际体验过的人，向日本人和中国人播介彼此的文化。我想对两国人民介绍两国文化的联系，以及各自文化的时代变迁，希望对加深互相了解起到一点儿帮助。我将从自己身边开始做起，这既是我现在的梦想又是目标。

炎热的日子还在继续，还望大家都保重身体。夏天的敦煌、不仅风景优美气候也很好。上海也是充满生机的城市、有很多精彩的地方。明年的暑假，一起再去中国旅游怎么样？

学习汉语，我的愿望

安　娜（俄罗斯）

有一些人，他们因为特别喜欢一个国家，所以开始学习外语；有一些人，因为他们的公司跟外国人一起工作，所以他们开始学习外语；还有的人在别的国家生活，他们必须要说这个国家的语言，所以他们开始学习外语；还有一些人跟我一样，某一天我们无意间进了学习外语的教室，之后就一直学习这门外语。

我在一个俄罗斯的小城市出生。这个城市只有二百五十年的历史，在这儿没有特别优美的景色或者特别有意思的风俗。我们城市只有三家工厂比较大，生产钢铁和化学肥料。这个城市的很多人对文化、文学或者外语学习不怎么感兴趣。如果一个人会说英语，那就已经是了不起的成就。在我们的城市，会说汉语的人只有三个。我的愿望是成为第四个。

在大学，我学了英语、德语和教育学。第二学年的时候，老师告诉我们每个学生还需要学习第三门别的外语。我的同学大都选择法语，可是我决定选择汉语。因为我觉得，如果我们应该学习一门“别的”语言，应该选择跟我的母语差别比较大的语种。这个别的语种一定是汉语。那个时候我对中国知道些什么呢？只知道中国人说汉语、写汉字。中国是我们的好邻居。中国很大，也有很丰富的历史和文化。

我开始学习汉语这门语言。从简单的课文开始，我学习写汉字，听中国的故事，每一次上课都给我新的理由继续学习汉语。通过汉语学习，我重新认识了这个国家。课文里的人物是中国的学生、作家、经理等，他们的生活跟我们不同，可是又跟我们又有很多一样的地方。大学生和我一样每天上课，课后生活很有意思，也喜欢逛街买东西，喜欢过各种各样的节日。汉语仿佛给我又打开了一个新的世界，它让我看到许多新事物,世界真是非常神奇。很快,我就学会了四百多个汉字。汉语课本给我介绍了很多以前没有听过的知识,中国的春节、月饼、音乐,还有我现在最喜欢的中国作家。我也可以机会可以来到中国,参观北京、上海和别的城市。

学习汉语意味着比学别的语种多花时间学习,努力复习和练习,但是最重要的是克服自己的恐惧,不怕多说汉语这个不同的语族,多练习书写汉字。我想帮助我城市更多的人认识汉语,认识中国,让他们也可以触一下中国的文化。这是我的愿望!

我的中国音乐梦

厉德伟(德国)

从小的时候起,我就只对一件事情用情,那就是音乐。对我来说,音乐是最有意思的事情,听音乐,跳舞,唱歌……这些都为我的生活增添了很多乐趣。

十四岁的时候,我决定要学一种乐器。在那年的生日,妈妈给我买了一把吉他,我很兴奋,开始自学。虽然很难,但我通过视频、录像学习,始终没有专业人士的指导,可我总是自信自己对音乐的把控能力,经过几番摸索,终于还是学会了它。自此以后,我便没再和它分别。后来我开始跟朋友们一起做音乐。我去大学以后我开始跟同学们做爵士乐。

就在我学会了吉他,带着它和朋友们一起练习歌曲的时候,我第一次听到了中文歌,是张震岳的《爱我别走》。那时我并没有学中文,只知道歌手唱歌词的声调跟德语和英语都完全不一样,很有意思,而歌曲忧伤柔缓的节奏,配上张震岳沧桑低沉的声音,我早已陶醉其中,如醉如痴。我只觉得在德国,我还没听到过这样悦耳的短歌。我随着张震岳忧伤的声音和乐曲而忧伤,却始终不解他为何忧伤。这之后,我总想再听中国的流行歌曲,越多越好。紧接着我的一个中国朋友给我推荐了"五月天"的歌。我朋友说这个乐队的歌和歌词很动人,能够打动人心。可是,就像《爱我别走》一样,我跟着音乐和歌手的声音喜怒哀乐,却不解其意。这样的好奇开始让我有了学习中文的决心。

于是,我的梦想开始从以前单纯地和朋友组乐队,变成了学好中文,理解中文歌曲,来中国学习中文歌曲并在那儿实现我的音乐梦。

漫长的艰难而有趣的汉语学习,让我了解并真正听懂了越来越多的中国歌曲,不仅是五月天、张震岳，还有周华健、陈奕迅等。我和我的朋友们欣赏他们，理解他们，翻唱他们的歌，很多时候，我会为了演奏效果加入德国音乐的元素，这些改动使得我们和我们改编的中国歌在德国迎来了不少粉丝。但我更希望快点去中国，在中国这样的大环境和原始市场中，听更多的歌，做更多的中德音乐元素结合的尝试。毕竟在德国，我们连搜集一张中文歌曲的专辑都很费劲，更不用说有一个专业、广泛地了解和交流了，这些都为我的音乐梦的实现带来了重重阻碍。

终于，我在所读的大学得到了来中国留学的机会。我来中国以后的第一个学期，就交了很多热爱中国音乐的朋友们，大多数是中国人，还有一些志同道合的外国友人，我们经常在一起互相推荐，互相讨论交流，也会把各自改编的带上自己国家音乐风情的中国歌曲表演给大家欣赏，互相鼓励互相改进。我真正地跳进了中国音乐的海洋，自由自在地畅游着，让我的梦想在心里一点点膨胀。

同济有个晚会，我希望组一个属于自己的乐队，以这次晚会为契机，开始我在中国的演出之旅。我找到了一个鼓手，他是孟加拉国来的，一个主唱是中国的，还有一个低音吉他手，就是我的朋友和德国同胞安嘉诺。我们给自己取了一个名字“Starry Sky”，即“星空乐队”，因为我们自己就是天上的小星星，只有在一起，才可以一起发出最亮的光，照亮所有人。每个星期，我们见三次面，一起改编，一起讨论怎么加入德国或孟加拉国的元素，使得原来就好听的中国歌曲怎么变得更有味儿，一起排演。那次的演出很成功，从此以后，我们不但改编已有的中文歌，也开始写我们自己的中文歌。

现在，我们已经在上海，尤其在同济有了多次的演出，有了一些忠实的歌迷，每次听到观众的鼓掌和喝彩，每次听到有人说“再来一次”，我就觉得我离我的音乐梦又进了一步。

我相信，我们的一直努力，终有一天，我会实现我的中国音乐梦。

我愿做中西的一座桥

冯　琳(西班牙)

在世界上每个人都有一个梦想:有人想成为政治家主宰世界,有人想登上月球成为太空人,有人想环游世界……

我也有我的梦想,我想成为一座桥,连接中国和西班牙。

我很喜欢大桥。我觉得人们发明桥,是因为他们需要到对岸去发现更多的美,寻找实现自己梦想的机会。而现在,此岸和彼岸已经不只是地理上的两个对岸,更多的是两个国家,当一个国家的人通过一些媒介和方式,踏上另一个国家的土地,去了解他们的文化、经济、历史和生活,这些媒介和方式,也便是一种桥,是国家与国家之间的桥,是文化与文化之间的桥,是沟通的桥,友谊的桥。

而我,正想做这样的一座桥,中国和西班牙的一座桥。

还是让我先自我介绍一下。我叫冯琳,西班牙人,22 岁。在西班牙我的专业是中文—西班牙语翻译,因为专业的需要,我学了一点中国的文学和历史等。因为我深知翻译不是单纯的语言间的翻译,它还隐含了两国文化、习惯、历史和宗教等的差异。

在西班牙学习中国的历史和文学的时候,我觉得更多的时候,她们是一幅柏拉图式的中国画,我瞻仰她,能想象的,却都是她华丽的外衣,我更想触摸她实实在在的骨和肉,她体内流淌的血液。

2013 年 2 月我第一次来了中国,在北京待了三个星期。我有了机会参观北京、长城、故宫、天安门广场、颐和园等,让她华丽的外衣得到了真实地展现,我触摸着她们的时候,觉得这华美眩目惊心。而更多的,那三个星期我像一个中国人一样在这片土地上生活，去感受中国人生活的点点滴滴，风土人情就不再是虚幻的东西，而是也成了我生活的一部分。

那三个星期，我才真的开始对中国的一切着迷。我在想，我真的只是做一个语言上的翻译者吗？2013 年 6 月我大学毕业了，我在西班牙这个跟中国迥异的国度里思考我的未来和事业。我不断回想起我在北京度过的每一天，我终于明白，我的生活和事业在中国，我不单是要做一个语言上的译者，而是要做一座桥，一座在中国架起通往西班牙的桥。

孔子学院再次帮助了我，给了我奖学金，让我能来上海同济大学学习一年。我很庆幸当时自己把握住了这个机会，现在在上海这么长时间，我觉得我开始从骨子里中国化了，我知道有一天，我会真地实现我的梦想，成为一座桥，在中国向中国人展示西班牙，让他们去了解、喜爱、探索西班牙，像当时的我和现在的我一样，也为西班牙人展示我在中国的一切，帮助他们来了解中国、热爱中国，像永远的我一样。

让我做一座桥，中西的桥！

晓岚小梦

朱晓岚（瑞士）

梦想这个词，总是指你对未来的希望和你在生活里想达到的目标。如果人们全心全意地向他们的梦想出发，那么他们的生活一定会变得更加充实而有意义。但是我觉得还有个比梦想更重要的观点——就是要先对自己有充分的理解。我是个华裔，所以我来中国最大的目的就是想多了解自己和自己的先祖，也就是血浓于水的——祖国！

带着好奇和憧憬，我像个孩子一样投入祖国的怀抱！

虽然我从小就开始在国外学汉语，但其实我是上了高中以后才真正对汉语和中国历史文化产生兴趣的。随着年龄的增长，我领会到应感恩自己的祖辈，感恩最初的生命！于是，我回到中国，开始走近她，每天努力地了解她，慢慢地走进她！只有这样才更有底气去世界上各个地方享受不同的文化。所以这就是我来中国之前第一个小小的梦想。

在中国每分每秒的学习生活，我仿佛从步履蹒跚重新学会了走路，感觉很神奇很充实。

我来到中国以后发现，虽然我对自己的未来不一定充满了自信，但是一定拓展了我对未来的视野。我感觉自己已经开始独自步入社会，一开始的时候遇到困难时觉得自己好无助，但在应对了各种各样的问题以后就明白了，生活本身就是一场不断地挑战与体验之旅。

其实，我没有什么大的梦想。我觉得一个人能开开心心地过每一天就是生活最美好的梦想。但是怎样能实现这样的梦想呢？这个问题我觉得大家一辈子都会在寻找着答案，那就让我们从小小的事情开始，一心一意地对待每一件小事，就能慢慢地减少现实与梦想之间的距离。

在中国，我不但有机会学好汉语和中国历史和文化，而且在这个过程中也能慢慢学会独立，学会要真心对待每件事每个人。这些都帮助我让我离梦想更进一步。

我很感谢祖国赋予了我生命，我果然找到了我一直都没享受过的“祖国”感觉。我庆幸我有这么美丽的祖国，这是永恒的、无形的力量！

中国，我的第二故乡

崔银娥（韩国）

我来中国已经九个月了，还有一个月这段美好难忘的留学生活就要结束了。还记得刚到中国时，我对这十个月的中国留学生活很担心。这对我来说是一个很大的挑战：一方面我将面对陌生的地方，特别是中国菜和新奇的中国风土人情，这让我很兴奋；不过另一方面，所有的情况都是未知的，这也让我多少有点担忧。如果我不能适应新的生活，这段留学生活肯定充满困难。可是既然这是我自己作出的决定，就必须对自己负责任，于是我怀着这种既忧虑又坚定的心情来到了上海。

结果出乎我的意料，除了语言之外，在中国的生活完全没有问题！我发现自己比想象中独立，对生活环境适应得很好。我身边的朋友们常常想家，但我感觉上海就像我第二故乡。在上海的生活日日都新鲜，时时都愉快，我的见识也增长了不少。刚开始，在对中国有了一些了解之后，我发现中国跟韩国不但地理上距离很近，历史上关系密切，有着类似的亚洲文化系统，而且语言也有相同之处。当时我太自信了，觉得自己已经了解了很多。但是过了一段时间，我感到我这种傲慢的态度实在是太天真了。比如在看文章的时候我只知道表面的意思，很多时候根本不懂真正的内涵。

对我来说，我很享受这种新鲜感。中国生活另外一个重要的部分就是旅游，我非常喜欢旅游，不但可以欣赏风景，也能看到各地各具特色的生活。因为中国幅员辽阔，所以城市之间的天气、方言、特色菜，人们的性格、建筑的样式、物价等都有很大的差别，在中国不同的城市让我感觉就像是在不同的国家，实在是太有意思了。我去过的所有城市，个个都让我印象深刻，难以忘怀。

我去四川的时候发生了一件事，这件事给我的思想带来了很大的震撼。我以前听说过除了汉族以外中国还有五十多个少数民族,但是我不知道他们在哪里,过着什么样的生活。这次我去了藏族村,见到了藏族人。跟他们交流时,他们说他们爱自己的民族,但同时也为自己是中国人而自豪。他们说藏族有历史悠久的传统风俗,是一代一代传承下来的。我以前不知道中国政府对少数民族的文化政策怎么样,但从这次旅行我发现少数民族保存了自己的特性。中国能够包容不同的文化,鼓励保护和继承传统,我觉得这也是社会和谐的一个重要因素。

一想到我离毕业只有一个月的时间了,就很舍不得,我一边努力学习汉语,一边还想多去走走看看。十个月的时间太短了,我还没有学够,没有看够呢!等我回韩国大学毕业后我想找跟中文和中国有关的工作,因为这段经历实在是太美好了,以后常常回我的第二故乡中国就是我的梦想!

中日翻译,美丽桥梁

横山明日香(日本)

每个人都有自己的梦想,关于将来的职业理想,有的想当政治家,有的想当军事家,有的想当科学家,有的想当企业家,有的想当律师,有的想当明星……一个人如果有了梦想,就有了努力的方向。

我的梦想是以后能当一名平凡的中日翻译。通过翻译工作为两国的人文交流和友好事业尽一点儿自己的微薄之力。中日两国一衣带水,在许多领域都有着密切地交流,这些交流中当然都少不了翻译。

我想当翻译的原因是什么呢?

那是因为受到了我父亲的影响。因为我父亲以前做与旅游有关的翻译工作。小时候起,经常看到自己的父亲早出晚归地工作,而且有的时候要去很远的地方。父亲说:翻译是人与人沟通的"桥梁",虽然很辛苦,但是很有意义。看着父亲每天出门工作的背影和对翻译工作的热爱,我渐渐地也开始对翻译的工作感兴趣了。

"翻译"的工作有好多种。比如:在企业当翻译,传播先进技术,推动社会生产力发展;在旅游业当翻译,为旅客介绍当地社会状况及文化、风光等,为旅客消除语言障碍;在文化交流和体育事业当翻译,及时将异国的电影、动画片、漫画刊物及体育节目等,通过翻译进行传播;在医院当翻译,在病人和医生之间传递正确的信息,使病人能接受适当的治疗,减少痛苦,早日康复。其中我最有兴趣的是在旅游业和文化交流领域当翻译。之所以喜欢这种是因为,在旅游业当翻译的话,可以像父亲一样,发挥"桥梁"的作用,通过翻译让游客们了解当地的文化,增强相互的理解。在文化交流和体育业当翻译的话,可以把自己最喜欢的动漫、漫画之类的东西翻译成中文，漫画和动漫是日本文化的代表之一，用幽默的手法引人发笑的同时，还能够教会我们许多人生的哲理，如果通过翻译，把这样的东西跟中国的朋友分享的话，那该多好啊！

为了实现自己的梦想，我必须学好汉语。所以上了可以学习汉语的樱美林大学孔子学院。在樱美林大学孔子学院学习了一年，自己的汉语水平取得了进步，但是因为我的性格比较内向，不善于跟别人交流，口语还不行。我想，如果继续这样下去的话，肯定不能完全掌握汉语。所以，为了改变自己的性格和更好地掌握汉语，我决定来中国留学。

来到同济以后，我交了很多中国朋友，还积极地参加各种各样的活动，汉语进步的同时，也更加深刻地理解了中华文化的博大精深。班上还有许多别的国家的朋友，通过他们我还知道了世界各地的文化差异。随着朋友的增加和知识面的扩大，我的性格也渐渐变得开朗很多。很开心能来中国，来上海，来美丽的同济大学留学。

从现在起，为了实现自己的梦想，我要认真过好每一天，然后享受自己的每一天。

带着梦想起航，为梦想而努力！

第五章
当代中国

中国是世界四大文明古国之一，历史文化源远流长、博大精深。有着五千年历史的传统文化发展至当代，更加璀璨，异彩纷呈。随着现代科技的发展，世界各国之间的交流已经越来越频繁，全球化让世界各国成为了一个大家庭，彼此之间也逐渐地加深了了解。作为文化交流的重要使者，来华的留学生们以自己的亲身经历给我们讲述了一个个与中国“亲密接触”的故事。这些故事或令人感动，或令人忍俊不禁，在他们的笔下，一箪食、一瓢饮，皆成故事，而这些故事中凝结着的，不仅是当代中国人的生活和文化，也不仅仅是当代中国的生机和活力，更是这些作为“他者”的留学生与当代中国进行沟通和交流，各国文化彼此欣赏、珍视的美好理念。

我与中国人的美丽邂逅

陈　春(柬埔寨)

我叫陈春,是2018年来到中国留学的柬埔寨学生。众所周知,中国人热情好客、友好善良,而且他们乐于助人的特点看起来尤其明显,因为仅在我到中国留学的这两年里我就曾遇到过许多感人的故事,这里采撷四例与大家分享。

一、大爷,您是中国的"摩托侠"

2019年的秋天,我去瑞安市当中柬口译员。办完事,天也快要黑了,只剩一个小时我返杭州的高铁也要开了。哪曾想我等了半天出租车,连个影子都没有。这时在我旁边有一位坐在摩托车上的老人碰巧看到了这一幕。他发现我忐忑不安,束手无策,又着急又紧张,脸色也变得苍白,他问我怎么回事?然后我告诉他我的具体情况。他接着说:"上车来,我送你去火车站。"这让我感动极了。大爷摩托车开得像飞一样快。为了及时送我到达,连违反交通规则他都不在乎。最后终于到了火车站,谢天谢地赶上了高铁。我向他道谢,并再三表示要给他钱来表达我的感激,但他只是微微一笑,摇摇头就挥手离开了。

二、我的第二位妈妈

我有两位妈妈,好奇吧!不要着急,让我慢慢地给你讲来。第一位妈妈我猜大家不说也知道,就是十月怀胎,生我养我的妈妈。直到我来到了同济大学才有幸地遇见了即漂亮又充满着智慧的第二位妈妈,她就是我的2018—2019年A11预科班的班主任——鲁老师。她对所有的同学就像自己的孩子一样,处处为我们着想,又像朋友一样和我们相处,所以我们经常亲切地称她"中国妈妈"。记得有一次,她还来到我教室门前,偷偷地看我学习,这令我感到特别特别的温暖,如妈妈在看儿子学习似的。现在我已经是浙大的大二学生了,但是直到现在我们俩依然保持联系,因为我们拥有永远的义母义子情,而不是一两年的感情。

三、一念善举记心间

有一天我在逛街时,突然天降大雨,当时我没带雨伞。来不及避雨,我就被这片刻间倾盆的大雨浇成了落汤鸡。一个路人发现我的窘境,便向我招手让我赶快去他的门廊下躲雨。他不仅把椅子让给我坐,还给我倒一杯热茶,说,快喝了吧,别受凉了。这让我看到中国人有多善良啊! 我默默地记在心里,我热爱这片异乡的土地,这些收藏在我心里的点滴记忆都是爱的种子啊!

四、热心的阿姨像亲人一样

记得有一天,我本来打算去超市买一点日用品。因为那里有很多我喜欢的品牌产品,所以我买了很多。付账后,才意识到我是一个人来的,可能拿不走这么多东西,于是我只好用左手把一些东西抱在胸前,剩下的一些拿在右手上,看起来很尴尬。正在这时我感觉有人拍了我的肩膀,是一位阿姨,她微笑着告诉我,可以帮我。看着她亲切的样子,不知为什么我的脑子里忽然闪过妈妈的笑脸,我很自然把手里的东西给了她,她接过来,就这样一路提着,还慢声细语地叮咛,一次别买太多,注意保质期什么的,直到我停电动车的地方,还送了我一个帆布包,把这些东西放在里面。道别的时候,我才回过神来,我的妈妈在柬埔寨呢! 此时,我的心里涌出的不是淡淡的失落,而是身在异乡的暖暖的母爱,感谢您,妈妈一样的陌生阿姨。

在中国这片热土上发生了太多感人的故事,震撼着我、改变着我、启发着我、重塑着我。即使我无法回报他们,但我发誓以后一旦有机会,我就去帮助其他人,因为我懂了什么是知恩图报。而且我想邀请大家跟我一起试着这样做:每当有陌生人帮助你时,你就主动帮助两个人作为回报。一次善举将会激发无数次善举。在中国留学的这段日子,我有一种特殊的感觉:“虽然我是外国人,但我不是外面人。”因为我的心里总是涌动着这句话:不同的家乡,同样的热爱。

令人感动的抗疫行动

独孤俊（朝鲜）

我叫独孤俊，来自朝鲜，是在中国就读的研究生。自跨过鸭绿江第一次踏上中国大地的那一刻，在中国已有一年一个月了。在这段时间里我经历了新冠肺炎疫情在内的很多事情。这13个月的时间让我认识了中国和中国人民。我看到的中国是充满活力、面向未来的国家，我见到的中国人都热爱自己的祖国、热爱自己的生活，很敬业、很诚实、很亲切。现在对我来讲中国不再是陌生的地方，中国人民不再陌生。

在中国度过时间里最难忘的是2020年一月至三月。当我第一次看到新冠肺炎疫情报道的时候，我紧张不已。春晚节目上，主持人喊“武汉加油”“中国加油”的时候，看着观众热泪盈眶的样子，我也感动流泪了。大难当头的时候，很多医护人员挺身而出，选择了逆行。跟我年龄差不多的90后的医护人员挥别亲人，赶赴武汉英勇奋斗，终于稳定了疫情。我目睹了这些白衣天使们的奋斗，看到了中国人民的团结。

这个时候我在宿舍非常孤单。寒假顺延到3月份，空无一人的宿舍和校区，这一切让我着急不安。但这个时候，一件事情给了我温暖和希望。有一天一名同学传给了我一个健康包。里面除了防疫物资，还有来自建筑学院辅导员老师们的一封信。这封信的温暖的字眼我恐怕一辈子都忘不了。信上写着：“建筑学院是我们共同的家，我们就是你们的家人，我们在一起，共克时艰，一切都会过去的。”当我最困难、最孤单的时候，这件小礼物给了我很大的鼓舞。有了这些帮助和鼓舞，我终于熬过来了这些艰难的日子。我很感激中国和中国人民给我的帮助和支持。我向中国防疫工作者由衷地表示感谢。

朝鲜和中国都是社会主义国家，是隔江相望的好邻居。正好2020年是中国人民志愿军抗美援朝出国作战70周年。当我们最困难的时候,中国毫不犹豫地派出自己的优秀儿女赴朝鲜战场,用鲜血支持朝鲜人民的正义事业,对战胜美帝做出了不可磨灭的贡献。朝鲜人民不会忘记几十万中国人民志愿军烈士。我希望中国以后发展得越来越好,早日实现伟大的中国梦,希望用鲜血凝成的朝中友谊之树万古长青。

在中国学习的难忘经历

纳扎尔(土库曼斯坦)

每个来中国的老外都有自己的“中国故事”。我叫纳扎尔,今年 26 岁,来自土库曼斯坦。土库曼斯坦是一个人口很少(仅有 500 万～600 万)但天然气资源丰富的国家,它与中国有很多天然气的合作。2011 年,我通过考试得到来中国石油大学学习的机会,到现在已经 8 年了。在这里我想分享一下这 8 年来属于我和中国的故事。

8 年前,我对中国几乎一无所知,几句会说的中文就是“你好”“谢谢”和“再见”。尽管如此,我还是一来就爱上了中国。我首先来到的城市是北京,北京和我想象中完全不一样。那时候我刚从土库曼斯坦来到中国,我感觉像是穿越到了 20 年后的未来。一切对我来说都很新鲜。我交到了好朋友,并把能找到的中国美食都吃了个遍,尽我所能地去了解中国文化和中国人。由于我是公费学生,我只有 1 年时间来学汉语,老师们也很严格,如果考试未通过就会被降级。那时候的生活对我来说很有挑战,我深深感到汉语是全世界最难学的语言之一。但我终于克服了这一年的语言学习困难,2012 年我开始学习石油工程专业,2014 年开始学习第二个专业“国际经济与贸易”(双学位)。

专业学习相对比较轻松,因此我开始了在中国的旅行。那段时间我去了很多城市:长春、西安、太原、秦皇岛等。其中在长春的旅行让我印象最深刻。长春的天气比北京冷,但是空气比北京好,很清新。在长春我有几个同胞,由于好久没跟他们见面了,我们都很激动。我在长春待了一星期左右,在那看到了据说是东亚最大的商场。商场真的很大,我们从早上逛到晚上还是没看完。此外我还尝了几道东北特色菜,味道确实很不错。

2016 年我顺利毕业，拿到了本科毕业证书和学位证书。一想到要回国我就舍不得，因为中国是我的第二个家乡。带着不舍的心情，我回国开始工作，就这样度过了一年。在工作期间我一心想回中国，于是我申请了中国政府奖学金来攻读硕士学位。

2017 年我来到天津理工大学，成了一名硕士研究生，我的中国旅行也再次开始了。我去了两次哈尔滨，第一次是冬天，第二次是夏天。冬天的时候我买了动车票，但是我穿的衣服不适合哈尔滨的冬天，车上有很多人都在看我，有一个人问："你去哈尔滨吗？"我说："是的。"人们就开始笑。到了哈尔滨西站，哎呀，天气真的特别冷。每天我跟几个朋友们一起玩，尝尝哈尔滨的特色菜。有一天去了冰雪大世界，冷得手机不能显示，没法拍照很可惜。还有一天去滑雪了。滑雪场一共有 3 种高度，我去了第一和第二个，但是不敢去最高的第三个。总之哈尔滨是一个很有魅力的城市，也非常适合喜欢滑雪的人去游玩。

2020 年 1 月我拿到了硕士学位，但我还想继续学习。于是，我再次申请了上海市政府奖学金，来同济大学学习管理科学与工程专业，攻读博士学位。9 月，我来到了上海，上海比北京和天津更发达。天气不怎么冷，空气也好。在上海有很多全世界有名的学校，比如说复旦大学、上海交通大学、同济大学等。

我个人感觉，在中国生活非常方便。比如说用支付宝付款，微信付款，手机银行转账等，这些方面是其他国家不能比的。我一出门除了手机和学生卡以外，其他都不用带，真的太方便了。拥有在北京、天津和上海的生活经历，我周边人说我的运气很好。上海是有很多发展机会的城市，我打算博士毕业后找一个合适的工作。我对国际贸业和企业管理有兴趣，所以我想找一个国际贸易公司，在工作中为中国和中亚、欧洲国家搭建一座经济贸易交流之桥。

中国印象

阮秋霞(越南)

我和中国的缘分始于2018年秋,中国是我的第二个故乡,我在这里经历了很多有趣的事情,最初来中国的本意是为了认识一个未来的超级大国,渐渐地我发现自己越来越喜欢这个国家,从这个国家的和谐与包容氛围、到这个国家的名胜古迹、再到这个国家的美食,每一个点都在吸引着我。这些各个方面,都让我对未来在中国的学习和生活,充满了期待与好奇。

和越南相比,这里一切事物的规模令我常生敬畏,人口、楼房、摩托车等。几乎所有的东西都比越南要、大、宽、高好几倍。2018年年初到上海,我从浦东机场出来,由于没有朋友接机,我只能在机场的出口看着那么多的行李一筹莫展。过了好久,无奈之下我只能硬着头皮的同时厚着脸皮,跟路人用蹩脚的中文来沟通,希望他们能帮我把行李拿到打车的地方。可是路人给我的感觉很冷漠,当时我觉得这个国家的人难道对人如此冷淡吗?这与我最初所学的中国文化中的好客之道大相径庭呀。正在我决定自己一个人扛行李出机场的时候,一个看起来文质彬彬的男生走过来,帮我解决了行李的问题,也正是这件事,让我对中国人的认识开始改变。后来与对方的沟通中才得知,中国人对于熟人会特别客气,然而在公共场合中,尤其是在上海这样快节奏的城市里,彼此之间会保持一定的社交距离。

除了与中国人的了解,我还和中国的美景和美食有了更多的"亲密"接触。2019年夏,我和朋友在规划许久之后,终于来到杭州。来中国之前,就听说"上有天堂,下有苏杭",而杭州最出名的恰恰就是西湖,巧合的是,越南也有一个西湖。这样的巧合,使得杭州对我充满吸引力。

杭州的西湖，虽然讲究的是山川的秀美，但更不失传统中国文化中的天人合一，气势上与自然相辉映，充满大气。从三潭映月，到西湖白堤，到处都充满着人与自然的和谐。从古至今无数的文人墨客在这里留下了无数的绝唱，如宋代杨万里的“接天莲叶无穷碧，映日荷花别样红”，还有苏轼的“欲把西湖比西子，淡妆浓抹总相宜”。

除了西湖美景，杭州美食也让人拍案叫绝，让我印象最深的是松鼠桂鱼、西湖醋鱼和东坡肉。杭帮菜讲究清、鲜、脆、嫩的口感，注重保留原汁原味，同时清淡平和，“抢味”的元素不多，这一特点使它容易吸收南北各地菜肴的精华，与越南菜有很多相似的地方，这无形中也拉近了我的味蕾和中国的距离。在中国的那一年对我的影响和眼界改变有多大，再怎么说也不为过。

得益于此，我能够自如地适应多元文化的环境，变得更有自信、有志向，更善于开眼看世界，发现诸多可能和机会。当经历了这一切后，我能感觉到，自己和中国的故事还远远没有结束，还将继续下去。

宝贵的中国旅程

克里斯娜(尼泊尔)

成为一名成功的医生一直是我的梦想。中国的医学院对中国现代医疗卫生体系的建立和发展的悠久历史和贡献深深地影响了我,他们有经验丰富的顶级医生和医疗服务提供者,他们有新的想法。我何其有幸能在中国攻读医学学位,如果我选择在中国学习,这样我就能在实践中学到最好的知识和最好的技能。

高中毕业后,我选择在中国重庆医科大学攻读医学学士和外科学学士学位,五年之后,我掌握了医学和外科学的基础知识,这是我进入医学领域的基础。2015 年,我又一次被内蒙古民族大学录取攻读硕士学位,中国在帮助我成为一名杰出的医生方面发挥了巨大的作用。

我尊重和热爱中国人民和他们的文化。作为一名国际学生,老师们对我们有特殊的爱护。在我作为一名住院医师的学习期间,我意识到世界正变得越来越具有挑战性。我被高知识水平的挑战所吸引,我认为我需要在未来的职业生涯中继续前进。中国的一些医学毕业生是我们国家最好的医生之一,我想成为他们中的一员。同样说服我去中国学习的是,中国是世界上各领域发展最快的国家,显然医学领域也不例外。我想在顶级医学院学习。事实上,中国的医学院以提供超现代科技知识而闻名。我很幸运地得到同济大学的录取通知,在接下来的四年里,我将在中国攻读博士学位,获得相应的技能,这样我回国后就可以做妇产科医生了。我之所以选择同济大学,是因为同济为外国学生提供了良好的学习环境和机会。所以再次期待在中国新的生活。

我对中国的饮食、文化和人民非常着迷。我爱中国的文化,中国的人民和中国的食物。我很了解中国的风俗，在中国旅行过很多次。从南到北，我参观过许多地方。重庆、成都、三亚、北京、上海、潍坊、内蒙古、沈阳、哈尔滨都在其中。每个城市都有自己的特色。除了这些城市，我也有机会体验偏远地区和农村。我的中国朋友邀请我和他们的祖父母一起在市郊庆祝他们的节日。我和当地人有过愉快的经历，特别是和大自然联系在一起。

中国是一个如此巨大的国家，我永远不会有足够的时间去探索它独特的美丽。我已经在中国度过了我生命中宝贵的九年，并期待着呆更久。我会珍惜在中国度过的难忘时光。我希望这段旅程永远不会结束。

我爱中国和中国人民。

中国是现在，也是未来

法　哈（科摩罗）

我出生于非洲东南部印度洋的一个岛国：科摩罗。中国的文化、食物、语言、宗教信仰与我们国家完全不同，但从我年幼的时候起，就一直通过中文和功夫电视节目欣赏中国，但我从未想过有一天会在中国奋斗，从没有如此奢望。并不是因为对此没什么兴趣，而是我知道自己的家庭经济困难。那时，作为一个高中生，我对未来的计划有一些想法，我想学石油工程或土木工程，而我在 2015 年 7 月高中毕业后获得的奖学金是摩洛哥的数学和物理课程。

在科摩罗大学开学两个月的 11 月，我得到了广州一年汉语学习的录取通知书。我当时非常高兴，我的父母也非常支持我，即使那里的学费比家庭收入还要高，但作为一个勤劳的母亲她不希望因为钱耽误我的学业。据说伊斯兰教的先知在 1300 年前就说过“求知远至中国”。所以，我最终决定来到中国学习。

(1) 到达中国

经过漫长的体检和签证申请，我于 2015 年 11 月 23 日下午离开科摩罗前往中国，一切都是我的新体验。坐飞机？我只能看到飞机在我们岛上飞过，但从来没有坐过飞机。出国？我的国家是一个岛屿群岛，我从来没有去过其他国家。我只记得曾经和我姑妈在另一个城市住了几天。这是一次苦涩的分别。28 小时后，我从莫罗尼（科摩罗）到内罗毕（肯尼亚）到越南河内，行程很长，2015 年 11 月 24 日晚我抵达广州。累、冷、饿和听不懂的语言同时冲击着我，可我和中国的故事那天晚上才刚刚开始。在白云机场到学校宿舍的校车里，虽然我又累又饿，但我和朋友们，连一分钟也没闭上眼睛，我们环顾四周，公路、桥梁、摩天大楼和灯光，深深地，我想我是激动的，我相信我学习土木工程的梦想正在实现，我相信我选择了正确的时机，正位于正确的地方。但是，和每个人一样，在新的环境、语言、食物和科技水平等诸多方面，都会面临挑战。

(2) 语言

到达机场后，我发现在家里练习的几个汉语句子，如“你好”“谢”“不客气”是不够的，更糟糕的是甚至连正确的音调都没有。以前我有一个想法，我可以每天用法语和英语交流，直到我学会中文。令人惊讶的是，第二天，在新生参观校园时，我发现大多数人只会说广东话和普通话，很少有人会说英语。我第一次生活在一个无法交流的环境中，这真是太可怕了。在这段时间内，我们来自科摩罗的 23 名学生聚集在一起，进行小组学习，为学习汉语热身。学校安排得很好，配了有经验丰富的老师，我们很容易适应这个班。逐渐，我能开始一个简单的普通话会话，自己去医院和市场，我有很多窍门，我是通过在足球和学校活动中结识中国朋友，通过中文电视节目和一些应用程序来学习的。在两个月内，我们小组通过了 HSK3 考试，有些学生的口语流利程度明显高于其他学生。我有个邻居，一个大学教授，五年后我仍然和他保持联系，我可以随时去拜访他和他的家人，练习汉语，他主要向我介绍中国的文化、节日和食物。

(3) 食物适应

在中国的电视节目中，我尝不到食物，但我有一种感觉，那就是美味，我一直想用筷子尝尝中国面条、饺子和面包。另一方面，我所听到的关于中国的故事，人们什么都吃:狗，蛇。作为一个宗教信徒，有许多种类的肉我是被禁吃的。从机场看到的中国景色和丰盛的食物。在留学生校园第二天，我已经看到了三个食堂，更不用说楼层了，我的第一个想法是这里没有人会饿死。后来我才知道校园里有个清真食堂，我松了一口气，我真的很喜欢这里的菜单，我还告诉其他人，你可以在中国住一年，不用两次吃同一道菜。可以很容易地找到西方快餐店，超市和百货公司，甚至可以自己在宿舍做饭。中国文化的多样性和国家的幅员辽阔，使人们能够想出所有简单但有营养的食物。要治理一个像中国这样的大国,我认为食品供应是首要问题之一。

(4) 大学生活

生活在世界上人口多、人口多的国家之一,对大多数人来说,在中国的生活可能是一种无法抗拒的体验。作为一名来自法语国家的留学生,我更担心的是中国的生活方式与我国完全不同,而不是教学语言。没过多久,从广东药科大学第一周开始,就安排了一周五天的课程,从早上9点到下午5点,这对我来说是个很大的挑战。在我所有的大学预科课程中,从早上7点到下午5点,每周6天。最初的几周,我感到无聊、虚弱,失去了从起床后等到早上9点上学的动力,但在老师的帮助下,我很快适应了。我开始了解到,为了更多地学习,要充分休息,比如每节课45分钟然后休息一次。在我的中文学年,我对国际课堂环境没有太多的感受,我们都是来自科摩罗。直到2016年我在南京理工大学读大一时,我才真正感受到。在一个满是来自不同国家的学生的课堂上,不同语言只有一个目的,就是把我们团结在一起,把对知识的追求放在显要的位置上。

我们班是一个非常特殊的国际土木工程班,我们和中国学生一起上课。我们可以分享一切,一起参加学校比赛,练习汉语,我在他们的帮助下通过了HSK4。教学方法是非常有成效的,教授非常有才华。讲座、实验、实践和会议完全不同。学费和每月津贴一直是我和我的家人头疼的问题。经过一年的经济自给自足,我作为一名优秀学生获得了学校奖学金,并一直保持到2020年7月毕业。这四年过得太快了,我无法想象,我来到了同济大学,就读中国政府奖学金项目资助的中国最好的土木工程专业,我的父母不会再担心学费问题了,我也不担心。希望在未来的三年里,我会在同济大学学到很多东西。

(5) 科学,技术和发展

在漫长的历史中,中国一次又一次地成为全球创新的领导者。指南针、火药、印刷术、造纸术甚至面食都是在古代中国发明的,比世界其他地方采用这些发明早几百年或上千年。我早在中学历史课上就研究过这些发明。我在媒体上看到了中国的创新，他们在全世界产生的影响包括我的国家。在我来中国之前，我已经知道中国经济正引领着世界。中国的科技使亿万人生活变得更加便利，在交通部门，可以看到我从未见过的豪华巴士、地铁和高速。手机支付，支付宝和微信支付等移动支付应用将中国社会转变为一个无现金社会。只要我有手机，现金和信用卡都不需要携带。自从我来到同济大学以来，公共自行车一直是我的交通工具，既方便又便宜。有了网上餐饮服务，我累了不想做饭，可以在网上点餐。我们每天都用微信支付，或者说支付宝已经变成了我们的日常生活习惯。今天，中国希望——而且在很多方面已经是——再次成为世界创新强国。在这场疫情流行期间，中国已经在各个方面展示了。2 月下旬，随着冠状病毒感染率上升，有关部门挨家挨户地进行健康检查，并在全国范围内宣布让所有人自我隔离。我正在准备毕业论文，但我欣赏的是领导层和民众之间的合作和理解，这种合作和理解截然不同于其他国家。无人机在街道上空盘旋，检查人群、健康代码、面部识别软件，显示出中国比世界其他地区先进得多。我在房间里感觉很安全，自己做饭，按时完成了毕业论文。

(6) 结论

中国成为世界第二大经济体并非偶然。它是通过一种由共同语言编织出的强烈的共同目的而实现的。一个拥有 10 亿多人口的国家能够在没有饥饿的情况下生活，这是人民健康和努力工作的关键。人们总是说“中国人努力工作，不休息”，这是不对的。在这里，我每 45 分钟休息一次，我可以说“中国人工作很聪明，他们专注于他们所做的事情”。

中国是现在，更是未来。

苏州行

初　兴（泰国）

我与中国的故事有很多，有很多事情让我很难忘，一天可能都讲不完。我已经在中国留学四年了，期间发生了很多事情，有好有坏。我现在要和大家分享的是我第一次在中国苏州的旅游经历。

那天，跟平常一样，起床，洗脸刷牙，感觉很没有意思，我躺着，随便翻看微信，突然看到一首诗《枫桥夜泊》，我仔细地看了起来："月落乌啼霜满天，江枫渔火对愁眠。姑苏城外寒山寺，夜半钟声到客船。"感觉诗里描写的这个地方好美啊！我上百度查了一下，结果发现是苏州——一个被称作"天堂城市"的地方。我从到上海留学以来，哪里都没有去玩过呢，心动不如行动，看了一下时间，已经下午一点多了，但是我知道上海到苏州距离不算远，我马上就上网查了一下高铁票，可是没有座票余票了，我只好买了动车站票。

那是我在中国第一次坐火车，好想知道中国的火车是什么样的。上车后发现，在火车里面很难找到可以落脚的地方，还有人走来走去卖东西。加上天气特别热，我都有些后悔了。好在下午三点就到了苏州，出了火车站，我觉得这里很安静，人不太多，车也不是特别多。坐地铁一会儿就到了山塘街，这里很幽静，心情也放松了，房子大多是白墙青瓦，沿河而建，河道两边开满了店铺，吃的喝的玩的都有。每走几步，周围也会有不同的风景，我一路不停地拍照。走着走着我就闻到一股很臭的味道，原来有一家卖臭豆腐的小店。我听说过臭豆腐很好吃，但是还没吃过，我就买了一份，尝了一口果然很香。

河上漂浮着乌篷船，有位老伯伯站在船上，好像在表演什么，我凑过去看，好多只鸬鹚整齐地站在船头。鸬鹚羽毛有紫绿色金属光泽，并杂有白色丝状细羽；锥状的嘴很长，前端具锐钩，长着像鸭子一样的蹼，脖子上都被戴上一个脖套。老伯伯把它们都赶到河里，鸬鹚就扑着翅膀，一头扎进水里，很快就把头从水里拔出来，返回船边，此时它们的脖子都变得鼓鼓的，然后老伯伯抓住它们的脖子，向上一挤，鱼就从它们的嘴里滑出来了。表演过程中，鸬鹚和老伯伯配合得十分默契，时常迎来围观人们的掌声。表演结束后，老伯伯摘下鸬鹚脖子上的脖套，喂它们吃一些小鱼。这是我第一次看到鸬鹚捕鱼的全过程，也深深地被这种捕鱼方式所吸引。

我继续在这古香古色的小巷里走着，发现有好多茶楼，偶尔会传出昆剧的声音，如果有兴趣，可以进去小酌一杯清茶，感受一下那种古朴的文化气息。这次来苏州，我也看到了一些苏绣作品。苏绣是苏州地区刺绣产品的总称，清代是苏绣的全盛时期，真可谓流派繁衍，名手竞秀。苏绣具有图案秀丽、构思巧妙、绣工细致、针法活泼、色彩清雅的独特风格，地方特色浓郁。曾有“绣花花生香，绣鸟能听声，绣虎能奔跑，绣人能传神”的美誉。令我印象最深的就是双面绣，通常的刺绣都是单面绣，另一面是刺绣过程中留下的线头，而双面绣可以达到两面都是精美的图案，轮廓完全一样，绣品栩栩如生，充分体现了秀娘们的心灵手巧。

来到一个城市，一定要品尝一下属于这个城市的美食，苏州小吃是中国四大名小吃之一。我听过的苏州特色美食有松鼠桂鱼，此鱼色泽酱红，外脆内嫩，甜酸适口，据说当年乾隆食后大为赞赏，松鼠鱼便传扬出名。桂鱼肉质细嫩，骨疏刺少，油炸后、头大口张，尾部翘起，内似翻毛，形似松鼠，浇上虾仁、笋干、番茄酱卤时还会发出嗤嗤如松鼠的叫声。苏州小笼包也是相当出名的，蟹粉小笼是小笼包里的精华，是江浙沪一带常见的特色名点，以蟹肉，猪肉为馅料制作，鲜美无比，齿颊留香。一口咬下去一包蟹油，吃起来满口流香，是一道非常美味的小吃，甚至吃了还想吃！

酒足饭饱后，到了晚上七点多就打算回上海了，幸运的是，返程票我买到了高铁票，这也是我第一次坐高铁，很兴奋，因为我们国家没有高铁。等车的时候，我不停地望着车来的方向，车到来的时候，我赶紧拍下了高铁车头的照片。上了车我终于可以放松疲惫的身体了,便不知不觉地睡着了。

回到了上海,回想今天做了什么,一开始感觉真的后悔,但是去了之后真得感谢自己没有放弃,我明白了一件事,就是当你不知道事情最终结果的情况下,你应该尽全力去做这件事,因为不管结果是好是坏,你都不会后悔,因为你努力去做了,说不定会有意外的收获。

中国，我又来了

迟智允（韩国）

说起来我和中国的故事有很多，缘分也很深。在高一的时候，我就打算要去中国念大学。原因有很多，想念我小时候的朋友，想念中国的美食，还有我特别喜欢的中国女演员……

小时候我在中国长大，一直读到小学毕业。虽然已经过去很多年，很多人和事也变得模糊，不过好在和小时候关系好的朋友还有联系，我们偶尔会打听对方的近况，问候对方，也约定以后我再来中国的时候一定要见一面。

还有中国的美食，我记得中国有句话叫做“民以食为天”，美食一定是人们生活中必不可少的。对我自己来说更是如此，因为我自己就是一个典型的“吃货”。小时候在中国吃过的煎饼果子、烤冷面、烧烤、糖葫芦、油条豆浆，还有各种面食都让我念念不忘。不过最难忘的还是过年时候吃的饺子，因为春节是中国最大的节日，所以春节的时候家人都会团圆，会围在一起吃年夜饭。饺子是中国的传统美食，也是春节期间必不可少的食物。我特别怀念春节期间的那种氛围，也希望以后有机会还能再在中国过一次春节！

除了让我特别喜欢的中国美食之外，我还特别喜欢看中国的电视剧。到现在也是，追剧已经成了我的日常生活中的一部分。因为经常看中国的电视剧，我还喜欢上了一位中国女演员迪丽热巴。我记得是从 2016 年年底开始特别喜欢这位女演员，她表演过的电视剧我大部分都看过，都让我觉得特别有意思！其中我最喜欢她演的两部电视剧是《一千零一夜》和《三生三世枕上书》，因为它们的剧情跟设定都让我觉得特别新奇有意思。《一千零一夜》好像是我高二那年播出的，因为我记得我每天放学后晚上都在看这部剧。上学的时候也会跟同学还有中文课老师推荐这部剧，还有中文课上完剩下的几分钟，我也会让老师用投屏播放一下这部剧的主题曲。还有今年播出的《三生三世枕上书》，剧情也特别有意思，印象最深刻是热巴饰演的角色磕头的那部分剧情，看的时候都把我看哭了！一开始喜欢热巴是因为喜欢看她的剧，后来发现她的演技、性格都特别吸引我，而且她真的太漂亮了。也特别期待她以后的作品！

今年我虽然如愿地被想去的大学录取了，但是由于疫情的原因，我也只能在家上网课。希望明年我可以去中国，在学校教室里上课，感受中国的风土人情，品尝中国的美食。也希望早日见到我的老师和同学们，体验中国大学的校园生活！

中国之行

艾家成(柬埔寨)

在2019年的7月份,我的中学老师组织了我们去中国旅游。当时每个同学都兴高采烈,因为我们的愿望是去一次中国旅游,想认识一下中国,最令人期待的一天终于到了。我的中文老师经常跟我介绍了中国的文化,美食和风俗习惯,我已经大概了解到中国的生活,所以我对这次旅程没有感到那么激动。在路上,同学们都在聊中国的长城。大部分的外国人觉得去中国旅游只是想到去长城玩,毕竟长城是世界七大奇迹之一。

站在机场候机室我有点紧张,那是我第一次出国。我的目的是多用汉语跟中国人聊聊天,把握这次机会学习更多中国传统文化和汉语。当时正是夏天,烈日炎炎。我的国家的气候温度比中国的低好多度,我有点不习惯。我们先参观了天安门和故宫,中国人很友好,在那儿我交了很多当地的朋友。

俗话说:"不到长城非好汉。"我听说登长城是一件很累的事情,不少人走到一半,就会放弃,不想再继续登,但我就是想做一些比较有挑战性的事情。功夫不负有心人,我终于登上了长城最高的一部分。我真的没想到大部分登上去的人都是老爷爷老奶奶。同学们都很累,有些已经走不动了。

每天早上去好玩的地方之前,我们都要在胡同学校上课,老师讲的课真的很有趣。我印象最深的是我们学习了"讨价还价"这个成语,她还教了我们买东西的时候怎样讨价还价。这一天我们去市场买了很多纪念品,多得用书包装都放不下了。

在北京最后的一晚,我们在一个餐厅里尝了一道北京的特色名菜——烤鸭。烤鸭好吃又多汁,肥而不腻,回味无穷。我们吃完以后就去睡觉了,因为第二天我们要去上海。

第二天，我们乘上了高铁去上海。中国的交通果然很发达，高铁速度真的很快。第一次来中国我感到特别满意，老师没骗我中国有这么好的交通。在高铁上，导游给了我们一人一碗方便面。车上开水是免费的，正好我们是要吃方便面的。

在上海我们没有像在北京一样住宿在一所学校，而是住在一家酒店。酒店的食物是西餐，所以我感到很可惜，我们没有机会尝品中国的美食。有一天，我们去了东方明珠。我发现那里周围的餐厅的菜都有虾肉，对我来说虾肉非常好吃，我的国家没有像中国一样那么多虾肉。

在回国的路上我感到很伤心，一直在想什么时候我才能再去中国。我特别想再去中国，所以那时候我决定要认真准备参加"汉语桥"比赛和通过汉语水平考试四级，不能"三天打鱼，两天晒网"了。期间，很多老师、朋友以及同学都帮我认真学习、复习和准备。他们让我了解更多中国的汉字、文化和历史。

希望疫情能早点结束，我已经迫不及待地想回中国啦！

中国，等我！

汉语改变了我的生活

周　宇(泰国)

随着中国经济的发展,汉语在世界上的地位也越来越重要。很多人想去中国学汉语,也想享受中国的生活和文化,所以近几十年来对汉语感兴趣的人数也越来越增加了。我以前也是有想去中国留学的梦想,现在我的梦想已经实现了!

回到七年前,我还记得得清清楚楚,我是第一次来中国,当时我的汉语只能会说"你好""谢谢""一、二、三"的这些词,我到了中国就比较担心,觉得跟中国人交流是一件很困难的事情。有一次我去了菜市场买菜,当我付钱的时候老板跟我说:"你是泰国人吗?"我惊呆了,脑中在想她说什么。老板看到我没回答她的问题,就知道了我不会说汉语,看到这样她就带着微笑说了一句话"萨瓦迪卡"。我听到了非常吃惊,因为她说的是泰语的句子,翻译成汉语就是"你好"的意思。虽然她说得不太清楚,但我很开心,感觉到心里暖暖的,像我的国家一样人人都很热情。这样的事情让我觉得中国人对外国人也非常热情的。从那时候我就没有怕说汉语了,也没有怕跟别人交流。通过汉语的交流,我认识了很多朋友,我的汉语水平也进步得很快。在海南留学一个学期,我发现虽然海南不像北京、上海等大城市,但交通方面一样发达,特别是高铁,想去哪儿都很方便。

我非常喜欢逛淘宝,在淘宝上每年都搞很多活动,比如双十一活动,双十二活动,国庆活动等。我喜欢去抢购,还有些中国朋友教我抢购技巧。淘宝上的东西又好又便宜,所以我每天都在网上逛淘宝。如果想出门去逛街买东西也很方便,不要带那么多金钱去,只要带手机就够了,用支付宝买东西或者想给别人汇款,不要跑去银行,直接网上在线支付,方便得很!

我在中国的时候，我认识了好多朋友，我们一起交流文化。有时候我发音不标准，但是朋友从来没有嘲笑我，而一直纠正了我的错误，教我该怎么说。上完课之后，我有问题就请中国朋友帮助。有时候我不懂中国文化，朋友就帮我解释，让我更了解中国文化。我来了中国之后，一点也不觉得孤单，因为有很多很好的中国朋友，一直陪我玩，把我当她们的小妹妹。我每天开开心，哈哈大笑。

中国的每一个城市都有自己的魅力。在中国留学了一段时间，我有机会去很多地方旅游，如广州、厦门、杭州等城市。我最喜欢的城市就是厦门。厦门是一个美丽的旅游城市，因为它的位置靠近海，所以风景特别美。厦门有很多旅游景点，最有名的是“鼓浪屿”，那个地方游客很多，它的历史悠久，岛上的建筑很漂亮，虽然有点古老，但看起来很有魅力。不仅是厦门，其他城市也有自己有名的旅游景点，比如北京的长城，广州的外滩(长堤)，杭州的西湖等旅游景点，每个地方都有自己独特的美食和不同的文化。

中文改变了我的生命，让我学到了很多知识，还了解各个国家的看法和文化习俗，可以说中文是我生活的一部分。我爱上了中国，也希望大家可以来到中国留学或旅游，感受一下中国的习俗和文化，看看中国和你想象中的是一样吗？

令人感激的善良中国

翁　塞(加纳)

我和中国的故事开始于2016年8月31日,那是我第一次来到美丽的中国。从埃及开罗机场到广州白云机场,我的身边坐着一个中国人。因为他是个善良的人,所以我对中国的第一印象非常好。在飞机上我看到了广州美丽的风景和精心规划的居民点布局。飞机落地后,乘客通过检查站到达大厅,机场的建筑真让我兴奋不已。我继续我的旅程,到达目的地——兰州中川机场。因为我第一次来中国,不会说汉语,只能用一个新的手语来表达我的意思,或者用手机把英文翻译成中文。中国有一个成语叫"入乡随俗"。一开始学汉语的时候我遇到很多困难,但在汉语老师和朋友们的帮助下,我在短短的时间里学会了说汉语、写汉字。

在中国待了四年之后,我发现中国人不仅是很热情,更有爱国主义精神。在中国,向世界展示自己的文化似乎是每个公民都享有的特权。团队合作和成功是他们的标志。也许这是他们联系紧密的原因之一。我的朋友们总是喜欢像家人一样一起吃饭和工作。我的很多中国朋友,他们总是关心和爱护他们的外国朋友。我每次过生日的时候,都有很多中国朋友给我送礼物,有的还给我发红包。过节日的时候,老师们也会在微信群里发红包,让我们很开心。当新冠肺炎疫情发生时,我又感受到了中国人最热情的性格,并特别感谢学校老师们的帮助。中华人民团结一致、迅速控制疫情给我留下了深刻的印象。我真的很高兴在这个时候来到中国,见证了那段抗疫历史。

我真的很钦佩中国文化。中餐不仅营养丰富,而且美味可口。我吃过各种传统的中国食物,比如豆腐、火锅、兰州拉面、北京烤鸭、饺子、粽子等。虽然在我的国家,我们不用筷子吃饭,但是我的朋友可以证明我很擅长使用筷子。我还参观了许多有名的地方,比如北京长城和上海外滩。

新年快乐！鞭炮声在中国意味着新的一年开始。这是中国的春节。所有的街道都是红色的,用鲜花和许多美丽的手工艺品来装饰。我真的很喜欢过去四年的春节,希望在我新的大学里有一个更有趣的春节。作为学生,中秋节也是一个很好的假期,因为我有八天的休息时间。在音乐方面,我喜欢中国的京剧、中国各种传统乐器,比如古筝、琵琶等。我会唱一首歌叫《茉莉花》,并当过大合唱团的指挥。我喜欢看中国电影特别是武打片。从小就开始看《西游记》,还有成龙和李小龙主演的电影。总的来说,我眼里的中国是一个文化丰富的国家。

作为一名学生,我对中国的先进技术、基础设施投资、电子商务、创新和坚韧精神都非常感兴趣。从铁路系统到地铁系统再到科学,我都能看到一个强大的国家。中国几乎没有通货膨胀,食品和服务的价格在过去四年里仍保持不变,这令人印象深刻。我通过中国政府奖学金获得了硕士学位,目前是同济大学奖学金在读博士生。对我来说,中国不仅在教育本国公民,而且还为外国人才提供了机会,这是一项伟大的服务。我在同济嘉定校区学习,每天遇到很多聪明的同学,于是感觉自己还得多努力。我希望在同济大学能努力学习,解决很多关于交通工程的研究问题。未来想为我的国家作出有意义的贡献。

在国际合作交流及教育中,中国的世界影响特别大。事实上,中国为各个国家的学生提供了很多高等教育和发展能力的机会。中国是个特别好的地方,我期待更多的优秀人才来中国学习和交流。我非常感谢中国政府、兰州交通大学和同济大学给我机会。我永远感激中国。

中国带给我的惊喜

王亚美(孟加拉)

参加2018年"收获·中国"第七届留学生朗诵比赛的演讲稿

我来自孟加拉国。我曾在同济大学读预科。我特别喜欢中国,中国的文化博大精深,历史悠久。同时,我也很喜欢汉语,因为我认为用汉语说话能够既简洁又清楚地表达出我想说的话。

我爸爸是个商人,他在中国做生意,在我出生之前他就在中国了。从小我就知道有一个对我来说即神秘又熟悉的国家,叫中国。她之所以神秘是因为我身边的人都不太了解她,熟悉是因为爸爸一直将很多关于她的故事说给我听。我一直都不理解为什么爸爸那么喜欢中国,直到我第一次来中国。我还清楚地记得每一个细节,因为我太震撼了。我第一次来广州,我发现它和我的国家不一样。中国很发达,虽然我当时不是很懂因为太小了,可是我看什么都觉得新鲜。马路很宽,车子很多,每个地方都特别有秩序还很安全。我觉得住在中国让我很舒服。我第一次来中国是为了给妈妈治病。

在我的国家被诊断为不能完全治好的病,在中医面前只是需要每天喝用奇奇怪怪的草叶熬的汤就可以治好的。这让我对中国更加喜爱,也让我更加好奇,他们到底是怎么做到的呢?为什么我的国家跟中国不一样?后来我回国了,就开始注意关于中国的新闻,开始学习中文。我在孔子课堂学的中文。中文为我开启了另外一扇新世界的大门。每一个字背后的故事及含义让我深深为之着迷。当有中文基础了以后，我开始读一些著作和有关文化的书籍。在不知不觉中我对中国的了解甚至超过了父亲，可是我还是觉得远远不够。越学越觉得汉语深奥到可能我学一辈子也学不完。读了论语以后，我开始明白中国人的思想和观念是怎么来的。论语里我最喜欢的一句话是“知之为知之，不知为不知，是知也”。这句话教会我要坦诚的面对自己的无知，这样你才能学会更多。谦虚是中国的传统美德，在学习中国的传统的同时这些特质也影响了我。

有第一次就会有第二次，后来我来了很多次中国。每次来中国，它都能给我惊喜，我看着它的改变看着它一点一点地变得更好。2017 年的 9 月份我拿了中国政府奖学金来中国上大学，它这次给我的惊喜更大了。共享单车，手机支付，网购，高铁被誉为中国新四大发明。这些我想都想不出的东西他们已经实现了。出门不用担心没带钱包，短距离的目的地不用麻烦打的，不用担心没时间买自己需要的东西，出远门也不一定非得坐飞机，而且还在发明更多。中国啊，你到底还要给我多少惊喜?

中国现在已经改革开放 40 年了，虽然不完全是，可是我还算是见证了中国这一段时间的成长。它的成长之迅速，不仅让我惊叹，而是让世界惊叹！现在孟加拉跟中国的关系也因为一带一路政策变得越发的好了，很多中国商人都去孟加拉投资，孟加拉的商人们也更愿意来中国寻找商机。我相信中国会越变越好，中孟关系也会越变越好。也希望我能够为中孟友谊贡献出自己的一份力量。愿中孟友谊长存！

千里之行始于中国

梅津纳幸(日本)

我的梦想是做一名旅行家。我认为旅行家可以周游世界。看到很多不同的风景和了解很多不同地方的风俗习惯。

我妈妈很喜欢中国。所以,在我小的时候,我的妈妈就每年会带我来中国玩。我去过中国很多地方,比如说:北京、上海、西安、青岛、泰山、南京、苏州、杭州、广州、四川等等。

不同的城市有不同的风格。与此同时,我发现中国不同城市有不同的方言。比如上海话、北京话、东北话、广东话等。很多方言只有当地人才能听懂。记得我第一次来上海的时候,路上很多人讲得都不是普通话,我根本听不懂。他们说“你好”为“侬好”。而后来去北京旅游的时候,听到北京人说“你好”为“您好”。我觉得这个很奇妙。这可能就是语言所带来的魅力。

去不同地方不但能学习到当地的方言,并且还能品尝到不同地方的美食。

上海人喜欢吃甜的,不喜欢吃辣的。但是四川人就喜欢吃辣的。上周我在上海一家川菜馆和朋友吃饭,结果太辣了,我眼泪都出来了。相比之下,我更喜欢吃上海的菜,它们比较清淡。上海有很多点心:小笼包、生煎、小馄饨等。我最喜欢吃的是小馄饨,特别美味。说到主食,中国的南方人喜欢吃米饭,而北方人更喜欢吃面食。北京有一种特色面食,叫做炸酱面,味道十分鲜美。我去山东的时候,他们不吃米饭,他们吃馒头。馒头是他们的主食。西安的面也很有特色,但西安最出名的是他们的肉夹馍,有点像汉堡,但味道和做法完全不同。而到了广州,广州人喜欢喝汤,所以他们会经常煲汤。近年来,在中国有一部纪录片很流行,叫做《舌尖上的中国》。

它讲了中国不同地方的美食,看得我垂涎欲滴。

我不得不感叹:中国真是一个美食家的天堂!

除了美食和方言,中国不同地方的风景也别具特色。像北京的长城、故宫,西安的兵马俑等。中国的西部和北部有很多湖泊和山脉,而东部主要是平原。上海就是平原地区。去泰山玩的时候,我感受到了泰山的雄壮与磅礴的气势。俗话说:上有天堂下有苏杭。去杭州的时候,我游览了西湖。西湖水面波光粼粼,犹如一面大镜子。而去青岛旅游的时候,我看到了美丽的大海——渤海,那里风景如画。

我的梦想是成为一名旅行家。所以,除了语言外,我还需要知道一些地方的风俗习惯。比如说,在中国,有很多节日。过年的时候,大家喜欢吃饺子;元宵节的时候大家吃汤圆;端午节的时候,大家会吃粽子。并且粽子有很多口味:肉的、蜜枣的、蛋黄的,等等。我最喜欢吃肉粽子。

从小到大,我就经常会跟我妈妈到处旅行。但到目前为止,我只去过日本和中国的一些城市。我还没去过欧洲、美洲的等一些西方国家。所以,我现在平时会去打工,攒钱去不同的地方旅行。

于我而言,旅行是一种生活的态度和习惯。它能让我增加见识和体验不同的风土人情,感受不同的文化。这既是一种享受,又是一种学习。而我的旅行梦,就开始于中国,我想从中国学习汉语的留学生活开始,继续远方的旅行!

我的慈善梦想在中国起航

于丽亚(俄罗斯)

我刚来中国的时候就跟小女孩一样。这是我第一次一个人远行,算是一次最冒险的经历了。虽然同亲人告别的时候有些不安和不舍,但我同时对这次留学生活也怀抱着美好的憧憬。40斤重的行李,一年的签证和出游必备的照相机是我拥有的所有东西。那时候我的家乡新西伯利亚正在下雨,俄罗斯人相信出远门的时候下雨是非常好的预兆。就这样我兴奋地登上了飞往中国的飞机。

一开始到达中国第一站乌鲁木齐的时候,我又激动又紧张,拍了很多照片。后来我发现乌鲁木齐的城市建设比上海差远了,但这就是我在中国看到的第一个地方。在新疆过了一夜后我终于来到了上海。

来中国以前我只知道上海是一个天气多变并且摩登现代的大都市。那时候我还不知道会发生什么事情,会遇见一些什么人,自己会有怎样的改变。但是我下定了决心:要尽一切可能过好每一天,一分钟也不能浪费。我觉得自己是一个十分幸运的人,因为很快我就认识了一些值得信赖的朋友。朋友们使我更加自信,也让我有了朝着梦想奋斗的勇气。从那以后我一直热切地参与各种各样的慈善活动。

这个学期我跟两个朋友去了一家小型孤儿院,我们一边跟孩子们玩,一边拍照片。看着那些天真无邪的孩子,我感触良多。他们是不幸的,又是幸运的。这世界上还有许多不幸的事,不幸的人,但是我们可以让他们更加幸运,让这个世界更加美好。最后我终于完成了人生中的第一本慈善写真集,也坚定了把慈善当成我一生梦想的想法。我也慢慢明白了一件事:只要你怀抱梦想,就一定可以实现它。虽然实现梦想的道路很艰难,但是最后你会发现所有的艰辛和付出都是值得的。

在我看来中国是一个创造奇迹的国家。在中国的生活我收获了很多好朋友，有了他们我就成了一个更接近幸福的人，我学会了相信自己，明白了这世界上没有不可能的事情！所以我觉得中国让我成为一个更好的人，让我的慈善梦想变成了现实。

我与中国梦的故事

陈光利(柬埔寨)

我叫陈光利,来自柬埔寨,是国际文化交流学院2015级本科班的学生,我的专业是汉语言(国际教育方向)。我来同济大学已经两年多了,这里仿佛是我的第二个家,在这里我度过人生中最美好的时光。在这里我学到很多东西,我最为感兴趣的是中国历史以及中国人的奋斗精神。作为一名留学生,从我的角度出发,我认为留学生到中国学习应该学习中国历史。而为了更深入地了解当今中国,首先要对中国近代史和现代史略知一二。我虽然喜欢中国历史,但因语言的障碍,对中国历史仍知之甚少,可这并没有打消我对中国历史的兴趣。

当我读起那些中国历史书,听老师讲中国历史的故事时,我的心情都会跟随之喜悦或悲伤。几千年来,中国合而又分,分而又合,当中国走到巅峰时刻时,都会有嫉妒者来侵略。而中国一再地起来反抗,一再地起来奋力建立更好的国家,每摔倒一次,中国都会崛起到一个新的高度。

我印象最深的一段历史是从鸦片战争开始,八国联军侵华、火烧圆明园,迫使中国签订很多不平等条约,中国失去大片国土,还有日军侵华时的南京大屠杀,这些历史使我的心情非常沉重。柬埔寨也曾经历过被侵略被屠杀的悲痛历史,而我的祖先就是当中被屠杀的人,因此我能体会到中国人的心情。从1949年10月1日开始,到改革开放和现在新时代的中国,都使我感到振奋。中国到底是怎么做到的呢?这让我想起了一个故事。

在深邃的海洋里生活着很多鱼,每种鱼都有鳔,因为鱼鳔产生的浮力,使鱼在静止状态时,自由控制身体处在某一水层,而且鱼鳔也掌握着鱼的生死存亡。然而分外神奇的是，有一种鱼却天生就没有鳔！可早在恐龙出现前的三亿年时，那种鱼就已经生存在地球上了，至今已超过四亿年，它在近一亿年来几乎没有改变。它就是被誉为“海洋霸主”的鲨鱼！然而究竟是什么让鲨鱼没有了鳔，仍在水中仍然活得游刃有余呢？那是因为鲨鱼没有长鳔，它只能依靠肌肉的运动，永不停息地在水中游动，但只要它一旦停下来，身子就会下沉。为了能生存下去，鲨鱼需要不停地奋力游动，最终鲨鱼练就一身非凡的战斗力。

这个世界就好像深邃的海洋，而从战火里立起来的新中国仿佛奋力游动的鲨鱼。

几十年前的人真的难以想象现在的中国，正在不停地为世界造出奇迹。

我在中国的这两年里，我亲眼看到中国在奋力向上，中国人有着愚公移山的精神，无论遇到什么困难，仍不失去恒心，因为中国人“不忘初心，方得始终”。而且我认为习近平总书记描绘的“中国梦”，肯定会成功！因为中国共产党人除了牢记使命和有一个很好的政府执行团队以外，中国的 14 亿人民一直为伟大的“中国梦”和“新时代的中国”一起砥砺奋斗，就仿佛鲨鱼在大海里奋力游动一样。我认为中华民族伟大复兴的日子，离现在不远了，而且已经渐渐地实现了。

我眼中的上海

初　兴(泰国)

上海是一个国际文化大都市。我在这里留学已经三年了,这里有很多特色的建筑物,最有代表性的就是东方明珠。我小时候就看过东方明珠的视频,夜晚的东方明珠五彩缤纷,它的光芒倒映在黄浦江里,随着江水荡起的涟漪摆动着,美丽极了,那时我的心里就种下了一颗种子,以后一定要来看看这座美丽的城市。

南京东路步行街一直都是人来人往,热闹非凡,基本来上海的人,都会来这里逛逛。两边有很多购物商场,在这些商场间,还会见到一些小弄堂,放眼望去,弄堂里有几个坐着聊天的老人,几只懒散的肥猫躺在地上晒着太阳。步行街上当然少不了各种吃的,有各国的料理,也有一些历史悠久的上海特色小吃。比较有名的比如第一食品的老大房鲜肉月饼,每到中秋节前后,都会看到有很多人排很长的队,为了买到一份鲜肉月饼,回味一下那种小时候的味道。

上海的地铁交通非常方便,很多商场、机场、公交车站都直接和地铁接通,可以下了地铁就进商场,或者下了飞机就上地铁。在地铁站里,经常会遇到早晚的上下班高峰期,地铁站里人流量非常多,大部分人都是去上班或者下班回家,地铁到站时,往往会很多人一起挤上去,有些人有时候为了上班不迟到或者能早点下班回家,在已经挤满人的车门口,还会有人冲进去,给自己争取一小块落脚的地方。出于对车门处乘客的安全考虑,有时候地铁门会开关好几次,确保车上的人没有危险,列车才会开走。有些地铁站里有便利店,给那些忙于上下班,赶时间来不及吃一顿像样的饭的人们提供便利,可以进去随便买几个饭团,面包或者一瓶牛奶,一份快餐,在等地铁公交,或者走路的时候,匆匆忙忙填饱肚子。

深夜的街边，下班的人们陆陆续续地往家走，街边的小吃摊都开始营业了，烧烤，小炒，麻辣烫，各种香味迎面扑来，此时很多人工作了一天，抵抗不住这美味的诱惑，顺便叫小摊老板烤几串烤肉，来份小炒犒劳一下自己。

至此，嘈杂的一天结束了，整个城市逐渐平静下来，人们休息准备迎接第二天的挑战。这就是繁华的上海，忙碌的人们，快节奏的生活方式。

为什么选择中国留学

洪家庆(柬埔寨)

有人问,为什么选择来中国学习而不是去其他国家呢?

我的选择有以下几个原因。第一,如果在中国一所大学学习,就可以开辟广阔的前景并在未来找到一份工作。目前,中国的教育质量每年都在提高。中国政府的教育改革旨在提高教育质量,为实现这一目标,中国政府每年都在加大教育投资。同时,考虑到中国的经济实力以及中国与其他国家的政治文化,我认为在中国接受教育是看起来更有前途的选择。

中国拥有世界上最具活力的经济。即使在2008—2009年和2020年的全球经济危机中,中国的经济仍能保持平稳高速增长。所有的政治和经济分析师认为,21世纪是中国的世纪。年轻人有一个在21世纪决定这个星球上的经济和政治气候的机会。许多中国公司和跨国公司对聘请专业人士或者在中国学习语言的人(中文水平很高的人)有巨大的需求。因为这些专家在中国待了很长时间,所以他们不仅熟悉的是语言,也是中国人的心理。我真的想成为这样的专家!鉴于中国在当今世界中的作用,中国的大学毕业生会获得一个重要的竞争力,并有充裕的行业和求职的选择机会。因此在中国接受教育是非常有前途的!

第二,我需要找到一份我喜欢的工作,学习自己喜欢的专业,更容易取得成功。小时候,我就喜欢学习语言。那时候我只有7岁,我看到处处有英文标语,就对英语产生了浓厚的兴趣,所以除了母语俄语外,我还学了英语。对于中文也是如此。因为世界上大部分国家跟中国有密切的关系,中文是非常重要和需要了解的语言。因此我喜欢学习汉语并希望通过这种学习获得一份满意的工作。

第三,我一直对东方世界感兴趣:文化,传统,世界观等。东方有悠久的历史文化,甚至每个细微之处节都有它的丰富内涵:眼神,姿态,旋律都意味深长。每个汉字都有很深的意义,像一个故事或者生活真实。例如,“好”字有两部分:“女”和“子”,可以被破译为“一个女人带着一个孩子,这样很好”。总之在中国,你可以发现,无论什么都有独特的含义,最重要的是学会理解。我相信,在中国学习语言以外,还可以学习很多其他东西。中国比许多国家更好地保留了自己的传统,它们是非常有价值的。中国文字中有很多“成语”,四个字符组成的一个短语。每个都有一个故事,教会了我们好多故事。此外,中国人相信,坚持就是胜利。他们每天都训练,学习,逐步实现梦想。如果你每天都做,慢慢地,持续不断地去为自己的目标奋斗,那么一定会成功!所以中国不仅能够很好地学习语言,还能享受学习生活!我一直想了解世界。我认为,在中国,生活可以帮助我,并让我对东方有更多地认识和了解。

第四,在中国学习中文有最好的语言环境,有很多机会可以练习口语。像买衣服,你可以使用刚刚学会的汉语用词。此外,与中国人交流,我们可以更好地理解语言的意蕴并恰当地使用。我还喜欢中国人的生活方式。在未来,我打算继续学习中文,并获得在中国的专业学位,同时接受俄罗斯的经济教育。在中国的生活将帮助我更好地理解这个国家的风俗和传统的规则。我认为,所有上述将帮助我成为一个成熟和精湛的专家。我打算在俄中关系领域工作,所以我认为在中国受教育是一个很好的选择,在未来更能获得巨大的机遇!所以我非常希望,并愿意接受中国教育!

我的梦想就在中国

玛丽亚(俄罗斯)

这不是我第一次来到中国。2002年至2003年,我曾经在中国学习了一年汉语。利用假期,我去过了中国很多地方——古都北京、西安、开封、洛阳、南京、杭州,还去过武汉、厦门、青岛,在中国也交了许多朋友。中国拥有悠久的文明、历史和文化,我非常喜欢中国。在中国,我也学到了很多知识。

今年,我再一次来到中国,我想进一步提高汉语水平。

六十多年前,毛泽东和斯大林推动了中苏关系的发展。现在世界上政治形势复杂,有的强国欺负弱国。在这种情况下,俄罗斯和中国如果能互相支持与帮助,进行更好的合作,将会促进两国国强民富,人民生活幸福,共同维护世界和平发展。

目前,中俄的合作大部分是石油,天然气及数码产品等贸易。为了进一步深入合作,我希望中俄联合投入到俄罗斯基础建设,共同设立更多的合资合作企业,并促进两国旅游、文化交流等。

我很高兴两国领导人普京和习近平许可在两国贸易方面用人民币和卢布直接结算。我觉得领导们的决定很英明,不仅节约汇率资金,也推进银行和财务发展,推动更多的商品交易。我的梦想是让我们俄罗斯有光明的未来,与中国人民成为永远的兄弟。

只要继续提高我的汉语水平,我一定能在俄中友好的交往中找到合适的工作,为俄中友好发展发挥自己的聪明才智,成为一名俄中友好使者。

第六章
同济情缘

“恰同学少年，风华正茂”，同济大学的校园中，随处可见充满活力和期待的莘莘学子，他们在篮球场挥洒汗水，在教室中孜孜不倦地学习，他们的青春如同怒放的鲜花般骄傲，他们求知若渴的眼神令人感动。在本章中，来自世界各地的留学生们给我们讲述了属于他们的特别的青春，他们经历了起初的不适应和彷徨，然后逐渐习惯在中国的生活、能够自由而自信地和老师同学交流，再到爱上同济大学，爱上中国的这片热土，一字一句，都情真意切，让人感动又充满力量。在他们的文字背后，我们看到的，是他们对老师和同学、对曾经帮助过他们的每一个中国人的感激之情，也是他们对自己的感激，他们感激那个奋斗不息的自己，感激那个青春无悔。

我爱你，同济

阿敏多（莫桑比克）

我叫阿敏多，是同济大学医学院2020级新生。我的国家莫桑比克在遥远的非洲，它在非洲东南部，临印度洋，官方语言为葡萄牙语。

还记得去年刚来同济时，我根本不会说汉语，也听不懂，但我对这里的一切都充满了好奇。在中国读大学，要先过语言关，所以从去年到今年六月份我一直在同济大学读预科，经过一年的努力，终于通过CSC中国政府奖学金预科结业考试，这让我对即将开始的大学生活更加有自信了。

我从小就特别敬佩医生，希望自己长大后也能成为一名优秀的医生，所以选择了临床医学。而来中国留学是因为我热爱这个古老的国家，对中国文化有浓厚的兴趣，而选择同济大学是因为她在国际大都市上海。我希望在接下来的5年能够更加了解她，学到丰富的知识，结识更多的中国朋友。这里我要特别感谢中国政府给我这个宝贵的机会，能来到我喜欢的中国读我喜欢的专业，我一定会珍惜这个机会，更加刻苦地学习。

我还想说这一年里在中国令我印象最深刻的事情，那就是疫情。因为我的国家离中国遥远，所以寒假我没有回国。一开始还特别期待能跟我的同学们一起过春节，却没有料到疫情开始了，我很恐慌，不知道该怎么办，是同济大学给了我学习的保障，生活的便利，始终把我们留学生的生命安全和身体健康放在第一位！这些都是我的亲身经历，比如宿舍每天都会消毒并给我们定时发口罩、量体温，国际文化交流学院的老师们也一直在安慰我们，平复我们的心情，让我有了家的感觉。而同时我又看到了习主席给巴基斯坦留学生的回信，让我更加放心，觉得只有在中国才是最安全的！这里我想大声说：谢谢中国，谢谢同济大学！

2020年真的太艰难了。第二学期因为疫情，我们只能上网课，这对我们留学生来说，并不是一件轻松的事情，因为在网上学语言真的太难了！不过，经过我们任课老师和辅导员的帮助，我们大家都如愿以偿，现在同学们也陆陆续续到自己的本科大学学习了，在这里我要谢谢学校和学院的老师，你们辛苦了！

经过一年的预科生涯，经过新冠肺炎疫情紧急时期，让我意识到了自己作为一名医学生肩负的使命。未来的五年我作为同济人跟你们一起努力，一起成长，与中国优秀的青年多交流，与世界青年一道，携手为促进民心相通，推动构建人类命运共同体贡献一份力量。

我的一个梦想

库拉诺娃(俄罗斯)

可能有些人听到这个题目以后会想到关于未来的梦想,未来的目标,但是我想跟大家分享一个我已经实现的梦想。

2011 年是我第一次来上海留学,在同济大学度过了美好的一年之后我回了莫斯科。坐上飞机的时候我以为回到祖国我的日子会过得很开心,但是一到莫斯科机场,我恍然觉出我对这座城市竟然已经陌生了。时间慢慢地流逝,我也慢慢开始重新习惯莫斯科生活:找到了自己喜欢的工作,又开始上课了。似乎生活还是原来的那个样子,除了一点,那就是我心里老是空落落的。有一天上班的时候我突然问自己:我的梦想到底是什么?我思考了很长时间但还是找不到正确的答案,于是便放弃了这种自我拷问。很快,冬天来了,除了办公室,教室和咖啡馆我哪儿都不去了。

有一天我忽然怀念起上海的日子来,不自觉地笑了起来,心里满满的都是幸福。于是我如梦初醒,找到了那个属于我的答案:去上海生活!为了确认我的感觉,我买了去上海的往返机票,打算去那儿呆两个星期。回到自己很喜欢的城市,每天去逛街上海,再来以前来过的地方,这些让我觉得很幸福。在我回忆中,上海的生活就像是一幅永不褪色的图画。

第二次重回莫斯科以后我再也没有任何的犹豫和怀疑了,我要实现我的梦想!想要在上海生活下去,最好的办法就是去上海继续读书。于是我申请了中国政府奖学金,把所有的资料都寄给了同济大学。从那一天起,我就开始耐心地等待。

2013 年 3 月我去了广州出差,早上查看电子邮箱的时候看到了一封新邮件,是同济大学留学生办公室发来的,邮件上写着:"很抱歉,同济大学不授予奖学金。"虽然当时我很失望,但是一秒后我就对自己说:“不能这么轻易就放弃!”那天晚上我就买了广州到上海的机票,准备去同济大学做最后的努力。到了大学以后,一位老师给我解释了我为什么得不到奖学金,因为我提供的资料不完整。资料可以补寄,但最大的问题就是时间很可能已经来不及了,我只有一周的时间,可是从莫斯科寄到上海最快也需要两个星期左右。但是我还是坚持不放弃任何一丝希望,我请莫斯科的朋友把我需要的资料送去公证处翻译好,然后给我的父母。那一天我才明白什么叫“有缘分”,在最艰难的时刻,我几乎就要放弃的瞬间,有一个在莫斯科留学的中国朋友联系到我,告诉我他第二天要飞去北京!两个小时以后我的中国朋友就拿到了已经翻成英语的资料,与此同时我立刻买好了上海到北京的火车票。两天之后我再次来到了同济大学的办公室,但是那时候我已经没有了失望,沮丧和焦虑,而是充满了希望和自信,这次我一定会实现我的梦想!

还记得那天早上我在奖学金名单里看到了自己的名字,这就意味着我终于得到了奖学金,终于实现了自己的梦想!通过这件事我明白了:即使一开始你失败了,你可能会感到失望,但是千万不要放弃你自己想做的事,一定要坚持到底。在你准备放弃的瞬间,可能就会出现一个扭转乾坤的机会,抓住它,再努把力,你就可能实现你的梦想!

中国，爱上你了

LE VAN HUYEN(越南)

(1) 留学

2018 年从大学毕业，做梦也没想到我会来中国留学。中国是我们的邻国，虽然不能说很远，但来中国仍然是我从都没有想过。

第一次离开越南，然后去了美丽的城市——上海，我以前只通过电视电影知道这城市。脑子只有一种感觉很兴奋。

时间过得很快，8 月 31 日在机场时，有爸爸妈妈和闺蜜。妈妈的眼泪我永远不会忘记。

飞机起飞的那一刻，我知道，未来的新门为我打开了。越南，再见……

(2) 中国，你好

4 小时后，飞机降落在浦东，朋友接我到学校。

上海比我想象的还要大几倍。坐在地铁上，周围人们讲另一种语言，我的心沉没了……乡愁，感到失落……但是很快所有失落的情绪停止并消除了。花了很多精力才有机会来到这里。我一直有一种想法就是“Huyen，加油”。

回到学校，在朋友的帮助下，我住在了同济大学一个美丽的宿舍。第二天，我凌晨 5 点起床，看着窗外，房间里只有我一个人，突然我像个孩子一样，哭了很久。不知道从今天开始生活会过的怎么样？

“每一个人都有一段苦逼的时光。或许是因为一份学业，一份工作，一段爱情，离开了爸爸妈妈，去了一座别的城市。当你倦了厌了时，想想你的父母正在为你打拼，这就是你必须坚强的理由。”

(3) 新生活

我很快完成了所有程序,并开始了我的第一学期。

结识很多新朋友。他们来自不同的国家,我们一起学习,一起玩耍,一起探索中国,并分享我们国家的特殊故事。我第一次感觉到如此广阔。从朋友们学到了很多有趣的东西。

给我留下深刻印象的是学校的老师们。没错,为什么会有这么又可爱又有爱心的老师啊。我仍然记得老师教给我们的歌曲《朋友》和《甜蜜蜜》,还记得陈老师为我们做的饺子。是的,我第一次感觉学校就像家里。

(4) 我心中的中国

对我来说,这个学期是我最想保留的美丽的青春记忆。它很特别,因为它是"第一次"的最好记忆。

第一次,坐在地铁上,看到了一个美丽、发达和文明的中国。

第一次,我感到来自不同国家的人们的爱与关怀。这是无法描述的温暖,来自热情帮助我们的银行员工、老师、可爱的新朋友。我很想家心,她从厦门送给我一件超乎寻常的礼物,当我收到礼物时,我感动得哭了。

第一次认识如此美丽的中国。我曾在中国许多美丽的城市体验和旅行。实际上,每个城市都有自己的美丽和巨大的文化宝藏。我想念繁华的上海,霓虹闪烁的南京,古老平和的苏州,清晨的厦门……真的很有趣。

中国美食太好吃了吧。来中国六个月后就胖了20斤。无论走到哪里,都会被食物吸引。熬夜学习累了,别担心,因为你有"饿了么"。

我也很惊讶中国人非常喜欢动物。我随处都能看到小猫咪,因为人们的爱心把它们一只一只养的都很肥。让你们看看我们校园里的小猫咪。

2020年对我们来说确实是悲伤的一年。一年,我们放弃了许多计划。现在在越南,我每天期待都能回来。中国,爱你哟!

我在中国的求学之路

马哈迪(孟加拉)

我叫马哈迪,来自孟加拉国。我知道中国现在的发展非常迅速,是一个繁荣昌盛的国家。我对中国的历史文化很感兴趣,从小就立志能够来到中国念书,学习先进的科学文化知识,提升自己的个人素养。非常幸运,五年前,我被中国井冈山大学土木工程专业所录取,我开始了在中国的求学之路。

在井冈山大学,我系统的学习了关于土木工程的知识,包括结构力学、材料力学、理论力学等等,了解了许多中国大型的建筑工程在世界上都举世瞩目,例如港珠澳大桥、大型国际机场。中国近年来的发展是大家有目共睹的,我也为能够在这里学习知识而感到自豪。在本科学习期间,我认识了许多中国的朋友,他们都非常的友好和热情,当我遇到困难的时候,努力帮助我。我不太敢开口说中文,他们就鼓励我讲中文,我说得不好他们也不会嘲笑我,他们都太热心肠了。能够有这样一段的经历,我感到终生难忘。

2019 年,我被同济大学录取。在四平路校区,我学习了一年的语言预科班,经常去四平路的图书馆。这里有很多的图书,我在这里度过了快乐的一年。我非常喜欢中国的美食,比如烤冷面、火锅、烧烤等。我经常和我的同学一起去吃。我还非常喜欢中国的建筑,比如上海中心,它非常的高。在我的国家没有这么高的建筑,我为此感到震撼。总而言之,我非常喜欢中国。

2020 年,全球突发了疫情,导致我现在还滞留在我的国家,不能够跟老师面对面地上课交流,我感到非常的遗憾。我也非常想要能够回到校园念书,但是现在不允许留学生回中国。

现在我只能够在网上学习我的硕士课程。但是，我认识了一个中国朋友，他和我是同一个老师的学生。当我遇到困难的时候，他会帮助我，我非常感激他，他是一个非常好、非常热心的男孩。我相信，我能够和他成为最好的朋友。我希望在接下来的学习生活中，能够提升自己的专业文化知识，我想回到自己的国家，建设好自己的国家，不辜负中国的栽培。

最后，希望我能在这里建立美好的未来，并继续与所有方面建立良好的关系。我一直爱中国。中国在我心中。

学 在 中 国

恒天雨(柬埔寨)

中国是一个很美丽的国家,我很庆幸自己能有机到中国学习和生活。有一天正在开心地跟同学一起打球时接到了老师的电话,告诉我获得了中国政府奖学金,这让我感到非常高兴,因为出国留学是我高中毕业后一直追求的梦想。

通过学长和同学的推荐,我申请到了浙江大学的土木工程专业。但是按照奖学金规定,上大学前我得先去同济大学学一年中文。虽然汉语对于留学生来说很难学,但是在中国学习汉语有了学习环境的优势,我的中文水平进步得很快。因为无论跟老师还是同学我都用汉语来交流,当然刚学习只会几句简单的句子,不过天天积累起来,我的口语的提高很明显。在中国也体验了中国的春夏秋冬四个季节,炎热的夏天,寒冷的冬天,还有丰收的秋天,和百花齐放的春天,每一个季节都有不同的特点,比如,夏天可以到海边玩水,冬天可以打雪球、堆雪人,秋天有好吃的水果,春天大树长出了细嫩的叶子、长出了小花小草,每个季节也都有各自的不足,比如冬天很冷,夏天很热,秋天雨多,春天更是小雨绵绵。对于热带气候国家的留学生来说,刚来到中国很不适应这样多变花样的天气。一年看似很长实则一闪而过,这段时间学习终于有了成果,我通过了汉语水平考试和中国政府奖学金考试。放暑假前,国际教育学院安排我们去宁波旅游,跟同学玩得很开心,留下了美好的回忆。

完成了预科班任务,我就要开始大学生活了,在浙江大学读我的本科专业学位。浙江大学是一所历史悠久、声誉卓著的高等学府,坐落于中国历史文化名城、风景旅游胜地杭州。浙大充满了学习的气氛,校园环境优美,是个充满可能、机遇和挑战的地方;优秀的人才和老师数不胜数,真的很荣幸能成为浙大的一员。留学生们来自世界各地，让我有很好的机会与多个国家的人交流相处。老师们也非常热情温柔，遇到困难的时候都会积极帮助。让我留下最美好的回忆是建工学院排球队的学长学姐和学弟学妹，同学们都很努力练球、打比赛，还拿到了冠军。每周末我们约打球、一起吃饭，玩儿得非常开心，不仅对身体好还很有效缓解学习的压力。经过四年的努力、考试周的熬夜、忙忙碌碌地完成毕业论文，终于毕业了。在最后一个学期的编写论文阶段，我要感谢我的毕业导师肖南老师。在疫情防控期间，老师在百忙之中一直帮助，鼓励和指导，我才能如此顺利毕业。

2020 年是特殊的一年，新冠肺炎疫情牵动着全球人类的心。中国现今疫情已经得到了控制，我很感谢能活在如此强大的国家。疫情的突如其来和迅猛扩展，对中国的各个方面都带来了巨大的挑战。国家都出台了许多有效的措施，使得中国教育仍然有条不紊地运行着。为了避免疫情加重，只能让大学生在家上网课。说到网课，没有疫情之前我上大学很少上网课。我印象最深刻的网课，是太极初级班。大家一起看直播跟着老师学打太极拳，我记得当时有三千多同学同时在网上一起练，最后还拍了打太极拳视频作为考试。在疫情比较严重的阶段，学校不让我们出校园，还好几个月的时间里有同学的陪伴、一起打球、学习和写毕业论文。随着疫情的逐步得到控制，学习允许我们可以刷卡出校园，但是不能离开城市也不能在学校外过夜，日常在食堂、出门、进图书馆都要佩戴口罩。

虽然疫情还没结束，但是生活和学习还是要继续。在疫情防控期间，我申请了同济大学结构工程专业硕士研究生，而且有幸获得了上海政府奖学金。因为疫情在中国基本上都控制得很好了，所以同济大学通知学生返校和报到注册。更好的消息是返校和报到后，在校的同学可以参加线下在教室上课了。听到这个消息之后，我决定了寒假先不回家，而留在中国一段时间，等到开学去报到注册，重回同济大学校园，回到我与中国的故事的起点，并继续上演前往为了故事。

从汽车梦开始

帕斯卡(津巴布韦)

如果有人告诉还在读高中的我,未来我将住在中国,那我可能会嘲笑那个人,因为这听起来像是在做梦。对我来说,中国是一个神秘的地方,除了长城,汉字和古老的功夫电影外,在我的故乡,关于中国的信息不多。

在我高中之后,我开始想在大学学习汽车设计专业。当时这听起来有些牵强,因为在津巴布韦这个国家汽车还没普及,但是由于我的热情,我不得不接受这样一个事实,我很想去别处去深造。如去一所美国或欧洲的设计学校。但是当我母亲和朋友一起去中国度假时,这一想法发生了变化。她对中国印象深刻,建议我考虑去中国学习。我很好奇,我想了解更多关于中国的信息,我在网上查询时发现,津巴布韦大学的孔子学院离我住的地方很近。参观孔子学院后,我遇到了很多中国教授,他们指导了我,当我向他们介绍了我渴望成为一名汽车设计师的梦想后,教授们告诉我,来自同济大学的设计学院是整个中国最好的设计课程之一。这就是我的中国之旅开始的时候。

不久之后,我就被同济大学录取,并开始了我的汽车设计之旅。在开始学习专业之前,我需要完成一年的中文基础课程,因为该专业以中文提供。在这段时间里,我将其称为发现的时间,因为我了解了中文以及其中的一些文化。我睁开了眼睛,我放开了许多关于中国的先入为主的想法,并开始欣赏这个国家。

在这段时期之后,我开始了我的专业,我意识到自己是该专业中唯一的国际学生。在我的大学期间,这是一个很难的时期,起初是困难的,因为我的中文水平无法与我的同学相提并论,而且我的思维方式也有所不同,这使我非常没有安全感,但是我的热情使我继续前进。我认识到的另一个问题是,我很少能和同伴见面,由于时间紧张,而且由于我们身处不同的校园而彼此分开,这使我感到有点孤独。随着时间的流逝,我开始与同学们建立更好的关系,这给了我新的视角,因为我逐渐了解了汉语,并且对文化有了更深的了解,与此同时,我的同学们也开始了解我,也开始欣赏津巴布韦的文化。这使学习变得很愉快。

中国为我打开了新的门户,但很多我还没有意识到。我很荣幸能获得在中国学习的机会,因为这是一次很棒的学习经历。而我从中国学到的东西,我想将其应用到我的祖国。

我改变了对中国的看法

郑有嗯(韩国)

中国人和韩国人虽然长相相似,但与韩国有不同的想法和生活方式。我在上大学前几乎没有和中国人交流的机会。我经常去海外旅行,虽然去了 10 次日本,但是中国一次都没有去过。在韩国,去大部分国家旅行不需要签证,但去中国需要,这成了选择去中国的障碍。

上大学后,在韩国读书的留学生中,最多的是中国学生。和我同年级也有 4 个同学入学。留学生都是一个学期很晚才入学的,而且大部分的韩语都很生涩,所以中国同学们与韩国同学不太交流了,都是中国人之间互相来往。后来和一个中国同学一起做小组课题时,那个同学不仅韩语不流利,而且英语也不流利。在第一次小组讨论后,由于没有参加小组讨论,也再没有了联系,最终只能在没有同学的情况下进行课题。我所看过的中国同学们没有认真参加授课、作业或发表。这一连串的事使让我对中国人有了不好看法。感到不舒服,而且感觉到了隔阂。

但在大学最后一年级的时候,偶然的机会来了同济大学做交换学生。在大学生活期间内,对于渴望成为交换学生的我来说,这是最后一次机会,虽然那里是我不那么期待的中国,但我不想错过这次机会。作为交换学生去的上海是我对中国的第一次体验,这种经历不仅改变了我对中国的想法,也使我的未来发生了翻天覆地的变化。

中国比我想象的要大得多。富丽堂皇的建筑和宽阔的街道,让无数人领悟到了中国的现代化。另一个令人惊讶的是我对中国人的偏见。在第一学期的留学生生活中,大大小小地出了很多问题,每次这些问题都是中国朋友帮助下才得以解决的。

甚至在我寻求帮助之前，中国同学们会先问是否需要帮助，在韩国也很难看到。因为我的中文不好，所以只能用英语对话，但是朋友们都很乐意靠近我。

我渐渐地被中国和中国人所吸引，在交换学生生活结束的时候，因为想多待在这里而感到不舍，再加上同济大学很好，所以决定报考硕士。一直觉得难学的中文现在成了我想学、听起来好听的语言，语言沟通不方便的中国人成了我的朋友。虽然现在因为新冠病毒我被困在韩国境内，但我想在中国度过硕士生活，学习中国的语言，体验并理解中国的文化。硕士结束后想在中国工作。短暂的交换学生的时间成了我人生的转折点，引导我走上意想不到的新路。我每天都在想，以后会对我越来越重要的中国，希望我能尽快回去。我想上海！

我的汉语学习之路

林　铭（西班牙）

我叫林铭，是同济大学一名汉语硕士新生，我很高兴能有机会到中国学习。

长期以来，中西两国一直保持着互帮互助的友好关系，中西经济发展，文化艺术之间的互帮与互助交流与发展趋势迅速。为了更好地训练自己，开阔眼界，我希望能到中国学习。我的父母都是中国人。他们都同意我来中国学习。

中国是一个有着五千年历史的国家。在中国学习汉语的多年基础上，我深深地爱上了这种语言，也热爱着这个国家。在书中，我看到了雄伟的中国长城，听到了奔腾不息的黄河，并体会到了中国人民的艰苦奋斗，英勇与智慧。众所周知，我不仅仅满足于文字带给我的视觉盛宴，而且我也希望与这个历史悠久，充满青春活力的国家拥抱，学习和体验那里真正的原土文化和艺术。

在过去的几年中，我为自己的学习制定了详细的学习计划。首先，我们必须养成良好的阅读习惯。积极锻炼克服困难，不怕失败，不屈不挠的精神实质，无论遇到什么困难和挫折，都必须达到要求的总体目标。学中文是一件快乐的事，但也是一件困难的事。中文有很多汉字和很多笔画，很容易混淆。汉语中有古文和古诗，都是学习和训练上的难题。但是要解决这种困难，我不想选择放弃。尽管困难重重，我只想继续挑战自我，提高自我并充实自己。

其次，必须确保合理的时间安排，加倍努力，做到“全面，高效，合理”。过去的几年对于某些人来说可能是一段很长的时间，但是一方面，如果你想学习精通中文并真正了解中国，那么仅仅几年时间是不够，因此必须充分利用好时间，才能学习到更多的专业和知识。除了按时执行大学要求的学习任务外，还应灵活利用业余时间。

去到被学习语言的国家，应该暂时忘记自己的母语，把自己置身其中。对我来说，送气音、前鼻音后鼻音、语气词的语调以及语法问题都是学习的难点。因此，必须结交来自中国的朋友，说更多中文，并继续改善我们的口语水平和写作能力。同时，度假旅行也是提高汉语水平的好方法。在空闲的时间里，可以约上几个朋友，参观中国的风景名胜，山川河流。在欣赏美丽风景的同时，还可以更好地了解中国的历史，文化和艺术，中国古代名人的著名文章。

总而言之，学习是一条很长的路。在学习汉语的道路上，我还有很长的路要走，要去克服很多困难，但是我对自己充满信心，并且相信我可以学好汉语。我期待着将来在中西之间的基础设施建设上投入自己的精力，以造福中华民族和养育我的父母。

我在中国学习生活的体验

迪克莎(尼泊尔)

尼泊尔和中国的关系有着悠久的历史,尼泊尔人民与中国西藏人民在语言、文化、婚姻和民族等方面都有着密切的联系。但我的中国之旅始于我获得中国政府的奖学金。当我收到这个消息时,我很高兴,一开始我简直不敢相信。我于 2019 年 8 月 26 日抵达上海。

我最担心的是除了“你好”以外,我完全不懂中文。但当我到达上海机场时,我印象深刻。机场工作人员的英语讲得很好,展板也是用英语写的。它很容易导航。尽管上海是世界著名的繁忙城市之一,但交通十分便利。我乘地铁到了大学。一到同济大学的大门,我感到无比自豪。这所大学又大又漂亮。宿舍楼的大四学生在帮我做宿舍登记,并带我参观了校园。校园不仅很大,而且规划得很好。令我印象深刻的是,这所大学不仅注重学生的学术方面,而且注重课外活动。大学校园内设有网球场、篮球场、体育馆、足球场等,并有许多户外场所供学生学习或与朋友共度时光。这所大学的图书馆很宽敞,设备齐全。

第二天我去了外滩。我惊讶于上海建筑的独特组合,黄浦江的西边是欧式建筑,东边是上海的标志性建筑东方明珠。在城市里转来转去,我的第一印象是这座城市和许多大城市不一样,非常干净。尽管人口稠密,但交通非常便利,地铁和出租车的旅游应用程序使外国人在城市里旅行非常方便。微信支付(WeChatpay)和支付宝(Alipay)消除了现金或信用卡的必要性,让生活更轻松。

大学开学后,我很高兴找到了专业的教师和勤奋的同学们。我的老师把学习汉语变得很有趣,总是尝试许多非传统的方法来让我们学得更好。此外,语言学校还安排了许多郊游活动,向外国学生介绍中国文化和生活方式。

有一次去无锡是我最难忘的一次。无锡以泥塑艺术闻名。我们学校安排我们参加泥塑制作,这很有趣,博物馆里收藏了很多旧泥塑。此外,无锡是一个美丽的旅游胜地,有许多古老的古建筑和美丽的植物园。

但到了 2020 年,世界被新冠肺炎疫情席卷,许多事情对许多人来说发生了变化。许多人被感染,经济衰退。但我对中国在很短的时间内完全控制了局势,印象极为深刻。学校采取了全面的预防措施,保持了距离和食堂的卫生。学校宿舍也加强了防范措施,学生们得到了防疫包。即使呆在上海的新冠肺炎疫情大流行期间,我也感到非常安全。老师很照顾学生,甚至开始上网络课,所以学习没有受到影响。在管制期间,我还看了很多中国电影和戏剧。我现在成了半个小说历史古装剧的粉丝。

今年我开始了我的硕士课程。学习很辛苦,时间安排得很满。但经验丰富的教师和乐于助人的中国同学给了我很多帮助。

唯一令我感到不太习惯的是我想念家,想念家里的食物。我也很想念我的语言学校的朋友,等待边境开放,我就可以再次见到他们。我希望他们很快能来,这样我们就可以一起去中国各地旅行和探索了。我想去中国更多的古城旅游,了解中国丰富的文化遗产。去年我没有一个中国朋友,但今年我交了几个中国朋友,所以我希望提高我的语言水平,了解更多中国人的生活方式。希望我能不断学习新事物,希望到今年年底我的汉语水平有所提高,这样就能和我的中国朋友们分享我的文化和生活方式,并相互学习了。

我在中国读书的日子

阿敏多(莫桑比克)

我从小学时就希望能有机会出国留学,说实话没想到能有机会来中国上大学。我和中国的故事是从很久前开始的,我和中国文化的关系也是从很久前开始的,我从小就喜欢看中国电影,特别是成龙的。虽然我在中国的时间还不长,但是我已经习惯了这儿的一切,与其他人相比,我很快适应了,比如说,用筷子吃饭,很多留学生到中国以后开始学习如何使用筷子吃饭,但是我是从到中国的前一年就开始的。

我还记得在我的国家时,来中国以前我和一些同胞一起去中国大使馆跟中国大使一起吃饭,吃饭时大家都钦佩地对我说:“哦,你会筷子? 去过中国吗?”我笑着回复:“我自己刚学习如何用筷子。”

去年六月份,从我的国家到中国要经过埃塞俄比亚,所以我的旅行是从我国首都马普托到埃塞俄比亚,然后从埃塞俄比亚到中国上海。

在这一天晚上,我的航班在上海浦东国际机场降落了,我下了飞机以后,在机场外面,就有了从来没有过的感觉,一切又奇怪又不同,而且又好看又漂亮,用眼睛都不够看。最终多亏了我的一些同胞,我到了同济大学。

我从来没想到能找到这么漂亮的楼,这么漂亮的房间,同济大学四平路校园很美丽,里面种着各种树,风景非常漂亮,特别春天时,所有树都像是会开花。

我的老师,我朝夕相处的同班同学,他们照顾了我很多,如果没有他们,我无法成为现在的我,他们给我了无数的帮助。我的老师发挥了重要作用,我非常感谢她。

疫情造成了很多伤害,引起了全世界的关注。这件事情对我来说真的不好,因为很多外国的同学不能回来中国,回来学校,所以为了他们,我们就上网课,上网课学语言真的很难，在教室很难，网上更难，因为学生身边没有老师。

我通过了中国政府奖学金结业考试，所以中国政府给了我机会在同济大学继续学习，同班同学们也是一样的，大家都高高兴兴地去自己的大学学习了。

现在我在学习我的专业临床医学，我跟新的同班同学们一起学习，现在的同学们都是中国人，跟以前的不一样的，跟这些优秀的同学们一起努力，我感觉特别光荣和幸福，我希望我们都能一起毕业。

第一次踏上中国

艾　默（尼日利亚）

每个人的生活都是自己独特的决定，有时这个决定会改变人们的生活，尤其是必须离开家人朋友和亲人到另一个国家开始新生活。对我来说，到中国我并不感到害怕，因为中国是我一直向往的。

中国是地球上最有趣的国家之一。按面积排，中国是世界第三大国家，人口最多。中国文明是地球上历史最悠久的文明之一，文化独特而迷人。中国以创纪录的速度发展成为世界第二大经济体。此外，中国拥有数不胜数的景点供游客探索。

我的中国之旅始于 2019 年 9 月 1 日，在此之前，中国政府赋予我特权，可以使用奖学金在同济大学学习海洋科学。我很高兴收到这个消息，因为那是我不想错过的机会。尽管我很兴奋，因为来中国不容易，但我还是有点紧张，也有离开家乡的焦虑。最后我还是上飞机了。

我于 2019 年 9 月 1 日抵达中国，正值午夜，天气非常温暖，我立即用手机拍了第一张照片向家人证明我已经安全抵达了。那天晚上我去了学校校园，但是我太累了，什么都不做，每个地方都很安静，我到了宿舍的房间里，没有睡着只是清醒地等待着早晨的到来，因为我太激动了，完全无法入睡。

第二天，我遇到了第一个文化挑战，我听不懂中文，或者说中文，我在那一刻感到孤独，似乎每个人都在讲中文，我开始想念家乡。我在接下来一个星期就上了课，但情况似乎更糟了，老师们讲中文，我很害怕，因为我开始觉得自己无法像我想的那样生活或享受中国。我很难适应新家园的新生活。我在一家中餐厅吃午餐，然后遇到了另一个文化挑战——“筷子的使用”。当我拿起托盘并端起厨师准备好的面条后,我就像雪人一样坐在那里。我是尼日利亚人,当时不知道如何使用筷子。我用过很多餐具,今天却被要求用两根“棍子”吃东西,我问自己这怎么可能。另外,我开始对吃米饭感到厌倦,因为我发现大多数时候大多数餐点总是和米饭或面条一起吃。我决定尝试其他种类的餐点,我必须说这些餐点一点也不差。我喜欢饺子,于是每天早上在宿舍旁边的食堂吃早餐。

我开始习惯生活赋予我的新体验。我决定以勇气和力量面对它,并为新的生活敞开心扉。我开始在课堂上和课外结识新朋友,也开始学习如何与室友、同学和老师讲中文。我下载了在线应用程序,可以帮助我下课后学习汉语。我开始喜欢中餐。我可以在校园里打开方向,尤其是在迷路了几次之后。现在,我可以独自一人去市场,为买的东西讨价还价,然后回到旅馆,那是一次很棒的经历,这里开始让我感到有家的感觉。

我学会了如何独立,如何负责和坚持不懈。例如,我发现我可以在没有父母的情况下做很多事情,并且可以做出自己的人生决定。尽管一开始很难,但它对我的独立带来了很大的帮助。我不仅了解独立,而且在中国找到了自己的梦想。我发现我也可以向中国人介绍我的国家,所以我决定将来争取当外交官,代表国家与其他国家讨论事务。由于我为自己的生活设定了目标,并且实现了梦想,因此我努力工作以取得良好的成绩。

上海的大街上有很多自行车,以便人们在不想走路时可以使用它们。上海的风景令人叹为观止,这是与世界其他地区不同。我仿佛对未来充满了敬畏之情。

在中国旅行和学习绝对是我一生中最美好的经历,我在这个伟大民族的身上我学到了很多,而且我也了解了自己。尼日利亚永远是我的家,但中国为我提供力量,温暖,满满的目标感和幸福感。

我的中国故事

布尔科夫叶甫根尼(俄罗斯)

今天我给大家讲一个我和中国的故事。2015年高中毕业后不知不觉就到了对于我来说特别重要的一段时间,因为我要选择走向未来的路。虽然我高中所有课的成绩都不错,但是我还是没有想好我究竟大学要读什么专业,将来想做什么。我所有认识的同学已经选好了专业,也已经做好了准备,办好了手续,只有我一个人跟他们不一样,因此这件事让我有很大的压力,以至于当时我一直有着消极的情绪。我父母也不知道到底应该怎么办,怎么做才让我不担心,怎么让我选择我想读的专业。我和父母都明白随随便便的选择不是解决这困难情况的出路,因为那样的话,未来只会更加麻烦。

我记得有一天一个好朋友突然给我打电话,给我讲了一件事,原来她在中国学习汉语。我当时很惊讶,心想:在中国学习吗?多么了不起!怎么可能跑到亚洲学习呢?一下子就对这件事感到十分好奇,因此我当时多问她了几句。朋友给我描述了她在中国的生活,学习的过程,中国人的文化等。这使我开始很想去中国读书。不过我同时也是没有信心的,因为我知道去国外学习的话,我父母会付很多钱,对他们来说这也是一种负担。并且当时我觉得中文是世界上最难学会的语言之一,即使我一直都很努力学习,也不一定能掌握这种语言。但是我的父亲觉得学习中文是一件非常有价值的事。父亲给我解释:学习中文是很有发展前途的,而且中国文化很有意思,你可以在学习外语的同时享受国外文化。看到父亲眼睛的时候我明白他已经决定让我去中国读书。

记得那天我将要离开我的家乡,当时心里充满了担心和犹豫,但同时也有着对中国的憧憬。我的那位好朋友已经在那边的机场接机了。我看见了我的老朋友，她也看见我，我们互相拥抱后就打车去看我要读的大学。就这样我到了中国。后来到了我要开学的那一天，我一进去我的教室就发现里面有很多陌生人，而且都是来自不同国家的人。我当时不知道该怎么跟他们交流，感觉十分慌张。但是慢慢地我们都成了好朋友，一起开始学习世界上最难的语言。开始的时候我觉得学习中文特别难，我虽然一直都很努力，但是我的汉语水平没有明显的提高。我绝不气馁，每天都坚持上课，一直在努力学习中文，因此我多次获得了学院满勤奖。不到一年的时间我就开始参加各种各样的比赛。我在大学还认识了很多新的朋友，他们一直在支持我，而且我们班同学都很友好，关系也十分融洽。每一次我参加比赛获得好名次的时候，他们都会称赞我。对我来说同学们的称赞也是我不断进步的动力之一，所以我非常感谢我的同学们对我的鼓励，随着汉语水平的提高，特别是学习古代汉语及古代文学课后，我开始越来越多地接触中国古代诗词，也越来越喜欢这些诗词。

四年的时间让我完全习惯了中国的生活，习惯了中国人的为人处事，习惯了中国饮食。不过快乐的时光总是过得很快，我充实美好的大学生活很快就结束了。本科阶段给我留下了很深刻的印象。我很感谢各位老师对我的栽培。在我学习中文的艰难路途中我认识了很多好朋友，也积累了丰富的知识。汉语是世界上历史最悠久的语言之一，也是世界上表达最丰富、学起来最难的语言之一。我学习汉语已经将近五年了，但是我还是觉得五年的时间对我来说是不够的，因此我还想继续学习中国文化，还想多了解当地的人。幸好我获得了上海市政府奖学金，因此有机会让我在同济大学读硕士研究生，这也说明我学习中文的路途还没有结束！这就是我还没有完成的中国故事，希望我和我的朋友都能与中国的关系越结越深，这样的话我们将来可以写出来一个更有意思的“中国故事”。

我与同济大学

艾　达(乍得)

进入同济大学学习是我一生中最快乐的时刻之一。在收到一封祝贺我被录取到中国学习的邮件的几周后,我的录取通知书到了,我马上开始做去中国的准备。我于 2019 年 9 月 3 日到达中国。我来的前几天,已经有一个室友到了。我从机场登上出租车,她带我去学校,在四平路入住了我的旅馆。

她迅速帮助我妥善安置,她有一颗美丽的心,从那时起我们就一直是好朋友。午餐时间,她带我去了餐厅,向我介绍了班上和旅馆里的其他朋友。我们拿到食物,来到桌子,大家都坐下来吃食物。我以前从没用过筷子吃东西,所以那天和几天后的进餐对我来说是非常艰难的,但是我必须学会学习正确使用筷子的方法。午餐后,我们去散步,其他女孩向我展示了学校及其周围的环境。我被带到综合大楼,在那里进行了注册,还去了运动场、学校中不同的食堂以及其他一些地方。在回房间的路上,我们买了一些零食,所以那天晚上不必去吃晚饭。

第二天是开学日,我们要在早上 8 点之前到教室。我已经错过了两节课,所以我得赶快去报名。登记后,我被分配到了 A 班。那天的课程已经开始,所以我赶紧去课堂。在课堂上,我完全迷失了,因为我落下了一些课程,所以我必须努力学习才能跟上。第二周,我在课堂上的表现就已经很不错了,老师对此印象深刻。我结识了班上的朋友,我们开始一起学习和做作业。我结交了几个来自世界各国的朋友,我感到非常兴奋。我们经常一起去吃饭,逛公园,甚至散步,这实在令我兴奋。

过了几个星期,10 月 1 日是中国的国庆节,整个上海熙熙攘攘,来自中国其他地区的游客络绎不绝。假期持续了大约 7 天,所以整个星期都没有上课。第一天,我和我的朋友们参观了外滩，在那里我们遇到了许多来度假的外国人，我们与其中的一些人聊了一会儿，然后我们都走到了大楼的顶端，拍了很多照片，还结识了几个朋友。作为非洲人，很多中国人很高兴见到我，并想要与我合影。我们参观了其他一些地方，包括游乐园，拉巴马餐厅，中餐馆，清真食堂，还有很多食物和饮料，包括比萨饼和冰淇淋。假期逐渐结束，开始上课。我觉得我有最好的老师，因为他们对工作非常投入，使我热爱汉语。我每天都有作业，要保证完成作业并在第二天提交，这使我为我的老师们的辛勤工作倍感敬意。我们被教育如何在超市或火车站等地方使用中文与人交流。当我尝试使用该语言时，以汉语为母语的人总是会留下深刻的印象，从而会周到地照顾我。

我养成了每天早上上课的习惯，然后去吃午餐，再到图书馆学习和做作业。晚上，我和我的室友经常在学校运动场上散步或参加一些运动。每个星期二，我去练习太极拳，我很喜欢这种活动。在周末，我喜欢去沃尔玛购物，并添置一周的用品，以及去公园与朋友们一起放松身心。我还会去我最喜欢的五角场中餐厅吃一些非常辛辣的中餐。

随着时间的流逝，冬天的临近，天气变得凉爽。我热爱秋天，因为它既不太冷也不热，所以很舒服。但对我来说，进入冬天并不是一件容易的事，因为我没有在非洲经历过如此寒冷的天气。我几次生病了，我不得不重新调整并努力使自己保持健康。我买了很多保暖的衣服，这对我有很大的帮助。我也会经常喝茶或咖啡，每当遇到寒冷的天气时，这都会使我保持温暖。

11 月和 12 月下旬，国际文化交流学院和我所在的海洋科学学院为学生组织了一次旅行。大家去了无锡，然后去了一个橘子农场。我们一起玩了很多游戏，吃了很多食物。参观结束后，所有的学生都很兴奋。后来还为海外学生组织了交流计划，我被选中参加，去了厦门大学，在那儿学到了很多东西。我还与其他学校的学生交了朋友，我们很开心，在课程和学习结束之后，我们回到了上海。那年 12 月下旬，我们参加了考试，学期结束了。

由于新冠肺炎疫情大流行，我不得不回到自己的国家，尽管之前仅在中国停留了五个月，但我会说中国确实是每个外国人都应该访问的美丽国家。有许多美丽的城市可供参观，许多美食，还有娱乐中心，等等。在中国众多的食物中，应该说我最喜欢中国茶。我通常会购买很多不同种类的茶叶，每天都喝。回到祖国时，我已经喜欢上茶叶了。在我的国家购买中国茶非常昂贵，所以我只能少喝了。总的来说，单凭想念中国茶，我就非常希望能尽快回到中国。我也想念我的朋友和老师，希望他们保重自己，因为我相信我们很快就会再次见面。就像我之前说的，我爱中国，在中国学习并不后悔。真的很高兴成为中国同济大学的学生。

我是一条游弋在上海的鱼

陈慧玉(柬埔寨)

不知不觉来到中国已经2年,来中国留学是我儿时梦寐以求的梦想,如今已实现。上海这座城市乍一看觉得是很摩登,一段时间后当自己真正融入,真正感受到它魅力所在之处后,你会觉得它是座充满魔力的城市。

刚来中国的时候,我升腾起一种既熟悉又陌生的感觉。熟悉是因为自己身上也流淌着一半中国的血统,加上多年来我对汉语已经产生了密不可分的情感;感到陌生是因为从来没有到过上海这座城市,初来乍到。上海的食品我还是挺喜欢的,在柬埔寨的时候都已经很喜欢中国菜的,家里家人有时也会做中国菜,饮食方面还是挺习惯的。中国春,夏,秋,冬四季分明,而柬埔寨只有雨季和旱季。我最喜欢的是秋天,不热不冷,就像柬埔寨的夜晚吹着微微的凉风,上海秋天过后就是冬天,天气非常冷,也见到了在电视一直看到的雪,很开心!

在陌生的环境和城市的快节奏一时之间竟使我有些无所适从。依稀记得新学期开始后的前几个月,我深深地被同济这所名校的学习风气所震撼。课堂上同学们会互相讨论交流,遇到难题时也会积极地提出自己的看法。课后的图书馆和自习教室里更总是坐满了埋头苦读的学生。而他们对知识的追求以及对成功的渴望是我从来没见识与体会过的。在这样的环境下,我的求学欲望渐渐地被激发出来,最终让我在2017年荣获校长奖学金二等奖,得到校方的肯定,对我来说这是一次意义非凡的奖项,因为它给予我不只是一张证书,而是来自学校的一份鼓励,并且让我在未来留学的日子里更加自信。除了学业上带给我的冲击,这里多元化的环境让我有更多机会与不同国家的学生交流,并从中学习他们文化中独有的特质。例如,中国同学们的刻苦、中亚同学们的自信，日本人对于完美的执着以及非洲朋友们的开朗。

在中国求学的两年中，我深刻地体会到出国留学不只是追求学术上的提升而已，更关键的是学会如何独立生活。而要能独立生活，时间管理是一项不可或缺的技能。在出国念书之前，生活中的衣食住行总是由身旁的家人替我操心。来到中国之后，我才意识到自己往往会分不清楚事情的轻重缓急，从而让大部分的精力在无形之中被许多琐碎的事务消磨殆尽。因此，我在过去的两年里学会了有效地管理时间，让自己在繁忙的生活中获得平衡。除此之外，我也开始体悟到“施比受更有福”这句话的意义。在柬埔寨时，我总是很自我，一切唯我独尊。然而来到中国之后，我发现懂得付出会使自己在精神上获得莫大的满足和快乐。因此，我常利用课余的时间给同学辅导功课，做饭时也会与其他人一起分享、同乐。我认为这些成长才是我来中国留学中最值得分享的故事。

感谢这座城市，也感谢在我生命中出现的你们，不管是人是事还是物都绝非偶然，这些组成了我生命最精彩的华章。

同济不只是教授我学习新知识，更给予我许多机会参加校内外的各种活动。今年五月中旬的时候，我有幸参加了一个名为“寻根之旅”的夏令营。所谓的寻根就是了解自己的发源地，让自己了解更多关于祖籍国的发展历程。观看纪录片的时候，我的脑海中一下子就浮现了柬埔寨红色高棉时代的画面。一刹那间，我似乎能体会到中国人民在历史上所经历的苦难。历经沧桑的中华民族，给我们留下了博大精深的民族文化。我觉得中国五千年的文化中最独特的便是对于天、地、人的认知。一个看似十分简单易懂的阴阳，却蕴含着古人对大自然运行规律的总结。世间上的万物因为有阴阳两气互相地调和，才能够保证生生不息。人也应当根据太极的道理，学会在生活中找寻平衡点，如此一来才能做到《周易》中所说：天行健，君子以自强不息。

自从来到上海之后，上海的科技和独有的历史都让我眼前一亮。无论是中国“新四大发明”，还是古代所留下的文化遗迹，无不让世人惊叹。在过去的留学日子里，我经历了巨大的“蝶变”。我在学业上有更亮丽的表现，对人生也有更深沉的体会。如今我再过两年就要毕业了。我希望在今后的日子里，我能把自己所学贡献于祖国与祖籍国，促进两国之间的繁荣，为中柬友谊添增一座更加牢固的桥。衷心期盼我这美好的理想能够实现！

在中国的日子很开心，也很难忘，感谢同济大学给我了我留学的机会！

感恩同济

潘成功(柬埔寨)

国家有梦,民族有梦,每个人都有自己的梦。有梦想的人才会有更多的机会达到目的。我从小就有一个梦想,到中国留学,到中国学习浩如烟海的汉语知识,体验丰富多彩的中国文化。

我的梦想终于实现了。我来到了中国,来到了同济大学留学。同济大学给我留下很深的印象。我走进校门的第一天,就觉得像做梦一样,我的心里有种说不出的感觉。同济大学在我眼中是一所完美的大学,它的环境特别优美。过完这个春天,我就在中国度过了完整的四季了。在同济有一条樱花大道,两旁种满了樱花。春天一到樱花开得非常漂亮,我从来都没见过这么漂亮的风景。说实话,虽然我在同济大半年了,但是还有很多地方没仔细欣赏过,因为这所大学比柬埔寨的大学校园大好几倍呢!所以一有空我就跟我的同班同学在校园里到处走走看看。

我在同济大学学到了不少的知识。学校每年都有很多的活动,每次活动我都积极地报名参加。有一天我的朋友直接问我说"你每次都参加活动,不觉得累吗?"我笑着说:"不累,能有机会参加我觉得开心得不得了!"因为我认为这些活动会给我带来很多好处,中国有句俗话说得好——"书到用时方恨少,事非经过不知难"。到了要用时才嫌自己读的书太少,有些事情如果不是亲身经历,就不知道有多难。我所参加的这些活动和比赛总是带给我意想不到的收获。

上个月我参加了一个华裔留学生夏令营,在这个活动中,我们去了不少之前没去过的地方,看了之前没见过的新鲜事物,真的让我大开眼界。活动中他们准备了很多菜真的好吃,说到吃,我就想到在同济大学的每个食堂也有各式各样的菜,它们给我幸福的感觉。来中国之前我很瘦,现在的我比以前重了3公斤,看起来精神多了。看来上海人说的"吃在同济"还真有道理,至少我是深有感触的!

最后我想说的是能到同济大学学习,是我一生中最幸福的时光。四年看起来很久,其实一转眼就过去了。所以我要不断努力,经常提醒自己要好好地珍惜每一分每一秒。同济大学有很大的图书馆,里面有很多书,我每周末经常到那里看书,我喜欢去第十层读书,因为那里有很舒服的椅子,还有那里的书都跟我的专业有关系。你花在学习上的时间越多,你对自身的投资就越多,你自身的价值就越高。

最后我非常感谢同济大学的老师,能给我这个机会表达自己对同济的情意,其实我有很多说不完的话,自从我到同济学习,我的记忆里就记录下了很多美好的时光。希望将来的我能有机会回报学校传授知识的恩德!

我最难忘的同济故事

卡　纳（厄瓜多尔）

每个留学生的经历都不一样，对我来说感觉有三类留学生。第一类留学生，一下子适应了新的环境。第二类需要一两个月去习惯。第三种需要至少小半年才能适应，而我就是第三种。可是我很感谢同济，因为同济帮我把困难一一克服了。

来上海以前我不太重视到底去哪所大学，我只知道同济是中国最好的大学之一，到了以后我才发现了同济除了有高大上的教育以外校园也很漂亮。

在中国的生活，有好多难忘的回忆，但是同济给我的，是最好的、最珍稀的念想之一。

第一，同济给了我对四季的认识。

我第一次看到四个季节的变化。我看到树上的叶子都变黄了，然后怎么渐渐地落下来了，最后，树上一片叶子也没有。过了几个月，树上的花又开了，让我看到了一片粉红色美丽的风景。可是，这个风景又变了，树上的叶子都变绿了。感受了那么特别的风景，让我感觉特别幸福。

第二，同济圆了我的梦。

我很感激同济给我的机会，被录取让我如愿以偿。因为这里的氛围真的很好，同济大学国际文化交流学院职员的工作出色。他们对我们留学生很专业，尤其是老师们，除了当老师以外也当我们的父母，了解我们，又总是嘱咐我们应知应会。

第三，同济给了我丰富的体验。

在这里的文化活动，是我在自己国家厄瓜多尔从来没体验过的。

美食大赛我一边做菜，一边流着口水。

我当老师教小孩，交流文化。

彰武路上去游玩，热闹非凡。

那么问题来了，我从哪里得到了勇气？答案是——我太喜欢汉语了，虽然它不喜欢我。不管我说错多少次，我都相信一句话："学好汉语的秘密是脸皮厚，不怕说错。"

第四，同济给了我最好的朋友。

来中国已将近八个月，是我的第二个学期，所以除了老师们还有很棒的同学们，从第一个学期起，我就结交了各国朋友，他们给我留下了难忘的印象。我向他们学习，跟他们一起去玩玩儿：旅行，打篮球，唱歌，跳舞，这种时光我肯定这辈子都不会忘记。跟他们在一起我简直太幸福了，听到好几种语言也让我大开眼界，我发现，只会说两三种语言远远不够啊。

汉语对于外国留学生就仿佛一个链接一样，帮我们交朋友，接触新的文化，然后可以把所有的知识用于我的生活里。

最后，同济告诉我什么是勤奋。

中国的本科生和研究生，跟我国家的大学生并不一样，我很欣赏他们的努力。他们怎么能每天都在图书馆学习呢？而且连周末也学习。尤其是到了期中或者期末考试，图书馆一个位置都没有。我太佩服他们了。

我的同济生活有意思有意义，让我好好继续吧。

同济的美好经历

陈慧玉(柬埔寨)

漂洋过海来到同济,转眼间已经半年多了,这半年里发生太多的事情了。有好的有坏的,有开心的也有悲伤的,总之就是我的生活不像以往那么平淡了,平添了几分色彩。

我一直向往着,要到国外留学,特别是中国,也许这就是身为华裔,就想要看看祖国的风采,想要了解更多关于这个古老而又年轻的国度的事情吧!现在我的愿望实现了,虽然录取时很顺利,但是来中国后生活上却碰了不少壁,加上身体的不适、思念家人的心情,各种各样的困难,终究还是没把我困住,我还是勇敢地前行了。我之所以坚持下来了,是因为经常想到长辈们之前的不易,想到爷爷是怎样一步步地努力而给我们留下这么多好东西。

言归正传,这半年所遇到的事情,应该是我生命中重要篇章吧,来到这里我认识了许多来自不同国家的同学、朋友,所谓"在家靠父母,出外靠朋友",这句话在这里得到了验证。我记得刚来到这里的第一天,是一个大二的学长去机场接我们(同时还有我同届的两个同胞),记得我们是早上6点到达机场的,他已经在那等我们了。那他得多早就动身过来啊,可从他酷毙的样子上一点儿也看不出疲倦的样子。说不感动那是假的,因为那是我到异国他乡的第一天啊。坐车到学校后,他就带我们到房间,然后就去忙他社团的新生招聘了。我们三个新生把行李放下之后就想去找点早餐吃。那时候我不得不当起他们两个的导游来,毕竟上海我是来过的。可是那时候真的太看得起自己了,忘了自己是个路痴。不管到哪,都改变不了我是路痴的事实。那时候我把另外两个新生害惨了。我们走了一个多小时还是没找到学校的大门,最终逼不得已地在我们经过 n 次的一家饺子店点了一笼上海的特色小吃小笼包子。吃饱了之后,我们放弃了去学校报到,因为那时候又累又困,而我们连去学校的路都找不到。

咚咚咚! 我室友起来开门,那时候我才迷迷糊糊地睁眼看,原来是我们的同胞学长,他们是过来和我们打一声招呼,问我们是不是需要他们帮什么忙,还告诉我们有事可以随时找他们帮忙,那时候心想,哇! 他们心好好哦! 就因为那次敲门,才有了后面的故事,嘿嘿……因为那时候过来敲门的其中一个学长现在已经是我的男朋友了。哈哈哈,说到这里我觉得缘分这东西,真的很奇妙,今年是他在同济的第 7 年,也是最后一年,他从来没交过女朋友,典型的理工男,所以这里我可以很骄傲的说,我就是他的初恋!

记得我上个学期选的一门体育课,“生存与技巧”。有一次老师让我们到同济嘉定校区进行一次野外活动,那次的活动让我觉得很有意义,第一次自己动手烧烤、第一次搭帐篷、第一次划船……好多第一次,同时增强自我防范意识,那是我想都没想到这辈子我能完成这些。觉得自己终于长大了,可以自己做好很多事情。

不久之后,我收到柬埔寨旅游部发来的消息,希望我们可以参加第十四届上海世界旅游博览会,那时候虽然我们没能帮上很大的忙,但至少我们是不可缺的一分子,增强了中柬两国的文化联系。

最后让我不得不提的就是,我在这里所认识的全体老师,在这里我感到他们浓浓的关爱还有就是他们对我的支持,对他们为我们所奉献出的时间以及宝贵的意见,我在这里给你们深深地鞠上一躬!

以上就是我这半年所发生的难忘的事情,也许不算最精彩,但是它会在我心中留下深深的烙印!

同济回忆

达　菲(柬埔寨)

同济大学对我来说有着满满的回忆。

四年前,我十八岁,第一次做了我人生当中最重要的决定,就是出国留学。当年刚高中毕业,我就报了同济大学的建筑学院。但是因为同济大学名声显赫,竞争过于强烈,所以我没有被录取。因此,我决定先学一年的汉语,明年再报读同济大学的建筑专业。

第一年,由于之前打下的良好的基础,汉语的学习比较轻松,于是我朋友推荐喜欢音乐的我加入吉他协会。第一次团练是在综合楼。没有灯光的空间却因有了音乐而温暖。这是我第一次听到这么好听的歌:

“冷的天雪花脆弱地面,黑的夜霓虹闪烁鲜艳,满天星闪烁躲过了清晨,梦境中美好多言成无奈。”

这首歌是吉他协会队长自己写的。拿着吉他弹唱的他貌似通过音乐说出他的心里话。我那天才发现,原来音乐可以让人这么心动。后来可能是因为缘分,我成为他乐队中的一员,Nevers 的一部分。我在同济的生活和 Nevers 是密不可分的。加入 Nevers 是我生命中最幸福的事。我从来没有上过舞台,也没有唱过歌,但因为 Nevers 我才有在舞台上表演的机会,写自己想写的歌,做自己想做的事。

同济大学的每个角落对我来说都是一个很美好的回忆。每次经过大学生活动中心都会想起我们乐队排练的画面。每次看到 129 礼堂,都会想起这里是我人生的第一个舞台。每次看到大礼堂,我会想起它是我上过最大的舞台。只懂一点点音乐的我能在这么大的舞台上表演是我的荣幸。

我还记得2013年的圣诞节晚会，大家都在卡片上写自己的心愿，而我当时的心愿就是希望同济能让我留下来。我不想离开同济，因为同济给了我很多温暖，很多感情，很多很宝贵的经验，还给我如此灿烂的舞台，而我不想这么快就散场。

现在我是同济大学建筑学院的三年级学生。非常感谢同济给我的第二次机会，能让我在同济学到更多的东西。第一年没有被同济录取确实是我的失败，但它让我明白，失败并不是坏事，而是另外一个机会。我曾经想过如果当年我被录取的话，我和Nevers的相遇也许会擦肩而过。我不会享受舞台，也不会感受到玩音乐的快乐，不会学会写歌也不会有自信站在舞台上，甚至不懂得珍惜。因为同济给我的再次机会，我才能学会珍惜我现在所有的一切，因为我曾经想要拥有它。越难得到，越不轻易放手。每次觉得很累，不想往下走得时候，我经常回头去看去想当年如此希望留在同济的我。如果这样就放弃，我还对得起当年的自己吗？同济让我发现，其实我比我想象得更坚强。

感谢同济大学在四年里给我的陪伴，陪我一起成长，陪我一起找到更好的自己。

谢谢你，同济，我的青春。

同济情缘——我的留学生活

苏万达(柬埔寨)

据说大学的生活是青春最美好、最精彩、最自由且最有意思的阶段,进入大学就像小鸟张开翅膀飞向空中。更有人说人生最美好的是青春。我不禁想,如果大学不在自己的国家,要面对不同的文化、语言和环境,情况又会怎么样呢?

我是一名来华留学生,在中国已经5年了。在北京学习汉语一年之后我来到了同济,这是我在同济的第4年,出国留学的决定给我的生活带来了很大的变化,因为中国是一个快速发展的国家,有机会来这里留学我很激动也很高兴,我觉得我会有很多收获,这份留学经历对我的未来也是有利的。

新的环境,陌生的人,不同的语言……跟很多留学的人一样,刚刚来到中国的时候我对很多事物都不习惯。但我告诉自己,我要学会适应,要有责任感,同时要更多地注意安全,不让家人有很多的担心,而最重要的是好好学习。虽然生活有很多改变,但是好在我有一起来的朋友,这让我没有感觉到很多寂寞。这段时间我也认识了很多中国朋友,同时还有许多外国朋友,这是一段我在自己国家难以拥有的经历。互相交流,交换文化,来中国留学我切身地感受到很多国家不同的文化,这是留学的好处之一。

要从北京搬到上海,到同济大学,这又是一次大的改变,当时因为很多因素我心里有着不情愿,但是最后还是得来。适应一段时间后,没想到我竟不知不觉地喜欢上了同济。有空的时候我喜欢在学校里逛一逛,看遍同济的每一个角落,我觉得同济是一个很好的大学,环境好适合学习。

说到学习,我觉得学习汉语的时候是最有意思的,我学到了很多新的东西。而且我跟我的同学关系很亲密:我们一起上课、一起玩,每天过得很好、很开心,我的汉语水平也提高多了,让我觉得来这里真没有后悔。结束汉语课程进入本科后,这段经历真得很不容易,本科生的课程学习和单纯的汉语学习有很大的差别,而我又要适应另外的环境。这对我来说有很大的压力,特别是学习方面。开始时我有不少课程没有通过,我从来没有过这样的挫败感,我觉得自己是一个很努力并且学习不错的学生。但是发生了这样的情况,我很难过,有很大的压力甚至很想放弃这里赶快回国,但是想到自己的未来和父母,我便告诉自己一定要坚持。我慢慢地适应了本科生的生活,找到了适合自己的学习方法,我的学习也慢慢地好起来。

从我的角度来看,同济就是我的第二个家。我从同济学会很多东西,不仅是在教室里学到的知识,更重要的是关于人生的课程。我成熟在同济,我学会负起责任,学会有耐心,学会管理自己的生活。而同济也给我带来了友谊、爱情还有梦想,同济给我留下深刻的印象,将永远留在我的记忆中。

我的好朋友

董秀璇(印度尼西亚)

我在中国已经两年多了,现在在同济大学学国际经济与贸易专业。

讲讲我这两年在中国留学的故事。

来中国之前我感到有点儿怕,因为当时中文说的不是很流利,而且对中国很陌生,但是最后还是确定来中国留学。2015 年进入了同济大学的经管学院,学国际经济与贸易。

我在同济的第一节课是高等数学,这个班是留学生班,来听课的是一些来自五湖四海的朋友们。当时我只认识一个朋友,叫阿旺。我们环视了整个教室,看见大家都三五成群地一起讨论着这门新的课程,这时我们发现了一个男生像中国人的面孔,我们很纳闷,这不是留学生班吗,怎么还有中国学生来上课?

下课后,我和阿旺回到宿舍。发现刚刚的那个男生和我们住在一个宿舍楼,我就给他打个招呼。

"嗨! 你是不是我们的同学? 我叫董秀璇!"

不过这个男生好像太惊讶了,几乎说不出来他的名字。

"我是苏钰,Victor,来自澳大利亚。"

因为我已经到了我的房间,我们就没有继续聊下去。我只感觉这个男生肯定是一个很安静很害羞的男生。

但是,人不可貌相。

高等数学的第二天我们又见面了。我们发现他完全不是那种安静的性格。他居然是一个很爱说话也很幽默的一个男生。他是澳籍华裔,在上海已经待了十多年。他说，他第一次见我们的时候，很想和我们打招呼，但是因为害羞，因为第一次有一个美女给他打招呼所以很紧张就说不出来话。我们很快就成了好朋友。

虽然他年龄比我小，但是他知道的东西比我多。从他那里，我不只是提高了我的中文水平，而且也了解了许多中国的传统文化知识。之前用不好筷子的我，现在去哪个餐厅都不用担心没有勺子。之前从来没学过打麻将，但几乎大一的时候每个周末都去打。

他非常乐于助人。教我怎么用 ofo 和摩拜单车，怎么用学校的网站。他是学习计算机专业，经常帮我们修电脑连接 Wi-Fi。

虽然他有时候很幼稚，但是我也经常和他一起聊聊天。当我感到失落的时候，他会安慰我。当我犯错误时，他会给我指出问题。

最让我感动的是在每次回国，或来中国的时候，都是他接送我们。他总是早早地等在了接机大厅的门口，远远地我就看到他举着写着我的名字的接机牌等着我。是他让心中还在思念家乡的我感到一丝温暖。

大一的时候，除了苏钰和阿旺，还有林侑贞。我们四个人虽然专业不一样，但是关系很亲密。每天晚上，找一个房间聚一聚，用中文聊聊我们生活中发生的事情，分享我们的梦想。半夜肚子饿了，一起去校门外的夜宵摊买点烤冷面。周末晚上，一起骑着自行车吃烧烤吃火锅 。每到考试的时前一天，一起奋战到天亮。

不过事情总不会一帆风顺。有一天，苏钰给我打个电话。他突然跟我说他要回澳大利亚。我以为他在开玩笑。

“苏钰，愚人节还有很久，别开玩笑。”

“我干嘛骗你呢？”

我还是不相信。挂电话后，我就找阿旺，跟他说刚刚发生的事情。他点头说其实苏钰已经和他说了很久。因为学习问题，他家人让他回澳大利亚念书。

我这两年，已经不少次因为朋友的离别而伤心。在每个见面之后总会有离别。我知道我们有一天会为了追求我们的梦想，我们的爱情，就会走不同的路，会很难像现在聚在一起。俗话说“天下没有不散的筵席”。但是我真的没想到我们会怎么快要离别。

3月7号,他真的离开了上海。不过最让我遗憾的是,因为当天,我们三个人都有课,所以送不了他。每次回国,来中国,是他接送我们,但他回国的时候,我们不能陪他。我记得当时我们只能在微信上和他打视频。他说,其实他也是很怕,澳大利亚对他其实是一个陌生的地方。这就像我第一次来中国留学的心情。

我跟他说他不用担心。虽然有可能不会有怎么漂亮的美女突然给他打招呼,但是他肯定会找到新朋友。就像以前我上大学之前,对中国很陌生,中文说得也不是很流利,而且谁都不认识。但是见过了你,阿旺,林侑贞,我现在已经觉得上海是我的家。

听我说完后,苏钰就登上了飞机。平时接送我们的苏钰、很喜欢帮我们的苏钰、我最好的朋友苏钰,走了。

我觉得不只是我们俩发生过这样的感觉。我们每个人来留学之前肯定会很怕,在那里如果语言不通怎么办,如果不习惯那边的生活怎么办,如果找不到朋友怎么办。

但是,只要你勇敢地开口,给你身边的人打个招呼,给每个人微笑,你就不用担心以后会怎么样。如果我那天没有给苏钰打招呼,我觉得我们不可能会当好朋友,不可能会现在那么亲密。

虽然说实话,以前我也不相信我会跟我母语不一样的人聊得很深,但是现在我和这些朋友会一起计划我们的梦想,分享我们的秘密,商量我们的未来。有快乐的事情大家会坐在一起分享。这些人让本来平凡的大学生活变得多姿多彩。因为有了这些朋友让在异国他乡的我感到十分温暖。

留学教会我,当遇到困难的事,有朋友在你旁边你就不用担心。

留学教会我,语言不会成为友谊的障碍。

留学也教我,拥有幸福地回忆不在于你在哪里生活,而在于你和谁一起度过。

当我毕业的时候,我就知道了我不会后悔选择来中国留学。因为我知道,我这四年将会充满了我朋友对我的爱。

最后我要感谢中国,给我机会来这里念书。我也要感谢大家,听了我的故事。

这个就是我的故事。

我的美好"济"忆

初　兴(泰国)

我叫初兴,是2016级国际教育本科生,今天,在这里,我想讲讲我的留学生活。我的家乡在泰国,好多国家的游客都喜欢去那里旅游。其中,中国人真不少呢,懂汉语能很好地帮助他们。在泰国学汉语,教我们的老师是中国人。老师教我中文,还让我受到很多中国文化的熏陶。因此我对中文产生了浓厚的兴趣,立志要学好中文。后来我争取到了来中国留学的机会。

刚来到中国的时候,很不适应这里的生活。我本身是过敏体质,对这里的空气过敏;去饭店吃饭,由于从菜单上看不出有哪些食物,结果吃了后,身体也会过敏。以前都是在家里住,衣食住行都由父母照料,没有体验过独居的生活。更不熟悉现在学校周边的环境,去哪里都要向人打听,甚至有时候还会坐错车,走错路。

经过了一个学期的学习生活,终于渐渐适应了,并逐渐喜欢上了这个国家。我积极参加学校丰富多彩的活动,从中得到了锻炼,提升了自己的能力。

我印象最深刻的就是那次四平路的美食节活动,同济大学为留学生准备了各式各样的外国菜,有柬埔寨的、泰国的、尼泊尔的,另外,四平路社区的居民也带来了亲手准备的美味菜肴,甚至还有大酒店里厨师的作品。这些菜色香味俱全,令人垂涎。我和我的学姐准备了美味的芒果糯米饭,使参加活动的人,足不出国,便能体会到最纯正的泰国口味!

大家品尝美食过后,我们留学生还表演了很精彩的节目,我参加了大合唱,负责用吉他给大家伴奏。合唱一共有两首曲目,第一首是《小幸运》,这首歌虽然是歌颂爱情,但是,我觉得我们那天歌唱这首歌,更像是唱出了我们对国王的留恋之情,"与你相遇，好幸运，可我已失去为你泪流满面的权利"，第二首歌曲是我们国王自创的歌曲。

下面我为大家简单说一下歌词大意：日出日落，世间轮回，好的、不好的事情都不会一成不变的，坏的事情总会过去的，有好的事情，也不要存在侥幸的心理，因为好的事情也不会一直发生在一个人身上的，凡事都有好有坏，我们都要怀着一颗平常心去看待它。

你看过同济大学的樱花吗？不要以为只有日本的樱花很有名，同济大学也能看到美丽的樱花呢！说到樱花的美丽，我想到一首诗："昨日雪如花。今日花如雪。山樱如美人，红颜易消歇。"樱花最美的时候，不是开得如火如荼时，而是即将逝去的时候。那一朵朵细碎的花瓣凋零在空中，纷纷扬扬。轻轻的，柔柔的，像粉色的锦缎。粉粉的，嫩嫩的，像婴儿的脸。成片的樱花梦幻般的，像是女孩的衣裙。吸引了大量喜欢摄影的人，拍摄她那曼妙的身影。我们也徜徉在花海里捕捉着那美丽瞬间。感谢同济，让我的青春留下如此美好的记忆！

光阴如梭，大一的学习生活即将过去，我们即将升入大二，接受新的挑战，我有信心过好我每一天的留学生活，去更多美丽的地方，遇见更多的人和事，使我的留学生活更充实、更精彩，将这些美好的生活影像永远收藏在我的人生相册里！

我有一个同济梦

洪顺兴(柬埔寨)

回想自己在祖国——柬埔寨时,16 岁的我,那时候在上高中。在高中学习时,我们要学很多科目,其中有历史课,我学习到了很多的中国历史。许多关于中国的风土人情、传统文化、经济发展等,都介绍得十分精彩。平时在家,我也经常看一些关于中国的新闻、广告,还有一些中国节目,使我对中国了解更多,对中国越来越感兴趣。可是,对于中国,我了解较多的是北京和上海,因为这两个城市是中国的代表城市。北京,是中国政治、文化的中心,而上海呢,是中国的经济中心、海派文化的发源地,两座城市都既发达又繁荣。我对上海的印象尤其好,所以我选择了来上海读书。选定了城市之后,另一个让我矛盾的问题出现了,我应该选哪所学校?一无所知的我真的不知道要选哪所学校。在漫长的搜索和比对中,我慢慢地被同济大学的魅力所吸引,特别是同济的历史、文化和校园风景。迷人的樱花大道、独特的校园建筑,优秀的同济学子,于是我毅然决定,选择同济。经过努力,我通过了考试和申请,来到了我梦中的同济。

到同济后,快乐的日子总是转眼易逝,不知不觉快一年了。这一年,同济给了我很多感受,我的生活也发生了很大变化,我在同济过得很幸福。我学会了一个人在国外留学该怎么生活。同济让我认识了很多人,交了很多来自世界各国的朋友。除了外国朋友,我还认识了不少中国同学,他们都很热情开朗。同济让我学会了很多新的知识,同济的每一位老师都有独特的教学方法,丰富的教学经验。同济的图书馆是一个非常好的去处,我经常到那复习功课,完成作业。有了老师们的帮助,再加上我自己的努力,我的汉语水平一天天提高,虽然进步还不是很大,但我一定会坚持,继续努力,学习更多的知识,了解更多的事情。此外,让我最难忘的还有同济的饭菜。同济大学的饭菜在上海的大学中是很有名的,同济的每一个食堂的菜都很好吃,有很多人特意来到同济的食堂吃饭,并且个个都说好吃。所以在上海有句话叫做:“玩在复旦,住在交大,吃在同济,爱在华师大。”

我在同济学习的这一年有几件事情让我很难忘。一件事就是我们班第一次一起合影的时候,那是一个春寒料峭的日子,为了合影我们全班同学一起来到在整个上海都有名的同济大学樱花大道。在那个寒冷的早上,没想到樱花大道路两边的樱花都开了,那里的景色很漂亮。我们一起摆着各种各样的动作,用相机记录下了我们快乐的时光。现在每想到那时候,就感觉很幸福。还有另一件事情也让我很难忘,就是我在同济学会了打太极拳。太极是中国有名的健身武术,是一种很有意思的运动。太极拳这个运动不但动作柔和缓慢,优美舒服,而且又有增强体质、预防疾病的作用,是一项很受欢迎的体育运动。对我们留学生来说很有意思,学会了这个运动对自身有很多好处。除了这些,我还参加了学校的一些活动和一些课外社团运动。这些都是我在同济的一年中发生的很难忘和感动的故事。

同济已经走过了一百一十年,无数个艰苦的日夜铸造了无数个灿烂的辉煌。虽然我和同济的故事刚刚开始,但作为一名留学生,能亲身感受同济 110 周年校庆,对我来说是幸运的,更是荣幸的。希望,在下一个一百一十年、在更遥远的未来,我们的同济依旧桃李芬芳、继往开来、再创辉煌。

我在中国的"第一次"

博　乐(德国)

我很喜欢学习语言,学习一门语言就是打开了一扇文化的窗口。16 岁在美国留学的经历大大开阔了我的眼界,后来在朋友的影响下我对中国的语言文化产生了兴趣。曾在同济留过学的朋友向我推荐了这里,她还告诉我说:"读万卷书不如行万里路。"于是,我便来到了同济。如今,我已在同济学习快 8 个月了,回过头,我发现自己经历了太多的不同方向的"第一次",在同济,我有很多"第一次"的体验。我第一次经历一个"小联合国"的群体,不同的语言和文化的交融,能和来自五湖四海的同学们交流真的是很不一样的体验,每一种语言都包含了不同的文化,跟人打招呼的方式也不一样,礼貌的表示方法也不同,当然,大家的想法也各异,我们之间的聊天儿也随意,每个人都能带给大家意想不到的惊喜,比如用德语"啥意思"会听起来 Scheiße(狗屎)。

虽然我们有不同,但是我们也有相同的一面,那就是:大家都喜欢互相帮助。刚到同济的时候,我的汉语水平跟他们比差了很多,无论是课上还是课下,当我需要帮助时,他们都非常乐意地帮助我,所以,在留学期间,我一点儿也不孤独,这是我在中国经历的互帮互助的"第一次"。虽然现在有一部分朋友已经离开上海,但是我始终觉得未来我们一定会再相见的。

在同济,我第一次碰到我的中国朋友们。我参加了街舞社团,里面的朋友都非常关心我,他们一直都问我听不听得懂他们说的话,他们告诉我说遇见什么困难就直接告诉他们。有时候他们带我去好玩的地方,吃中国菜,托他们的福,我现在越来越会享受我的留学生活了。最近我精神状态不是很好,这时,我的街舞指导老师就跟我说:“舞蹈和生活都是一样的,都需要不断的努力,生活很累,但是哪里的生活不累呢？放弃很简单,坚持真的很难,我相信你是个对自己有要求的人,所以你要振作,要加油。”听完这句话,我感动了,于是我继续坚持。街舞老师是我在中国跳街舞碰到的第一位鼓励我的老师,当然在这里还有很多像街舞老师那样有目标有追求的人影响着我,有他们在,我真的很幸福。

在留学的过程中我发现我不仅提高了汉语水平,还获得很多“第一次”体验,交了很多国际朋友,博大精深的中国文化,丰富多彩的街舞活动、汉语桥、演讲比赛等等,我想说:汉语,让生活更美好;同济,让生活更充实!

真心希望时间可以停留,这样,我就可以在这里待久一点,再久一点,在这里,我有很多很美好的回忆,这些也是我这辈子都不会忘记的回忆！我非常感谢我身边的人!

我对同济的印象

戴 瑞(柬埔寨)

第一次到同济的时候,我就被这里融合了古色古香的建筑与苍翠植被的环境深深吸引了。经过了一年在同济的日子,我融入了同济校园中真正多彩的校园生活。

首先,给我印象最深的是同济浓厚的学术氛围。无论是图书馆的自习室里,还是同心河边的长凳上,总是能见到许多或安静阅读、或专心做习题的同学们。而在课堂上,老师耐心的授课和同学们热烈参与的气氛则真正令我明白同济人对于学术的钻研态度。所有的这一切都鼓舞着我更加勤奋地学习,自从来到同济,我的汉语突飞猛进,这确实要感谢所有同济的老师和我所遇见的好朋友们。

其次,我在同济感受到了缤纷多彩的课余生活。在这里,我认识了很多有趣的新朋友。其中不仅有志同道合,平日里一起聊天游玩的留学生朋友,更有不少中国朋友。他们十分热情,经常给我普及中国传统知识和现在的流行文化,而且也非常乐意带领我在上海游玩。中国的美食十分吸引我,所以除了同济的各个食堂,我已经找到了不少同济周围,乃至于隐藏在上海各个街道角落里的美味餐馆。同时,学校里更是几乎每天都有学院或是学生自发组织的校园活动,也是令我应接不暇。

最后,同济最吸引我的,是这里怀揣着各自不同梦想,各不相同但同样充满激情的人。我认识了专心学术,投身实验室而日日忙碌的老教授;我结识了成绩优秀,同时各方面都优秀闪光的真"学霸";我见过球场上三五成群,一起挥洒汗水的好朋友们;我也见过自己创业立项,每天工作到深夜的追逐梦想的人。同济的环境像是一座花园,而同济人,就是花园里姿态各异,五彩的花朵。

在同济的生活,是对我影响很深的一段经历。无论是这里的学术氛围,还是在同济所见到的人们,都影响着我对如何生活、如何奋斗的思考。日复一日,我意识到我已经成为同济的一分子,我在自我进步的同时,也同时影响着身边所有的人,这令我无比自豪。

我在三好坞的亭子里喝过奶茶,喂过猫。

我在同心河的长凳上晒过太阳,看过书。

我流连于学院、食堂、办公室,也曾挑灯夜战。

我也吃过南门的"黑暗料理",在晚会上放声高歌。

我在同济的生活或许和大家不一样,大家的生活也各不相同,但我们共同生活在这片充满绿色的校园里,我们同样见过学校的梧桐和水杉,那么这生活于我们而言,就是在同样的节奏下,共同前进的步伐。

中国——神奇的土地

王　波(孟加拉)

我叫 Sahidul Islam,中文名字王波,来自南亚国家孟加拉。激励我一路走来的人生梦想,是通过刻苦努力成为一名工程师。

为了实现这个梦想,我选择来中国留学。我还记得在来中国的路上,我非常紧张。在机场见到接机的老师时,这种紧张尤其强烈。我在中国的生活充满冒险和挑战,也遇到了许多意想不到的情况。毫无疑问,年轻时离开自己的祖国是我做过得最具挑战性的决定。

小时候,我只知道中国是一片“神奇的土地”,以为中国人都会功夫。这是因为我在中学学习世界历史时,发现很多重要的发明都诞生在数千年前的中国。中国电影,尤其是成龙的电影,让我曾经以为所有中国人都是功夫高手。但是来这里不久我就意识到自己错了。因为要精通功夫,对普通中国人来说和我一样困难。

我的本科时光是在宜昌度过的。我有幸遇到了几位出色的老师。他们像照顾自己的孩子一样照顾我。我非常感谢他们。宜昌是一个相对平静悠闲的城市。那里的人们似乎没有太多“为生活奔忙”的感觉。当然这并不意味着那里的人们不努力向上。他们只是在工作和生活之间找到了很好的平衡。长江流经这座城市,而对我来说,那里的山川,充满了中国特色的自然之美。我在那里学习中文与专业,并获得了一些奖励。这些奖励给了我继续在中国学习和生活的信心。

课余时间,我还积极参加学生会活动。大学三年级时,我被选为留学生联合会主席,带领来自不同国家的 50 名国际学生会成员。我也因此有了更多的机会发展领导才能。我为中外学生组织了许多活动。为了响应习近平主席的“一带一路”倡议,我与中国学生学生会和青年联盟一起组织了多场跨文化活动。2019 年 4 月，我还参加了长江三峡中华鲟放流活动，接受了中国中央电视台的采访，在 2020 年中央电视台的特别节目“说说咱们的七十年”播出。我认为保护长江流域的生态系统非常重要，长江是中国的母亲河，不仅中国人要保护好她，我们作为在宜昌生活的外国人也应该关注她的“健康”。节约用水，保护环境，珍爱生命是我们每个人的责任。参加这次活动使我认识到参与自然生态保护工作的重要意义，因为经济发展离不开生态系统的平衡发展。

2020 年年初，新型冠状肺炎疫情爆发时，我正好身在湖北。我积极响应中国政府和学校的号召，充分发挥留学生“自我管理、自我服务、自我教育”的作用，以孟加拉国留学生会的主席的身份积极配合各项防疫措施，为留学生提供了包括传达防疫信息、分发药品食品、学生心理疏导等各种服务和帮助。疫情初期我还利用自己的渠道为孟加拉的警察和一线医护人员提供了 5 000 个口罩，支持我的祖国的抗疫事业。疫情期间，我本来也有机会返回孟加拉，但是中国疫情防控的高效有序使我对这里充满信心，我决定留下来，因为在中国多年的生活学习已经使我把这里当做我的第二故乡，同时也可以更好地帮助其他学生。这段特殊的经历对我具有特别的意义，它让我更清楚地了解了疫情下的中国，也更坚定了我继续留在中国学习的信心。

我来中国已经四年零三个月了。来中国之前，我对中国文化的了解仅限于功夫和一些关于毛主席和孔子的粗浅认识。我的祖父受到过孔子思想和价值观的影响，所以他曾经告诉我一些儒家的名言警句。在中国的生活经历使我对中国的日常生活和文化都有了更深的了解。作为一个美食爱好者，我在中国发现自己进入了一个广阔的美食世界。中国人在饮食上非常精致，烹饪手法多种多样，菜品种类繁多，色香味美，给我留下了深刻印象。中国的电影使我从中学习到了很多有关中国文化、社会生活和历史的知识。《红海行动》《我和我的祖国》《战狼Ⅱ》和《金陵十三钗》都是我喜欢的电影。我在中国交了很多朋友，我也有了更直接的途径来了解中国的历史和文化。我的中国朋友们告诉了我很多关于中国文化和历史的知识，比如道家思想、中国古典音乐和乐器(古筝)等。他们使我在中国的学习和生活变得更加丰富多彩,也使我对未来更加充满信心。

目前,我在同济大学环境工程专业攻读研究生。同济是中国著名的综合性大学。我很幸运能成为这所大学的一员。在这里,联合国环境规划署—同济大学环境与可持续发展学院为我们提供了最好的研究环境,老师们博学多识、亲切和蔼。让我立刻有了“家”的感觉。

最后,我想说:“非常感谢中国。我爱你!”

第七章
上海印象

当下的上海，是一座极具现代化而又不失中国传统特色的海派文化都市。绚烂多彩的霓虹灯，直指苍穹的东方明珠塔，熙熙攘攘的南京路，定是你与上海的初相识；沉淀过后，秋风过处的梧桐叶，弄堂飘出的饭菜香，乱入耳畔的吴侬软语却更能让你魂牵梦绕。“十里洋场烟花地，风云际会上海滩”，曾经的“东方夜巴黎”在迈入新世纪后，却愈发展现出了她的独特魅力，无处不张扬着国际化大都市的广博情怀。海纳百川的上海，以大气谦和的姿态迎接了五洲四海的人，也接受着多元文化的碰撞与融合。爱上一座城，那座城里一定住着你爱的人，包围着你，温暖着你，上海正是这样一座有温度的城市。温润的浦江水，养育着可爱的上海人。独居异乡的留学生，以自身的独特视角，讲述着与上海和上海人的美丽邂逅。故事的背后，我们看到了一个更丰盈，更立体，更有深度的上海。

我眼中的上海

江莉莉(日本)

从小到大我听说过无数次“上海”这个地方,上海是什么样的地方呢?那时候我还真是想象不出来。听人说,上海很发达,人多车也多,人们都住在高楼里。这一切我都不以为然,可以说上海不是我向往的地方。但是,如今我的想法已改变了。亲眼看到上海后,我却觉得她不仅是个很发达的城市,而且非常有魅力,连我这个从不喜欢大城市的人也对其着了迷。

我初到上海的时候什么都不知道,不敢出门,一直待在寝室里。数日后才认识了一些同胞学长,学长带我去了南京东路步行街,我大开眼界。一从地铁站出来,只见街上人山人海,一派喧闹繁华的景象。沿着南京东路往东走到底,我们就到了外滩情人墙,墙上摆着各种颜色的树和花,简直像一幅画一样。旁边有一个楼梯,爬上去就能看到几艘航行在黄浦江上、挂着变色彩灯的游船,很多人都同河对岸的摩登建筑同框合影。更让我感到惊喜的是对面那闪来闪去一直变色的东方明珠,还有它周边非常漂亮的超高建筑。回过头来看到后边一排西式的近代建筑群,这就是我们所说的外滩,拍下来的照片如果不说肯定有人猜不出来是在中国拍的。后来我有机会去游览过一次东方明珠,这时我才明白高楼独有的好处。楼顶看到的风景不同于别处,我敢肯定这些风景你在地面是看不到的。

上海美丽的景色不止一处,我来告诉你们我最喜欢的几个地方吧!不能不提到的就是“豫园”。豫园也有步行街,里边的商店都是中国传统建筑风格,在这么现代化的地方够能接触到传统的风格真是不容易的事。除了风景以外,中国传统的物品,如折扇,雕刻印章,中国结,手工剪纸等样样俱全。有一家小笼包子店排队的人非常多，我有幸吃过，非常好吃。我还去过中国左翼作家联盟会址纪念馆，那里有很多知名作家的雕像。附近有一个很大公园叫做鲁迅公园，里边有一片湖，可以去坐一坐鸭子船，湖边总有一些画家写生。上海还有一片湖叫做“美兰湖”，水清天蓝，特别漂亮。有很多家长带孩子去野餐，也有好些新郎新娘拍婚纱照。每当想起这些情景时，我心里总是美滋滋的。

最后一个秘密之地就是“北外滩滨江绿地”。这也是一个公园。无论从哪个角度，均可看到陆家嘴的建筑群。有一座“彩虹桥”，白天去的话很难找到；如果晚上去，你会看到一道彩虹在黑暗中发亮，几百个的彩灯管不停地变色，简直像流星。这里的风景真让人大饱眼福。我不开心时总骑自行车去那里休息，放松心情，新鲜的空气会让我感到舒心、放松，好像烦恼的事都被风刮走了。我喜爱骑行，爱去公园，我发现上海中老年人很爱运动，早晨也好，晚上也好，总能看到他们在公园里打太极拳、剑舞、扇舞、慢跑等。白天也有人来吹笛子、打牌、打球、带孙辈来玩儿、或者织些衣物。特别是晚上，路边会遇到阿姨奶奶们在跳舞，或者一群人在演奏乐器。

我最喜欢的中国器物之一就是筷子。以前，我觉得用筷子吃面很难，现在连一粒米饭我都能夹起来。此外我还对中国画、书法、剪纸、中国结等都感兴趣。更不用说中国传统节日了。过年也去中国人家过，连端午节的龙舟赛我都参加过呢。从我一年时间里接触到的中国人来看，我觉得中国人都心地善良，待人热情，比较谦虚，也乐于助人。越了解我就越喜欢中国。

通过一年的留学，我对上海产生了更深的感情，这里从我不向往的地方变成了我舍不得离开的地方。我觉得中国很有发展前途，以后和世界各国的交往会越来越频繁。如果能熟练掌握中国的语言，将来肯定大有用武之地。因此，我下决心要加倍努力学习汉语，为了未来的职业发展也为了大学毕业后能够继续在中国生活。

我的彭老师

李树美(韩国)

中国是一个令人着迷的国家,悠久的历史文化、举世闻名的名胜古迹和自然美景、博大精深的饮食文化再到现代的发展无不令人惊叹。我虽出生在韩国,但从我很小的时候就开始生活在上海了,所以我也可以称得上是半个“阿拉上海人”了。

要说起我和中国的故事那是说上三天三夜也说不完的,这里不得不提到我的小学生活。我很幸运小学就读的是中式小学,这段宝贵的经历不仅让我有机会与中国同学一起学习,还带给了我珍贵的友谊,最重要的是让我遇到了我的汉语启蒙老师——彭老师。彭老师是担当我小学一、二年级的班主任,她既是班级的班主任亦是整个年级的语文老师,三十岁出头,一头乌黑的长发,最令人印象深刻的是无论什么时候见到老师,老师总是一副笑眯眯的样子,看起来十分和善。她开启了我那扇通往中国的大门,引领我在了解中国的路上越走越亲,是她告诉了我中国的魅力,让我对汉语言和中国文化产生了浓厚的兴趣,也是她教会了我许多人生的道理。

还记得刚进小学的时候,由于从韩国刚到上海不久,人生地不熟的,再加上原本性格就比较内向,导致上课听不懂也说不出口,就算下课休息时间也只是一直坐在自己的座位上发呆。这样的状态持续了一段时间后,我越来越对学习提不起兴趣,越发觉得上学是如此的无聊。不知道彭老师是怎么发现的,一天午休,老师把我叫到了她的办公室,微笑着招呼我坐下,问道:“学习很无聊吧?”我尴尬地笑了笑,老师继续说道:“老师知道你刚到上海,很多事还不习惯。如果在学习上或者在生活中有任何问题,随时都可以来跟老师说。老师看得出你是个很聪明的孩子,如果你不介意的话,每天中午抽出一点时间老师帮你补一下,你那么聪明,老师相信你肯定马上就能跟上的。"老师的这一番话如一股暖流涌上我的心头，温暖了我的心。

从那天起几乎每个中午，老师都利用午休时间帮我补习，还向我介绍了许多中国的自然美景和名胜古迹。老师的电脑屏幕中，呈现在我眼前的是中国五千年的历史与人民的智慧，那种震撼是我到现在都无法忘记的。回到家后我向爸爸妈妈表达了我的愿望，那就是希望放假的时候可以去见识一下那些美丽的地方，当然以此为条件我也必须提高成绩。为了实现心愿我更加努力地学习，功夫不负有心人，在短短的一个学期里我的成绩突飞猛进，每门科目都拿到了九十分以上。不仅如此我还担任多职，当上了中队长和班委，收获了不少奖状和证书，也变得更加自信了，也交了许多好朋友，短时间内如此大的改变令其他老师和同学都对我大吃一惊。

在彭老师的帮助下，我对汉语的兴趣越来越浓。"授人以鱼不如授人以渔"，通过彭老师授予我的知识，我能够去阅读更多的书，学习到更多的知识并且从中懂得了许多的道理，多亏彭老师不懈的坚持，我才能取得如此卓越的进步。放假时我也如愿以偿地去参观了许多地方。在照片上看过的那番惊叹与实际上所感受到的又是截然不同的，那风光秀丽的美景实在是令人流连忘返。

可惜的是彭老师早已不在那所小学工作，但彭老师与我之间所发生的一切我都不曾忘记，老师教我的知识与道理我都铭记于心。没有彭老师就没有今天的我，能够与彭老师相遇是我的幸运。通过彭老师搭建的那座语言之桥，我获得的不仅仅是书中承载的知识和道理，更多的是重拾了我的自信心，同时开阔了我的视野，这些都对我今后的人生有益。而我也会继续努力，争取能够为中韩文化交流尽一份绵薄之力。

我眼中的上海特色

赵明艳(老挝)

时间流逝得好快啊！转眼间,我生活在上海已经有一年多了,已经习惯了这里的生活。我要说的是,我非常喜欢中国,也非常满意来到上海留学发展自己。

说到上海,我在一年里去过的地方也真不少。我来给你介绍一下吧！上海是中国最大的城市,同时也是中国的金融中心和著名的旅游城市,有许多美丽的地方和迷人的风光,比如,高高耸立的东方明珠电视塔,世界第三高楼环球金融中心,还有人民广场,世纪公园,新天地,田子坊,上海迪斯尼乐园等很多又好看又好玩的地方。

在上海的城隍庙,聚集了上海本地和全国各地的丰富特产。南翔小笼包非常美味,还有各种各样的糕点,小吃,在上海这个城市好吃的东西非常多。

再说说上海交通吧。上海的地铁非常发达,如今都见到 16 号线了。我们坐地铁去了上海科技馆,博物馆,图书馆,还有东方明珠,外滩……你想去哪里地铁就把你送到那里。想想我们的国家,地铁也没有,交通非常不方便,还常常出事故。

想认识上海的人吗？当然,世界上任何国家和地区的人都有好坏之分。我不敢说这里的人个个都好,但是我想向大家讲一讲我经历过的丢脸事。我这个人向来喜欢做饭,喜欢到市场去买菜,因为语言不通,想买豆芽不知怎么表达……一时间,啊！我想起来了一个词叫土豆。满怀信心地用这个词向老板娘问:“这里有土豆卖吗?”她是一个中年人,脸上挂着善良的笑容,回答:“这里没有,那个地方有。”看到我是外国人语言也不通,所以她牵着我的手不顾自己的生意带着我到另一个店去找。“小姑娘,这就是土豆!”我看到土豆的时候眉皱了起来,然后微微一笑,脸上红红的,说:“我不是想要这个……我把词弄错了。”这时我觉得自己非常丢脸,很害羞,我连说带比划:“我要的它有小小的绿色脑袋,瘦瘦的白色的身子。”后来我比划着说的场景,周围的人关注了,卖鱼的、卖肉的、卖菜的老板,所有人都帮我想是什么东西。因为时间也过去了好久,我又不想再打扰他们的生意,所以说:“我先自己找好了,不麻烦大家了,谢谢老板娘!谢谢大家的关心!”离开众人的关注,我又开始自己找,找来找去,哎哟!看到了!就在卖海鲜的摊那里,我指着豆芽向老板说:“给我来一斤这个!”买好后我就问:“这个中文怎么说?”“豆芽!这一斤多我送给你了哦!”我点了点头说:“谢谢老板,你真好!”

当我要走出市场的时候,那位带我去买土豆的人跟我说:“小姑娘这是豆芽不是土豆,以后要记住了哦!”我羞红了脸,向她连连道谢。

回到宿舍后我打电话给家人,把所遇到的事一五一十告诉他们,他们听后都取笑我,说我真是傻瓜,还说中国人很善良,带着我去买豆芽。对啊!中国人真好!

我喜欢上海!喜欢这里的一切!我非常感谢孔子学院的各位老师让我把握住了难得的机会。三年多的时间不长,我每天尽情享受在中国的生活,学习,跟中国朋友交流,多思考我未来的人生和工作,为了将来毕业典礼的时候能感觉自豪,没有后悔。我想回老挝后当汉语老师,教学生的时候能够让学生学到东西,帮助老挝学生理解中国和汉语,提高他们的兴趣,为了这一切,我要大声说:“我会做到!”

我和中国阿姨的故事

安　鸾(德国)

中国对我来说一直举足轻重！这不仅因为我妈妈是汉学家，而且也源于自身对中国的喜爱。

从小我就与中国结下了不解之缘。每次妈妈到中国来工作，就把我带过来，所以我小时候经常来中国。1995年，三岁的时候，我第一次和我妈妈一起来上海，在这儿待了半年，那个时候我上了同济大学的幼儿园，每天和中国的小朋友一起学汉语，做游戏，我觉得自己就是一个中国人了，我的同学们也很快忘了我是一个德国人。我妈妈请了一个上海阿姨照顾我，阿姨每天把我从幼儿园接回来，给我做中式饭菜，也把她的孙子顺便带过来跟我一起玩儿。

六岁的时候，我跟妈妈去西安又待了半年。2001年我们回到上海，又另外请了个阿姨帮忙做家务，那个时候我把小时候会说的中文全部忘记了，妈妈因为工作很忙没有时间教我，阿姨就每天用手和脚比划着一句句地教我中文。暑假的时候我上了一个素描班，一个星期两次，也是阿姨接送我。因为夏天上海的天气炎热，我们两个都很累。

阿姨第一次请我到她家去时是那一年的儿童节。妈妈早上送我到阿姨的家，然后阿姨和她的丈夫一起带我去了长风公园划船。还有一次他们带我去游泳，虽然阿姨不会游泳，也有点儿怕水，但是我觉得很高兴，因为我觉得这表示她确实很喜欢我。

岁月流逝，有时我问自己：时间都去哪儿了？现在，阿姨渐渐地老了，但是在我心中却像一个家庭成员一样。阿姨经常对妈妈说，我们已经认识这么长时间，跟老朋友一样，就不用客气了，什么都可以说。

阿姨也经常对我说，鸾，你赶快结婚，生孩子，孩子就可以交给我，我帮你看孩子。在德国，我们的看法和她不一样。不想很早生孩子，先要好好学习，找对眼的工作，然后三十多岁才结婚。阿姨的年纪跟妈妈的年纪差不多，我还是非常希望我生孩子的时候阿姨还有精力帮我照顾我的孩子。

这是我跟中国的故事，从小在我心里绽放温情。现在我更努力地学习汉语，因为我的梦想是将来在中国找一份好的工作，跟我家人一起在中国生活，给我的孩子这个特别的机会，给他从小在国外长大的体会，让他学别国的语言和文化，而且让他跟我一样结识这么多友好的中国人。

你看，伴随着阿姨的关怀，伴随着中国的魅力，伴随着我的希望和努力，故事还将继续……

在中国安家立业

羽毛友里惠(日本)

由于母亲家族从事国际贸易工作,我童年时接触了不少异国文化,从而对语言产生了浓厚的兴趣。高中毕业后我做了一个现在看来十分正确的决定:那就是到中国留学。

刚到中国留学时,无论是去上课还是出门办事,电子词典从不离手。因为我渴望与中国人交流,又怕自己用词不当产生误会,所以一直到攻克语言难关为止,我每天查词典,记录新的词汇和语法。四年来积累了两个大纸箱的笔记本,里面都是我学习中文的点点滴滴。

在异国他乡,一个人或多或少会感到有点孤单。犹记得在中山公园里卖栀子花的老奶奶,正当我一个人处在陌生的环境思念家人时,她是第一个与我谈心的中国人。老奶奶说道:“虽然现在生活变好了,可以享受天伦之乐了,但是我很怀念以前与老伴在街头做生意的时光。”她的爱情故事很感人,她的思想更是独到。她告诉我栀子花与上海弄堂文化密切相关,她不希望这门手艺从此消失。其实,老奶奶的坚持不仅是传承一门手艺,还是一种传承传统文化的责任感。随后她送了几朵栀子花给我,并鼓励我勇敢地去追求自己的梦想。每当我闻到栀子花的香味时,都会想起那位慈祥的老奶奶,打从心里暖暖的。

在留学的第二年,我遇到了共度一生的人,我们之间因为文化差异问题有过许多分歧,但彼此的包容和理解,让感情越发稳固。我们为了结婚,在上海购置了房产,有了属于两个人的小家。我们一致认为中国是一个很大的市场,存在着不少机遇,于是开始了投资。很多朋友问我为何对中国的经济发展充满信心。我想,原因大概有以下几方面:中国正处于快速发展期,正从一个新兴经济体向成熟经济体转变,股市很好地体现了这一点。疫情全球蔓延,全球股市动荡,A股也不例外,但对比其他国家,中国的A股算是走出了独立行情。在这疫情期间没有因为金融恐慌导致大量资金出逃,大家都在买黄金规避风险。这说明了股票市场非常成熟,以及投资者对股市有信心。其次,正如企业家马云先生所讲,“中国的内需是一个千载难逢、百年不遇的金矿。中国已从出口型国家变成消费型国家”。马云先生的言语给我们将来的创业提供了不少宝贵建议。创业是一场漫长的马拉松,希望能与我的爱人携手前行,大家一起跑到“终点”。

在中国留学,与中国人结婚,在中国安家,将来在中国创业,自问何德何能有此荣幸参与和见证中国的发展。

我眼中的上海特色

陈世银(老挝)

自从2015年9月1号到同济大学留学以来,我个人感觉已被上海这个城市吸引住了,时间也过得真快,到写这篇小文已经到一年的时间了,我看到了许多从未见过的特色风景,今天我来给大家介绍我眼中美丽的上海。

上海是世界上最漂亮的城市之一,有许许多多标志性的建筑。东方明珠、南京路、城隍庙、陆家嘴高层建筑群等,都是大家耳熟能详的旅游地。首先介绍,上海的母亲河——黄浦江,她把城市分成浦东和浦西,又通过轮渡、隧道、大桥把浦东和浦西联合在一起,浦东新区的建设主要是高楼大厦,有:上海特色建筑东方明珠,目前世界第二高的大楼上海中心,还有金茂大厦,金融大厦,中国银行大厦等,我站在大厦脚下,昂着头往高楼顶上看,它们特别高大明亮,把我的脖子弄痛了。另一边就是浦西的外滩,那里是万国建筑的博览会,中国工商银行,泰国银行,中国外汇交易中心,还有上海海关……它们共同构成了上海金融与贸易中心。

夜晚,漫步在南京路,此处人山人海,道路两边干净整洁,灯火通明,漂亮极了,路上还有小火车来来往往,你坐一次五块钱,它就会把你从起点送到终点,你就会欣赏到真正上海的味道。那里的商品琳琅满目,应有尽有,只有你想不到的东西,就没有你买不到的。衣、食、住、行,样样俱全。衣:有传统的上海时装,也有现代时尚的服装店。食物方面:有百年老店、中华老字号沈大成、邵万生,也有新时代的洋品牌肯德基、麦当劳。住宿方面:有大宾馆海伦宾馆,也有经济型的酒店。出行方面:有红色观光的大巴士,使你眼花缭乱,目不暇接。

最后介绍“城隍庙”,城隍庙是上海知名的旅游景点,是中国传统风格的建筑,每天都招来很多的游客，寺庙内最有名的是上海小吃，你得尝一尝上海小笼包和臭豆腐，我尝后就想起老挝的美食，味道可口。这里还遇到过我难忘的一件事情，有一天我去逛城隍庙，一不小心把钱包弄丢了，自己还没意识到，后来有一位陌生的靓女拍拍我的肩膀，我转过身来，她就拿起钱包对我说：你把钱包弄丢了。看到钱包，里面的东西全都在，我高兴得不得了。我由衷地感谢她，她也笑眯眯地回答，不客气，以后要小心。那天我真的走运，遇到了非常好的中国人，从那以后我们俩就变成了好朋友，她也是我交的第一个上海朋友。说实话，中国人对老外真友好、热情，我会牢牢把这件事记在我心里，永远都不会忘记这美好的一段经历，这就是美丽的上海，充满魅力的上海。

经过在上海学习与生活这一年的时间，我经历了很多有意思的事儿，看到了上海很多的景色，学到了很多知识，希望将来能够在上海安家，我喜欢上了你——上海！

上 海 和 我

欧阳慎思(波兰)

两年前我决定了学习汉语,那时我难以想象有机会去中国;但是到了 2016 年的九月,我就在中国,如做梦一般。六月孔子学院决定了给我爱上中国的机会,我终于来到了上海,我发现了上海多变的风采。

无论大的,还是小的,每个城市都一样;人群,车流,噪声,有时候让人感觉很混乱。一般来说大的城市有著名的建筑,每一次想到巴黎你就会想到埃菲尔铁塔。对我来说上海的标志性建筑是东方明珠电视塔。一次偶然的机会我看到了东方明珠,就是收到孔子学院奖学金来到中国的第一个星期。那时我站在拥挤的人群中,很多人围着我,像河流一样。

我感觉我被两条“河流”包围了:第一条是上海的心情,上海用连绵细雨和瑟瑟秋风。那时人们说,你如果没有重要的原因别出去。但是人们撑着五颜六色的雨伞行走在路上;第二条河流是上海的交通,就是自行车,公共汽车,摩托车。看起来杂乱无章,但是仔细再看又显得井井有条。

上海有多变的天气,也有很多不一样的人,不一样的地方。不过如果你感觉孤独,跟你的朋友在一起就行了。每当我看到我的同学时,就感到十分亲切,就不再孤独了。

为什么我选择来孔子学院呢? 首先是想挑战自我,在孔子学院学习汉语让我变得更加有自信,所以对我来说来孔子学院是最好的选择;其次,孔子学院给我提供了奖学金,让我有机会来中国,亲自体验中国文化。我很高兴也非常感谢得到奖学金来中国。再者，孔子学院的老师十分亲切，他们认真又敬业，我很喜欢老师们的教学方式。我觉得如果有人想努力学习汉语，孔子学院的老师们会让你进步得更快，孔子学院真是一个学习汉语的好去处。

我在上海——这个城市很美好

莉莉娅(白俄罗斯)

上海的第一天,乱、忙、累、不宜出行。

飞机着陆以后,我终于抵达上海。一路向航站楼走去,来到值机柜,地勤看着我的护照却又不时地抬头看看我。我也不知道为什么,他不确定这是不是我的护照,所以他又叫别的地勤人员过来看。别的地勤人员仍然是仔细地看看我,再看看我的护照。他们还是不能确定,所以叫第三名地勤人员过来,他拿起我的护照,看了一会儿,还是不相信这是我。然后他问我,我的识别号,这个识别号有十个数字左右,我不记得。十分钟以后,他们才最后确认,终于放我进去。这是我刚到上海,我觉得,这个城市很认真。

出了飞机场,我坐出租车到了学校大门口。为什么只能到同济大学的大门呢?因为可能是我的汉语不好,司机听不懂我的“我要到一百号彰武路,同济大学的宿舍”,但司机听得懂“同济大学”,所以他把我放在了同济大学的门口。从同济大学的大门到彰武路100号这段路,只好自己走过去,我拎着巨大的行李箱,感觉自己要累死了。这是我第一次坐上海的交通,我觉得,这个城市“很汉语”。

在宿舍报道的时候,有一位叔叔把我领到我的房间,跟我讲:“这是空调、这是水壶、这是台灯、洗手间在对面是……”他是很好的叔叔,我喜欢他。

躺在床上,拿出手机,想找到Wi-Fi跟说妈妈“我在中国,别担心”,但是没有Wi-Fi。所以我只好到处去问怎么才能有Wi-Fi。当知道需要用中国的手机号码才能连上Wi-Fi时,这是我在上海的前4个小时,我感觉,这4个小时我的心情有点囧。

去办公室买SIM卡,但我去了还不能进办公室的门,因为很多人在排队。十分钟后终于进去了，他们建议我买张中国的 SIM 卡，花钱就可以了。可爱的姑娘说："SIM 卡会能用在中国的手机里面。"我觉得，这个城市"很中国"。

回到宿舍，我再次趴倒在床上。热得不行，想开空调但是打不开。再试了一遍才发现还没有电。这是我再次回到宿舍，我觉得，这个城市很陌生。

上海的第二天，新、美、好、宜出行。

次日去买 SIM 卡，来到商业区，我想这里买东西应该可靠。下地铁，抬头看见夜空下的高楼大厦，我从来没那么近地看摩天大楼，一时间看得呆了，竟忘记了买 SIM 卡，自己逛起街来。这是我第一次近距离感受上海，我觉得，这个城市很繁华。

到晚上吃饭的时间，我快饿死了，便随便找了间饭馆点了几样菜。不到五分钟，我就吃完了，这是我一辈子吃过得最美味的饭。这是我第一次吃上海的饭菜，我觉得，这个城市很美味。

终于想起来要买 SIM 卡，问路上一位姑娘："这附近的服务中心在哪儿？"姑娘没说我要去哪儿，她只说"跟我来"。十分钟后，她带着我买到了 SIM 卡。这是我第一次在上海买东西，我觉得，这个城市很有温度。

我买到了 SIM 卡，于是想坐地铁回宿舍。要出地铁时，我突然发现我找不到地铁票，这才发现我把票落在车厢里了。我不知该怎么办，心里很难过。突然听到保安叫我，他开门，对我微笑，再挥手，送我离开。这是我第二次在上海遇到保安，我觉得，这个城市很有人情味。

回到我的房间，我就开始寻找上海值得逛的地方：豫园，崇明岛，泰晤士小镇，静安寺，东方明珠广播电视塔……如果想参观所有的地方，十月份一个月是不够的，于是我默默地在心里打算，我会在这儿多待几年的。

这是我在上海的第二天，我觉得，这个城市很美丽。

我的上海生活

柳秉佑（韩国）

在韩国我的大学专业是汉语，以前仅来过中国一次。那时候是去南京做了一年的交流学生，后来回韩国继续学习。回国上了一年学以后，我发现虽然我的专业是中文，可是我的汉语水平还是不够高。于是我就想找个机会再去中国深造汉语，刚巧那时看到了关于孔子学院奖学金的消息，我就开始准备申请奖学金了。

我很幸运，申请顺利通过了，我终于拿着奖学金再次来到了中国，在大上海开始了我的第二次留学生活。上海比南京发达得多，是一个国际化大都市。崭新的生活就在这陌生而新鲜的环境中开始了。

在上海生活，最大的感触是上海这座城市非常大，大得超乎我的想象。除了外滩、田子坊这样的景点之外，别的可玩儿的地方也不少，可以体验不同的文化氛围，我觉得这座城市太有魅力了。而我所在的同济大学国际文化交流学院，不但校区风景优美，学生活动丰富多彩，更重要的是语言课程很棒，我觉得我的汉语在这里进步很快。跟别的学校比，同济大学在语言培训领域称得上是首屈一指，所以来这儿学习的留学生也越来越多。

除了学习，在上海我也收获了别的幸福。

首先，我在学校认识了我的女朋友，她以前也是孔子学院奖学金生，现在是中国政府奖学金生，来自俄罗斯。她不但是个大美人，而且学习也非常认真，性格活泼可爱。我们不仅在学校互相帮助，一起学习，而且一起去了许多地方旅行，留下了许多难以忘怀的美好回忆。

此外，我也交到了许多外国朋友。交朋友是我的一大爱好，而且大家都在异国他乡留学,容易感到孤独,所以多认识几个人,多交几个朋友就更加重要了。在韩国的时候,想要交外国朋友不太容易,所以在上海的生活还给我提供了交外国朋友的好机会。

上海还给了我一个很大的礼物,就是实习的机会。和同学们一起去一个派对玩儿的时候我遇到了一个奥地利人,那时他正好在找一个韩国人去他工作的德国公司实习。我觉得这是个很好的机会,就毛遂自荐了,他觉得我不错,我就去了他的公司。这家公司是拍纪录片的,我的梦想是当记者,这份工作和我的梦想或多或少有一些关系。我认为这是一种缘分。现在正在一边努力工作,一边认真学习。

上海带给我的人际关系和经历都非常多。除了在上面提到的以外,在舞台上用中文主持,和外国朋友一起表演唱歌等,都是我永远不会忘记的。我非常感谢汉办给我这次很好的机会。我希望以后能有更多的外国学生来到中国体验现在的中国到底是怎么样的,最后他们一定都会爱中国的。再次感谢汉办和孔子学院给我机会来上海生活学习!

人性维度

莎　玛(摩洛哥)

浦东是一个高度开放的地方,这里采用灵活的政策,如减少外国企业的税收等。其结果是惊人的发展,快速改变了城市面貌和社会经济形态。

尽管如此,大多数上海人都曾经认为这是一个没有品位,没有文化和历史的地方。是的,历史、艺术是如此重要,浦西拥有这一切。

走出去,享受浦西一个美丽的下午,参加各种文化和社会活动,没有什么比去武康路的咖啡馆、复兴西路的酒吧和安福路话剧剧场更合适的了。

浦东吸引了浦西的人群欣赏它的天际线,但大多数人都不去那里,更喜欢待在浦西。远远看浦东就够了。在现实中只看到这一部分的浦东就够了,因为浦西有更多的东西可以提供。

我以前一直认为浦东是一个只有玻璃钢造型,没有多少人性维度的社区,它反映了一种冷漠和一种无法比拟的厌倦感。国际建筑风格没法得到中国文化的共鸣和认同。事实上,同化现象是任何一个国际性都市的共性。幸运的是,这只是城市的一部分,它的新面孔。如果上海全部是浦东这样,没有人会感到幸福。

浦东是壮观的,到处都有摩天大楼。闪闪发光的外墙反射图像,给人一种震撼和向后穿越的感觉。人们匆匆忙忙地上下班,整个世界似乎都很忙。那里有一种能量,一种吸引力。经济正处于巅峰状态的同时,也有很多财富和创造力。浦东似乎是冰冷乏味的,但当你去那里时,还是会产生一种强烈的兴奋感。我们经过一个不太漂亮的住宅区,有很多工地。邻里正在蜕变。风景很乱,但是很美。掺杂了新的摩天大楼和一些老的建筑.这增加了景观的真实感和不可抗拒的丰富感。所有的形状和颜色都参与了景观的美。

我们到达浦东发展展览馆。巨大的电子屏幕放着一个关于浦东的视频广告叫 *Frame of Time*，看上去这个地区是一个成功的，值得骄傲的地方。我们看见一个浦东开发初期的小项目介绍，他们想通过这种方式表现浦东的历史。我很高兴看到浦东的城市发展计划。浦东，隔着黄浦江，占据了重要的发展地位。正是在这里，这座城市的另一个新的部分将诞生，这是其时代的同义词，也是今天中国梦的承载。这个发展计划中有两座桥和两个隧道把浦东连接到浦西。

陆家嘴似乎有更多的象征意义，而且肯定是最受欢迎的一个地方，规划非常精细和认真，所有的标志建筑均分布在世纪大道两边。一些照片说明浦东怎么从一个农业区进化到一个非常发达的当代社区，金茂大厦等摩天大厦的模型标志着陆家嘴才是这座城市未来的天际线和明信片主题。

我们到达了针灸中心。我不太明白医生说的话。但他仍然亲切地指导我们，介绍他的工作场所。在医院入口处有巨大的海报，展示了中国哲学的一个基本理念——阴阳及其与针灸医学学科的密切关系。医院的室内设计非常精致，整个走廊里都有美丽的书法作品陪伴着病人。药房绝对漂亮，有圆形窗子和木制家具。草药的香味很宜人，医院似乎很忙，很受欢迎。最有趣的是使用触觉屏幕将针灸知识通过游戏的方式介绍给访问者。

午休期间，我们在一家餐馆吃中国菜。这张桌子又大又圆，菜的味道很特别，我对中国菜很欣赏。

然后我们参观了传统医学博物馆。再一次，证明了中国文明的特殊性。由于中国人对卫生非常重视，他们总是在这方面保持着一些文化习俗。中国人很早就有学校和药房。我也很惊讶，因为酒精的使用总是通过与草药混合来治疗。针灸、按摩和各种体育锻炼是中国人日常生活的一部分。寻找长寿和健康的生活方式是人类一个永恒的问题。

之后我们参观了三菱的公司。代表们介绍了该公司、其历史、管理结构以及最重要的产品。最流行的设备之一是一种空调系统，它有一套适合上海气候的技术，它能保证舒适性和经济性。我们参观了工厂，我有机会看到工人在劳动，一个难忘的景象。我访问浦东不同的社交城市的代表性场所，这改变了我对这个街区的形象。

今天，我知道，这是一个充满活力的地方，它有着深刻的人性维度。但是，作为一个生活在浦东的普通上海人，他也许一辈子也不会有机会参观我今天去过的地方，他会了解浦东这么多的故事吗？

第八章
我与孔院

孔子学院是海外学生学习汉语、了解中国的平台。很多外国学生通过孔子学院和汉语结缘、和中国结缘。从陌生到熟悉、从畏难到喜爱，虽然他们与汉语的第一次亲密接触，原因各有不同，但与全世界每个学习外语的年轻人一样，新的语言打开了新的世界，带来了新的想法，以及从未有过的体验。这甚至帮他们一步步明确了未来的发展目标，助他们踏上实现梦想的道路。在海外孔子学院学习过的优秀学员有机会来到中国，进一步提升汉语和寻求梦想的实现。这些国际学生往往需要一个比较高的汉语水平考试成绩和口语考试成绩，这一章中，他们讲述了自己和孔子学院的故事，也展示了自己在海外孔院、在同济大学的汉语学习成果。

美丽中国

波林娜(俄罗斯)

我叫 Zalyaeva Polina,波林娜。四年前我入学俄罗斯的新西伯利亚国立大学,开始学习东方学,开始学汉语。对外国人来说学汉语真不容易。学习我的专业、学汉语的时候我遇到不少困难,但是我觉得四年前我选择了对我来说最合适的一个专业。学习汉语虽不容易,但是学习过程真的让我很开心,很充实。可以说汉语成了我生活中不可缺少的部分。

我的大学生活中,除了学习以外我还参加了不少关于学习中国文化的活动。那些都是由俄罗斯新西伯利亚市孔子学院和孔子课堂组织的。

我在大学开始学汉语的时候有机会在孔子课堂练习中国书法。老师教我们如何准确地拿笔,慢慢地用毛笔写汉字。这书法课真的让我们变得更有耐心。我参加了两次新西伯利亚市孔子课堂的书法,都获得了证书和很好的奖品。从那以后我开始更多地关注中国古代文化,参加的孔子学院的活动越来越多。就这样,我和孔子学院的故事开始了。

从小时候开始我就特别喜欢唱歌。学外语和唱外语歌曲就是我的爱好,所以从我开始学汉语以后,我就开始学习唱中国歌曲了。我的汉语老师告诉我,孔子学院每年都有中国歌曲比赛。这个消息真的让我很开心,因为我很喜欢在舞台上表演。从那时候起,参加孔子学院中国歌曲比赛成了我的习惯。在参加这个活动的过程中我认识了不少对汉语和中国文化感兴趣的人,交了很多朋友。

2016 年 2 月,我在同济大学担任了一个大型活动的主持人。那就是 2016 年春节晚会。对每个晚会来说,主持人是很重要的一个角色,因此每个主持人都应该很清楚地了解晚会的节目,当然还不能让舞台下面的观众觉得很无聊。这是我第一次当那么大型那么重要的晚会的主持人,虽然我很害怕自己表现不好,但是我身边有不少愿意帮助我的老师,所以我不太担心。那年春节晚会给我留下深刻的印象。我很喜欢跟我的中国老师和中国朋友一起主持晚会,很喜欢欣赏那么多精彩的表演。希望以后我还可以参加这样的活动。

和很多学汉语的学生一样,我参加了 HSK 汉语水平考试。今年我也参加了世界闻名的汉语桥比赛。参加这个比赛给了我检验自己汉语水平的机会。我觉得有机会参加孔子学院的这些考试和比赛能让我们了解自己的汉语水平,能让我们以后在学习汉语方面有更大的进步。

我从开始学汉语的时候就很想去中国学习,多学习中国古代文化,成为中国大学里的一个学生。我知道汉办孔子学院有专门针对想在中国学习的学生的奖学金。我觉得既然有那么好的机会,就一定要试试申请奖学金,这样离去中国学习的梦想就更近了一步。四年前我知道了孔子学院,参加了很多这个组织的活动。这让我更了解中国,对中国文化更感兴趣。后来我想通过孔子学院给我的很好的机会,进入中国大学努力学习。在中国学习的一年中,我希望我能够提高我的汉语水平,更多地了解中国的文化习俗,当然,也能认识更多中国朋友。

汉语的魅力

奥黛丽(津巴布韦)

我叫奥黛丽,意思是“高贵的力量”,是一名同济大学的留学生,来自津巴布韦。我一直很想学一门外语,除了津巴布韦所用语言之外,我还想学其他国家的语言。我以前没想到自己会对汉语感兴趣,而且很多人都说汉语很难学。我记得我的朋友嘲笑我说:“你能把那些字画好吗?”我记得我给自己提的第一个问题就是:我能学好外语吗?这种担忧是因为我从未学过外语。但是突然有一天我有了信心,因为孔子学院愿意帮我学习汉语,我非常兴奋!我至今还记得我在津巴布韦孔子学院上的第一节课,当时老师让我们做自我介绍,轮到我时,我说出的第一句话是“早上好”,而不是自己的名字。“早上好”就是我学汉语迈出的第一步。我于2015年被选去中国人民大学参加暑假短期班。这次机会极大地提升了我的语言能力,也让我的梦想蓝图变得更加清晰。

我理解,汉语作为一种语言,根源于对生活经验的提炼、总结。选择学习汉语不是一个坏主意。我从孔子的著述,学到了很多道理。当我们想到孔子时,我的第一个问题是,他是一个怎样的人。从他的语录中可以看出,孔子强调一个人应该懂得什么是好的,什么是坏的,而“好”跟“坏”是可以相互转化的。看别人不好的地方,也可以帮助你纠正你的错误。他教给我,一个人应该知道什么该做,什么不该做,永远做一个绅士并总是愿意倾听别人说的话。我记得孔子还说过这么一句话:见贤思齐焉,见不贤而内自省也。意思是当你遇到品德比你优秀的人时,你应该向他看齐,当你遇到品德不如你优秀的人时,你要审视自己,看看自己身上有没有同样的缺点。我把这句话铭记在了心中!

在过去的两年时间里，我学到了很多知识，不仅有关于孔子和中国文化的，还有如何读、写汉字。孔子影响了我跟我的汉语老师。在生活中，一个人没有文化无法理解语言，因此，只有了解了文化，才能更好地理解语言。我觉得这是我学汉语的出发点，正是这个出发点使我对汉语产生了浓厚的兴趣，并帮助我一直坚持学下去。我希望以后能学更多的汉语，尽管现在我对汉语知之不多。不管怎么说，我来了，我要深入地学习汉语。有的人说，不要在意别人怎么说，你首先要对自己有信心。有孔子的指引，我是不会失败的，所以我总说“我的孔子学院”。

一个有缘分的故事

张思悦(希腊)

每个人的一生中,总会发生很多的事儿,很多不可捉摸的事儿。有的人认为,这些事儿的发生完全是偶然。可是我认为,每件事儿的发生都是有原因的。对我来说,在我的生活中发生的那些事儿正是让我一步一步走近中国的原因。这篇文章是我和中国通过孔子学院"神交"的故事,也是我为什么今天在上海的故事。

小时候,我在希腊,我总是问自己:其他国家的人是怎么生活的呢? 他们有些什么传统呢? 特别是对中国,我有很多疑问,十分好奇。我对汉语特别感兴趣,汉字的样子也让我很好奇,汉语的发音让我的心感到异常、别样的温暖。我十分渴望学习这个让我着迷的神奇的语言,可是我必须等,还要等很久才能去中国。

时间一天天流逝,我的梦想在哪里了呢?

高中毕业以后,我特别想马上开始学习中文,可是在希腊,没有大学开设汉语专业,所以我决定去德国学习。刚到德国时我很努力地学习德语,几个月以后我成功地进入了德国埃尔朗根大学汉学系学习。

这件事儿是我一生中最重要的经历之一。

我们汉学系的老师都是来自纽伦堡-埃尔朗根孔子学院。开学的时候,第一天上课我很激动,因为我那么多年的梦想终于成真了! 我终于可以学习汉语了! 那天是我第一次觉得那么开心,这是因为我知道了,从那一天开始我的生活就要改变了。现在看来,我的感觉是对的。

在孔子学院学习的时候,我们学得很开心。上课的时候我们玩儿着学,学习汉语不是任务,而是游戏。我们不像是同学和老师,更像是一家人。除了上课以外,我们经常一起做饭:包饺子、烤饼干等,有时我们也会一起去音乐会。

有一天,我们的老师提出一个特别棒的建议:“我们来做一个剧团吧!”我们都同意了。她写了剧本,我们认真排练,我们排练的是《梁祝》。在我们系圣诞节的联欢会上,我们剧团给大家表演了这出改编的《梁祝》,大家都很开心!因此,孔子学院的主任向我们发出了邀请,我们需要把这个戏剧在海德堡再演出一次。我们激动万分!孔子学院给我们购买了《梁祝》的行头,于是两个月以后我们在海德堡的“汉语桥”的活动上又表演了一次。

这就是我跟中国老师的缘分,我跟孔子学院的缘分,我跟汉语的缘分,我跟中国的美好的缘分!

那一天我永生难忘,我看到了我们大家努力排练的成果。那么多次的排练,虽然有时很辛苦,可是每次我们大家在一起的时候,我是最快乐的。

那一天我明白了,不管我们是不是最好的、最成功的,只要我们在一起,当我们一起努力的时候,这就是最幸福的。今天我在这里,是因为我收到了中国送给我送的礼物:我的中文老师们的支持、我汉学系同学们的爱、中国人的热心以及中国美丽的语言和悠久的历史。中国,谢谢!

为成为汉语老师而努力

林婕珍(吉尔吉斯斯坦)

"老师,同学们好!我叫林婕珍,来自吉尔吉斯斯坦。今年26岁,获得了孔子学院奖学金到同济大学读硕士。未来想当一名汉语老师。"最近我常常就是这样作自我介绍。好像没有什么特别的,可是我故乡的老朋友们,大学同学们,老师们第一次听到这些话时真惊讶。因为我以优异的成绩,毕业于吉尔吉斯斯坦土耳其玛纳斯大学,本科专业为公共关系。毕业论文也是用土耳其语用来写的。那我为什么选择要这样一条新道路呢?

其实我从小对中国有浓厚的兴趣。听爸爸和姐姐讲中国很多有意思的事情,通过他们带来的照片,电影和纪念礼物了解中国,同时我自己也非常想去看一看这个古老的国家。毕业大学以后我决定了试一试,到比什凯克人文大学的孔子学院汉语班学汉语。一开始我觉得汉语非常难学,汉字很难记,不过后来越学习越喜欢,又觉得每个汉字都很美丽。

为什么我改变我的看法?答案非常简单,原因是我的第二位汉语老师徐老师,当时在新疆大学读研究生,去我们国家教汉语。她比我大3岁,我们有一些共同的兴趣,我们的关系越来越亲近了。徐老师一直鼓励我学习汉语,相信我会得到孔子学院奖学金。天天上她的课我了解了中国文化,风俗习惯,在教室里的欢乐气氛让我更喜欢中文。而下课后呢,徐老师跟着自己的学生了解我们国家概况、民族习俗和文化。我觉得通过这样有广阔的眼界的年轻老师,汉语和中国文化会吸引全球年轻人的注意和兴趣。

2014年我第一次得到了孔子学院奖学金来过中国,到北航进修一年汉语。今年我第二次获得了孔子学院奖学金,到同济大学读硕士。我真心感谢孔子学院和同济大学国际文化交流学院的各位老师相信我会成功也给我这个宝贵的机会!

孔子学院，梦想之源

井上智香子(日本)

我出生在日本，成长在日本，但我母亲是中国人，因此我从小就常常去中国的外公外婆家玩。我母亲有6个兄弟姐妹，所以我的表哥表弟表姐表妹还是挺多的，跟他们一起玩，聊聊天、逐渐积累了我的汉语基础。

我上高中时就决定要去中国留学，那时候我想去中国留学的理由是喜欢学汉语，想交很多中国朋友，还想给自己完全说中文的机会，于是我找到了樱美林大学孔子学院。在那里学了一年汉语，然后来到同济大学。在孔子学院的一年中，我认识了几个从同济大学来的老师们，他们激起我努力学好汉语的热情和愿望。

首先老师不厌其烦地纠正我的发音。我妈妈是南方人，受她影响，我说话时不会发“zhi、chi、shi、ri”这样的卷舌音，老师就耐心地教会了我。老师给我介绍了中国56个民族及其不同文化，还教我很多方言，文化习俗，如北方与南方的文化差异等，通过老师的课，我渐渐迷上了中国。

其次通过讲座、看中国电影，我对古代中国与当代中国有所了解。我发现中国和日本的文化有很多地方是相同的，而且不少日本文化受中国文化的影响，比如：汉字、成语、十二支、节日等，数不胜数。如果没有中国文化，就没有现在的日本文化。

孔子留下了很多名言，其中我最喜欢的是“三人行，必有我师”。我认为老师或者前辈才是我学习的榜样，只有向他们学习，我才能学到很多东西。在孔子学院遇到的一件事让我认识到这句名言的真谛。樱美林孔子学院的同学都比我大，其中有一个比我大20岁的同学曾经对我说：“我最近在大学认识了一个中国女留学生，她平时都很认真学习，连等校车的时候也在朗读课本，抓紧时间学习日语。我很佩服她的学习态度，我也应该要像她那样学习汉语。”他的这句话给我留下了深刻印象，很受启发，他已经是我们孔子学院最认真的学生了，但他还向别人学习，而且是向小他十几岁的中国留学生学习，这时我才知道我们应该要向每个人学习，要有随时学习之心，才会有所长进。

我在孔子学院不仅学到很多知识，还端正了学习态度。在那里，我对中国越来越好奇。我学汉语的目的变成了——要了解中国、热爱中国。

对我来说，在孔子学院的一年学习是非常珍贵的，以后我无论到哪里，孔院的一年时光都会永驻我心里，无论遇到什么困难，孔院老师们、同学们的激励都会陪伴我去战胜困难。

现在，樱美林大学孔子学院帮助实现了我来中国留学的梦想，来到中国名牌大学——同济大学上本科，所以我要好好把握这个机会，珍惜每一天每一刻，天天向上。

感恩孔子学院

蕾　拉(哈萨克斯坦)

我六岁时跟妈妈外出,第一次在哈萨克斯坦看到了两名中国人。我很惊讶地看着他们,虽然一听他们说的话就知道应该不是哈萨克族,但觉得他们像哈萨克人一样亲切,很想跟他们亲近交流,从那时起,我心里对中国和学习汉语产生了兴趣。

十年过去了,有一天,在学院里看到了有汉语课,脑子里一下子就闪现出十年以前学习汉语的理想,但是自己不敢去报名,就回家了,想问问妈妈怎么办? 妈妈安慰地说:你先试试看吧,去看一下第一门课怎么样,如果难的话,那就别学了。第二天我上了第一次汉语课,老师是哈萨克人,教得很好,不觉得有什么问题。然后决定继续学汉语。

刚开始的时候,觉得不怎么难,感到汉语课很有意思。但有的同学不愿意再来上课,不想学习,因为对他们来说,写汉字非常难,记不住,而且发音也不对。就这样,班上同学越来越少了。刚开始时有二十几个学生,三个月以后只剩下了七个。后来老师告诉我们,因为学生太少了,所以我们也不能再学习了。我自己不想半途而废,下课后就去问老师,有没有别的办法学习汉语,于是她建议我去孔子学院,给了我学院的地址。我高兴极了,马上打的去了那个地方。晚上六点了,天已经黑了,初冬,外面下着雪,冷得不得了。我到了那个地方,左看看右看看,看不到孔子学院,再看老师给我的地址,后来才知道她数字写错了。问了外面的好几个人,怎么去到孔子学院,他们都不知道,可能因为学院是新开的。过了一小时后,我终于找到了孔子学院。第一次进去的感觉我永远不会忘记,大吃一惊。室内设计非常豪华,比我们国家的学院高出几个档次,老师们都是中国人。

那里学了四个月，我的汉语水平提高了。老师要求我们要通过 HSK 三级。对通过三级的学生，学院给机会去乌鲁木齐两星期学习和旅行。我们班的同学都通过了，我高兴地告诉妈妈和朋友，就开始了旅途。我真是欢天喜地，觉得我的一个梦想实现了。非常感谢孔子学院的老师们，给了我这么好的机会。

到了乌鲁木齐，城市非常漂亮，山水人文吸引了我。在乌鲁木齐我有了两个计划，看看中国的大学和生活。那里样样都和我们国家完全不一样。比如，我们国家的大学只有一幢楼，在中国，大学像是一座“小城市”，什么都有，而且老师给学生上的课我非常喜欢。他们和蔼可亲地教学生们，如果不明白，没关系就再教你一次，这个在我们国家都看不到。外面的人都很热情，他们很早起床就锻炼身体。运动是他们的第一件事。

回家后，我决定去中国上大学。那一年是我高中毕业年，每天都考试，没时间去孔子学院去上课，但我还是努力赢得了同济大学孔子学院奖学金，这是我生活中最最兴奋的一件事。

来到上海读本科，老师们教得非常好，教学环境也很好，第一年我感到很辛苦，同学们的汉语水平参差不齐，老实说，我的汉语水平比他们低很多，我需要不停地努力学习。老师也经常帮助我。

同济大学孔子学院给学生们很多机会参加各种各样的活动，还带给我们免费去靠近上海的城市旅行。这当然为了让学生们更多了解中国的文化、民俗、传统和历史。

作为同济大学本科孔子学院奖学金生，我感到幸运，也很幸福，更是自豪。我希望今后以自己的加倍努力珍惜这个机会，回报孔子学院，回报中国。

我在孔子学院的收获

杨如风（老挝）

我是一个心地善良、活泼开朗、坚强独立、乐于助人，办事雷厉风行的老挝女孩，自从2014年孔子学院选拔我到同济大学留学以来，孔院带给我多种多样的“喜出望外”。

良好的汉语学习环境，激励我“一寸光阴一寸金”，我勤奋刻苦学习，努力做到门门功课成绩优异。丰富多彩的文化活动，更是令我耳目一新，我抓住所有机会参加学校学院组织的活动，不管是打太极还是学剪纸，不管是跳舞还是朗诵诗歌，我都不愿错过。在学校迎新晚会上，在学院老师的古琴伴奏下，我跟十几个留学生朋友一起朗诵并吟唱了李白的诗《静夜思》，那种古韵诗情太美了，我陶醉其中。除了参加校内举办的活动，校外的我也参加。我和老挝朋友被派去天津参加“中国东盟文化节”，登台表演了老挝的传统舞蹈，展现老挝的文化，赢得了很多国家留学生的称赞和老师们的表扬。

我还是一个喜欢出游、盼望外出的女汉子！同济孔院及我所在的学院还带我们到杭州、苏州等各地去体验领略风土人情。就拿给我印象最深的一次文化体验来讲吧，大一的时候，我们去了中国古代四大美女之首“西施”的故乡——浙江诸暨。那儿青山绿水、山峰蜿蜒起伏、树木枝繁叶茂、风景优美如画，真的让我流连忘返！我不仅看到了中国的旖旎风光和当地风土人情，而且还通过西施故事深入地了解了古越国的文化。

家人看见我经常参加各种活动，常常问我：“你到中国来到底是留学，还是来旅游的？是不是光顾搞别的事，把学习给抛弃了？”我回答说：“你们放心吧！我永远把学习放在第一的！绝不辜负父母的期望，绝不辜负老师的教诲，更绝不会辜负孔院给予我到中国留学的美好机会！”

虽然我来中国的时间不长，但我收获的东西可多了！每一次参加活动，我都结交了很多来自中国各地及各国的朋友，不仅拓宽了我的眼界，更让我学到不同的社会经验，最为关键的是参加的活动越多，我的汉语水平也越来越高啦！

若是当时我没被孔子学院录取的话，这么多的美好是永远不会在我的生命中实现的，我在此衷心地对孔子学院说：“谢谢！”

作为一名老挝学生能到中国来留学，我感到非常荣幸；作为一名孔子学院奖学金生，我感到无比自豪。一个不发达国家的学生能到繁荣富强的国家深造，这是我一生中最最庆幸的事。孔子学院对于我来说恩同山岳，正如我的名字，我愿做一只中国与老挝睦邻友好桥梁上翱翔的凤鸟，传递吉祥和谐、友爱友谊到永远！

孔子学院让我的未来更美好

杜　乐（吉尔吉斯斯坦）

在我很小的时候，我就知道在吉尔吉斯斯坦的东面有一个国家叫中国，很大很漂亮，然后我就无法自拔地爱上了中国，希望有一天能够去中国学习。我很喜欢北京的天安门、故宫以及中国每一个地方，因为我爱上了字正腔圆的汉语。偶尔看到有中国人从身边走过，说着一口流利的汉语，我就格外羡慕。于是，我努力考进了同济大学。这里有中国朋友，从他们口中我重新认识了中国，与此同时又增强了我学好汉语的信念。我从大一开始努力考汉语考试，看中国电影，听汉语歌，参加比赛……终于功夫不负有心人，我成功了！通过了 HSK 五级了。现在满是激动和兴奋。

我一定好好把握这次机会，更加努力。我相信滴水穿石，更相信学到的知识是一辈子的财富。我很庆幸我自己的选择，这也是我对未来的期许。我相信我会比现在更努力。我学习汉语的原因很多，我学习汉语的最大的原因是：第一，中国是一个正在努力崛起的国家，我喜欢中国古老的文化与突进的现代科技。中国与中亚五国经济文化交流越来越密切，学习汉语将来可以帮助带动家乡和中国之间友好发展，因此我一直都有一个"中国梦"。第二，中国的电影业正在慢慢进入世界，我喜欢中国的电影和演员。我的留学计划是好好练习口语，我会结交更多的中国朋友，向他们学习发音。

我现在特别爱去中国那些宽敞明亮的图书馆读书。那里很安静，有很多书，我肯定不会浪费时间，我要好好拾掇自己的精神家园。

我在学习的过程当中参加各种社团活动，丰富自己的留学生活。我经常会和同学们一起郊游,去很多地方增长见闻,接触古老的中国文明。到了上海以后我的梦想一步一步地开始实现了。因为孔子学院的支持与帮助,我成为了一个相对有知识有文化的人,因为孔子学院的支持我的未来肯定会很美。

我的梦想

齐　娜(吉尔吉斯斯坦)

我是同济大学汉语国际教育专业的一名本科生。来同济之前我在本国的一所专科院校读过3年汉语。我还记得那时候我最大的梦想是来到中国学习汉语,亲身感受到这里的气氛。为了实现自己的梦想我埋头读书,踏踏实实地学习,还会参加各种各样的比赛。2013年在吉尔吉斯的汉语桥比赛得了第二名。然后我有了机会去中国观摩汉语桥夏令营。

真没想到孔子学院给我的那两个星期的旅游会变成我一生中最宝贵最有意义的一次经历。那段时间对我来说是最美好的,最精彩的,因为我的梦想终于实现了。通过那次旅游我不仅了解了中国和中国文化,还了解了其他国家的情况,最主要的是认识了世界各地的朋友,这些都开阔了我的视野。中国人的生活节奏让我懂得要珍惜时间,要学会更多的东西,认识不同的世界。用现在的时间去做你想要的事。特别是我看到汉语桥比赛时才意识到我要走的路,花的时间会多么长。汉语桥给我的这一切就是我进步的主要动力。此外我想强调孔子学院给我的无价礼物是汉语桥上认识的朋友。一直到现在我们还保持着联系。在非常短的时间内我们都成了好朋友。我非常感谢孔子学院给我们,给世界这样的交流场合。

专科院校毕业后下决心去上海上本科。听到通过考试的消息我兴高采烈。因为上海是一直以来我无比向往的城市。上海是一个快速发展的,繁荣的国际大城市。这座城市的建筑风格非常吸引我。在这里同时可以看到中国的传统建筑和现代的高楼大厦。在上海世界的一切好像融合为一体了,万事万物连在一起了。我十分高兴能住在这里,能感觉到这座城市的魅力和它的奇特。

最后,我要说的是我万分感激孔子学院的每一位老师。我很感谢孔子学院给我了解汉语,了解中国的机会,也让我找到了自己的人生方向!

美丽中国，美妙孔院

诗　卡（吉尔吉斯斯坦）

每次我说我在中国学习汉语，大家都问为什么我选择了来这么稀奇的国家来留学。每次我回答：“这是我小时候的梦想，我从十岁开始特别想学习世界上最难学，最有意思的语言之一的汉语，而且世界上大部分人说汉语，中文很有前途。以后肯定能找到工作。”

在中学的时候，我们要学习几门语言，但是其中没有中文，只有德语和韩语。我记得我一点儿也不想学习这些语言，因为我想，如果学习它们，我脑子里不会有地方再学汉语。那时候我真是一个小小的孩子。

起初我父母不想让我来中国留学，因为当时我很小，我 16 岁就高中毕业了，他们以为我十八岁才毕业，然后考上吉尔吉斯斯坦的一所大学，于是三年级时才来中国见习。父母担心一个这么小的姑娘怎么能在陌生国家一个人生活。最后他们终于答应了，因为他们知道我多么想在中国学习。

2013 年我来到中国的首都北京，这是一个雄伟壮丽的城市，从机场一出来，就爱上了北京。我在北京语言大学学了一年的汉语。北京语言大学是一所很好的大学。老师对学生很体贴。教汉语教得也特别有效。多亏北京语言大学，我不但学会了汉语，而且学了很多别的东西。还交了许多中国和外国朋友。我很珍惜他们。

2014 年我来到河南省的开封市，在那儿我学了半年的汉语。开封比北京小得多，人也比较少。但是开封也非常漂亮。城市附近有很多山，还有许多美丽的大公园。我还喜欢河南省的省会郑州，郑州很大，也有很多有意思的地方。我最喜欢的是郑州的动物园，特别大，特别精彩。我含笑回想在那儿的时光。

2015年我在吉尔吉斯斯坦的时候，比什凯克人文大学举行孔子奖学金考试。幸而我得到一等奖，得到机会来同济大学上学。

2015年9月我终于来到上海上本科。上海多么漂亮！我迷上了这个美妙的城市。同济大学的老师们很热情，中文教得也很好。我打心里感激孔子学院给了我在上海最好的大学之一的同济学习。

体验孔子学院魅力，做中华文化传播者

雪　云（乌兹别克斯坦）

我叫 Shirin，中文名字叫雪云。1997 年我出生在乌兹别克斯坦的首都塔什干。我与孔子学院的故事是我生命之书中最重要的页面。

小时候，在我内心深处，有一个愿望，那就是到我朝思暮想的中国，亲自去领略一下这个神秘古老而有充满现代气息的国度。

我还记得那一天，我妈妈第一次陪我去孔子学院。那天我感觉很激动，心里有说不出的高兴。我第一个汉语老师——王老师是一位又聪明又漂亮的女士。她每天耐心地教我们汉语，给我们上课非常辛苦。在课堂上，我们用汉字写下对中华文化的感受和理解，用声音道出对神州大地的热爱和向往。

人的一生中，遇到过许多老师。或情同知己，或形同陌路，而遇到一位好老师，则是一生的幸运。我庆幸自己，遇到了这样一位好老师。她教会了我许多语文知识。我知道我不是她最好的学生，但她是我最好的老师。

对于中国，我有懵懂的了解，中国属于东亚国家，是传统的东方礼仪之邦，具有悠久的历史和灿烂的文化。

有一天，听到了关于汉语桥比赛的事情。我很想参加汉语桥中学生中文比赛。亲眼看看中国的魅力。后来发生了我做梦也做不到的事儿，第一届汉语桥乌兹别克斯坦中学生中文比赛中我获得了二等奖。从那时起我开始更加努力学习汉语，中国文化和历史。2015 年我到了中国，观摩第八届世界中学生汉语桥比赛。在中国我交了好多来自各个国家的朋友、一起学会了书法，剪纸，唱歌，体会到中国文化的魅力。后来我发现，参加汉语桥比赛的大部分学生都是跟我一样孔子学院的学生们。在世界上到处开花的孔子学院传播着中国语言文化及和平发展的新理念。

世界汉语桥比赛有这样主题“学习中国话，朋友遍天下”。这句话到现在深深地留在我心里面。非常感谢孔子学院给我参加汉语桥比赛的机会。

习近平主席夫人彭丽媛女士曾经在乌兹别克斯坦总统夫人卡里莫娃女士陪同下，参观过我们孔子学院。彭丽媛女士观看了我们的精彩演出。我们用中文表演了歌曲《黄土高坡》、诗朗诵《中乌友谊之家》、演讲《学会中国话，朋友遍天下》。书法课堂里，彭丽媛女士勉励我们勤学苦练。对我来说，这是个莫大的荣幸——跟中国的第一夫人互相交流书法经验。我喜欢上了她。从那天起，她就成了我心目中女性的偶像。

我很早就希望能有机会去中国留学。今年我这个梦想终于实现了，心里有说不出的高兴！我通过 HSK 考试后，得到了孔子学院奖学金。如今，我在上海同济大学学习汉语言专业汉语国际教育方向。

我很荣幸能在那么出色、世界上最有名的大学之一的同济大学学习。在上海我遇到了很多中国朋友。他们都热情地帮助我。这一切都让我感到无比的亲切与温暖。

孔子学院在我心中留下了美好难忘的回忆。在孔子学院学习这四年是我有生以来最开心，最有意义的时光。这段时间获得了那么多的机会，那么多的经验！深谢孔子学院对我们的关照。

我立志学好汉语梦想着将来成为一名优秀的汉语教师，我要把博大精深的中国文化和中国人民的友好情谊传播到我国的每一个角落，输送到每一个人的心中。

难忘的孔子学院

阿力努尔(哈萨克斯坦)

我小时候很喜欢看武打片。有一天我和爸爸在看一个很有意思的武打电影,我问爸爸:“爸,这是什么电影?这个很美的地方是哪儿?这个电影主角是谁?”

爸爸回答:“儿子,这个很美的国家是中国,这就是中国的武打片,那个电影主角是世界上最有名的成龙。”

我说:“中国真漂亮,爸爸我要去中国。”

爸爸说:“宝贝,那你长大后,我让你去中国学习,但是中文是世界上最难学的语言之一,汉语有很多很多汉字,你看这就是汉字,难吗?你想学吗,儿子?”

我马上回答:“爸,我想学,我想学。”

我十六岁的时候开始找汉语老师,但是我找不到。然后我上网看看有没有中国老师,找到了一个学院,这就是孔子学院。从这个时候起开始了一个故事,这就是——《难忘的孔子学院》。

我高中的时候每天下课以后都去孔子学院学习汉语。对我来说学习汉语很有意思。我要介绍一下我们的孔子学院。

孔子学院是中国国家对外汉语教学领导小组办公室在世界各地设立的推广汉语和传播中国文化与国学教育的文化交流机构。现在差不多在100多个国家有孔子学院,有很多学生在孔子学院学习汉语,想学习汉语的人越来越多。在孔子学院不仅学习中文,而且学习中国文化、中国历史、中国古典音乐和现代音乐,还有你可以了解中国传统服饰、中国饮食,还有很多很多东西。如果你在孔子学院学习,你有很多机会去中国旅游或者去中国留学、参加比赛等。

我很喜欢孔子学院，是因为令我难忘的事情大部分发生在这个学院。

我要给你们讲一件我很难忘的事情吧。十月十七日是我的生日，我来了孔子学院，一切照旧。但是下课后，我的同学们同时唱起了一首歌：祝你生日快乐，祝你生日快乐，然后给我礼物，还有一个大大的蛋糕，我的同学们为我点上了蜡烛，说吹蜡烛前先许愿吧。那时候我就许愿：要学好汉语，要来中国留学。吃完蛋糕以后老师说，在学校附近有一个中国饭馆，我们一起去那边吃饭吧。在饭馆一个同学说，阿力努尔，现在请你吃一种菜，是过生日的人一定要吃的。我想都没想，就品尝了一下，啊，那么辣，眼睛都辣红了，吃不下去了，我喝了很多水、饮料。这是我第一次吃辣子的事。同学们都哈哈大笑起来再次祝贺我生日快乐。

在那儿我还交了很多朋友。这个学院的每一个老师都很热情，无论你遇到什么事情什么时候都会帮助你。

去年我参加了哈萨克斯坦的汉语桥大赛，我获得了哈萨克斯坦的第二名。

去年在我的生活里有了一个很重要的梦想，就是去中国，去上海同济大学读本科，今年我的梦想实现了。我现在在上海同济大学学习很开心。同济大学是中国最好的大学之一。

我要继续学习汉语，未来当一名汉语老师。这是我新的梦想，但只要努力，梦想就有能力实现。所以我希望我的梦想会实现。

这就是我和孔子学院的故事。我觉得，孔子学院，就是一个让年轻人找到梦想并帮助你实现梦想的好地方！

我和孔子学院的故事

潘成功(柬埔寨)

多年前,我是一个不懂中文的人,一点也不会。可是我很喜欢汉语,喜欢中国。而且,我从小到大也有一个梦想,我的梦想就是去中国留学,那为了实现我的梦想,我自己应该要做哪些事情呢?对!首先要学会中文,那为了学会了中文我应该怎么办呢?为了学习中文我要去找一个华校,可是我不知道要去哪里找?

有一天,我的朋友给我介绍了在柬埔寨很有名的一个华校就是“孔子学院”。孔子学院是我国家很有名的汉语学院。我从它那儿了解了孔子学院的好多事情。从那以后,我就开始在孔子学院学习汉语。在孔子学院学习汉语的时间里,我对它有很多好的记忆,有一些事情甚至让我流连忘返。我在孔子学院读书心里觉得很开心,我很喜欢孔子学院的教育方法,喜欢孔子学院的各位老师。在孔子学院学习中文,我觉得一天比一天我的中文进步得很快。为什么呢?因为孔子学院的老师们都是中国人,所以他们都有了很多很多的教育经验。而且,孔子学院不仅教我学习汉语的地方,孔子学院还是一个会让我认识很多新同学的好地方,我还认识了很多中国老师。有空,我常常和同学们或者老师们聊天儿,这样会让我的普通话进步很快。每天,去上课的时候,只要到学校看到了学院,心里就感觉很高兴。

我在孔子学院学习汉语学了两年,我也有兴趣参加 HSK 和 HSKK 考试。我的梦想就是去中国留学,所以 HSK 和 HSKK 考试对我是个好机会了。因为这两个考试对每个学生是很重要的,也是个去中国留学的好机会,还会得到孔子学院的奖学金,所以,我要好好抓住这个机会。今年我已经收到了孔子学院的奖学金,心里特别开心,没想到自己能收到的。最开心的是:还在上海的同济大学读书呢。

最后,我有一些句话想对孔子学院说:我非常非常感谢你,感谢你让我懂得了很多的道理教会了我懂事。我会看,听,写和说汉语,这都是孔子学院带给我的。如果没有孔子学院,我的梦想也不能实现,如果没有孔子学院我更不可能来到中国留学,孔子学院是实现了我的梦想。我对自己许下若言,我不会辜负孔子学院的。如果没有孔子学院,我也没有今天。孔子学院给我所做的事儿,我永远记在心里。孔子学院,我爱你!

与汉语结缘

安 娜(俄罗斯)

中俄建交已逾70年,两国关系目前处于历史上的最好时期。在文化、教育、卫生、信息、旅游、体育和法治领域交流紧密。

中国是历史悠久的东方大国,古色古香但同时先进发达。近些年来,高速发展的中国吸引了成千上万的外国人前去参观、交流,而我也不例外。随着两国的密切交流合作,越来越多俄罗斯人对中国文化、文学、历史、语言产生了兴趣。两年前,俄罗斯正式将汉语列为高考外语考试语种之一。在俄罗斯的许多城市,学习汉语已经蔚然成风。

我学习汉语已经五年了,不过在最初两年,我对中国没有兴趣。那个时候,我觉得学习汉语比较枯燥,不愿意花时间做练习,写汉字什么的,所以我没有任何进步。但我依旧毅然决然地选择继续学习中文,因为我是个不服输、有冲劲的人,我决心考入大学东方学系,测试自己的能力。在大学第一年时,我们学习中国历史、文学、文化等等。我渐渐对汉语和中国文化产生了浓厚的兴趣,我有信心能够未来住在中国!

感谢孔子学院每年都组织夏令营,这是最好的去中国参观游览、学习中文、结识中国朋友的机会。去年新疆大学和北京外国语大学组织了“优秀孔子学院合作伙伴”项目之学生夏令营,我也得此机会能够前往中国的首都——北京。在北京我们呆了两个星期,从早上到中午我们学习中文,学到了很多汉字,甚至还学了许多我从未接触过的语法,我们的口语得到快速提高,在校期间我们还有文化体验课:中国书法、中国剪纸、中国结、中国功夫。下课后我们去看北京名胜古迹:爬长城,在那儿我们感受古人建筑长城的伟大,参观颐和园,去了天安门、故宫,去北京胡同品尝名菜的味道，吃到很多北京的特色小吃。值得一提的是我们都爱上了中餐，在餐厅用餐时，桌上的菜总是多得数不清！这两个星期我们还在曲阜呆了两天。曲阜以悠久的历史、发达的文化、雄伟的地上古建筑而享誉世界，是孔子的故乡。在那儿我们参观了曲阜最著名景点“三孔”：孔庙、孔府、孔林。我在那里终于体会到了山东人民的热情。舒适宜人的天气，美味可口的鲁菜，我想我真正的爱上了这座山东文化名城——曲阜。这两个星期在中国的学习给我留下了十分深刻的印象，通过这次留学更加激励我努力学习汉语。

值得一提的是，我就读的俄罗斯新西伯利亚国立大学就与中国的许多大学有着密切合作，如新疆大学、黑龙江大学等。每年，都有很多中国人来我们大学交换学习。我认识的很多中国学生回到中国后依旧和我保持着联系。我们互相帮助学语言，交流学习上的经验，讲述本国文化的特点，提高口语水平。我们一起去参观新西伯利亚名胜古迹，去歌舞剧院看著名的芭蕾舞，去鄂毕河边野餐，在一起做中俄菜肴，过中国新年时还一起包饺子，吃四川火锅等。东方学系的学生总是愿意积极参加孔子学院举办的活动，同时还帮助中国留学生参加和俄语有关的活动。我们在一起过中俄节日，比如我的大学每年都举行新春联欢会，我们一起舞龙舞狮、跳秧歌舞、扭秧歌舞。

两年前我第一次结交到真正的中国朋友，她是一个非常聪明，很有天赋的姑娘。她努力刻苦地学习法学专业知识，也想继续学俄罗斯法学、我觉得她将来会成为一名中俄法学专家。她帮助我了解中国文化和语言特点，可惜她现在回国了，我们不能经常见面，但依旧保持着联系。

每年孔子学院定期举办与汉语或者中国文化相关的各类活动，如“中国歌曲比赛”“中国影视配音大赛”“书法比赛”“汉语桥”“大学生中俄歌曲比赛”“魅力汉语，美丽辽宁”等。学生通过这些比赛提高自己的汉语水平，获得新的知识，而这些活动让我们有机会一次又一次的加深对中国文化的理解。此外，通过这些汉语比赛我更加自信。我参加了中国歌曲比赛，并取得了第二名的好成绩、在中国影视配音大赛我取得了第三名。除此以外，每年都参加书法比赛等等。

参加这些比赛，和中国朋友交流，在中国旅游等学习汉语方式帮助我顺利通过HSK考试，去年我有幸得到汉办奖学金，被同济大学录取了。对我而言，这确实是一种宝贵的机会，因为贵校作为中国著名的大学，有着众多优秀教师，先进的教育水平。这一定能帮助我获得新知识，了解中国的风俗习惯。虽然今年我没办法去中国留学，只能远程学习，我衷心希望可以在不久地将来再次回到中国。我热爱汉语，我喜欢同好们交流，喜欢扩大眼界，喜欢了解世界，喜欢接受新鲜事物。中国与中文永远刻在我的心中！

三人行，必有我师

陈光利（柬埔寨）

学习汉语、了解中国历史文化对我来说非常的重要。刚开始学汉语的时候，我觉得汉语很难，学习效果也不好。随着年龄的增长，我的汉语水平有了较大的提高，也了解到一些中国的历史文化，然而还远远不够。直到来到孔子学院，我对汉语、对孔子学院才有了全新的认识和了解。每当我走进柬埔寨王家研究院孔子学院大楼，感觉自己好像进到了一个中国村。那里有爱我们的老师，有活泼可爱的同学，还有包罗万象的图书馆，孔子学院这个大家庭让我的汉语水平不断地提高。在孔子学院的学习时光，是我人生最美好的一段历程。

我时刻谨记《论语》里面的一句话“三人行，必有我师焉，”这句话虽然家喻户晓，但是真正做到却很难。在我的学习道路上，每个人都有可能作为我的老师，孔院的每位老师在我的脑海中都留下了最深刻的印象。俗话说：“学好中国话，朋友遍天下。”孔子学院让我真正地体会到这句话的内涵。我已经深深地爱上孔子学院这个温馨的大家庭，她带给我知识，带给我欢乐。

通过孔子学院我知道了汉语桥比赛，我对这个汉语比赛很感兴趣，因此我决定参加这个比赛。2013 年是我第一次参加这个比赛，我的才艺表演是唱歌和剪纸，但是那时候我连第一轮都没通过，我的弱项是汉语水平，才艺表演也没有做好充分地准备。在哪里跌倒要在哪里起来，因此 2014 年我又参加这个比赛，这一次我准备的才艺表演是太极扇和太极剑。我的体质较弱，但我对太极的热爱和执着让我坚持练了下来。那时候我真得很希望自己能通过汉语桥比赛到中国去接触更多的中国朋友，深入了解中国的传统文化。一个月结束，我虽然能流畅地完成所学套路，但是缺乏武术中刚柔并济的韵味，也缺乏武术应具有的精神。经过这一个月的努力，在柬埔寨赛区我得了第三名，可以以观摩的身份去中国亲身感受中国文化的博大精深，我连做梦都不敢相信我能成功。我觉得不是所有的对手都是敌人，但是热爱汉语的人，都是一个大家庭。

通过汉语桥比赛我对中国的一切更感兴趣了，比赛结束后我一心把汉语学好，准备申请孔子学院奖学金去中国，想在这个创造众多奇迹的古老国家学习汉语。下了足够功夫，事情自然就会取得成效。我真的获得了孔子学院颁发的奖学金来到世界知名的大城市——上海。我现在在上海同济大学国际文化交流学院学习汉语。这对我来说好像是一场梦一样，连我自己都没想到我能够站在这里，能够在一个非常有名的、历史悠久、校风端正的大学学习汉语。因为同济大学对学生们和老师们都有严格地要求，所以能在同济大学里的都是人才和优秀的老师，在这里学生们要找到实现自己梦想的路，我也不例外。因为老师们都非常用心和耐心地教学生，利用各种各样的方法来教我，使我的汉语天天进步。在同济大学我学到了、知道了很多新的知识，让我大开眼界，使我更深入地了解中国历史文化。同济大学就是一座桥梁，把我接引到我的梦想。

在这里，我要感谢孔子学院给我一次又一次学习汉语的机会、感谢孔子学院把我的人生变得这么美好，这么精彩，感谢孔子学院的每位老师的精心教导。我希望能有一天我会把我学会的、知道的东西带到柬埔寨。

中国，你好

阿　亮（吉尔吉斯坦）

我的中文名叫阿亮，在孔子学院组织的各类比赛中，我获得的奖励不计其数。我要感谢孔子学院，感谢每一位老师对我的培养和帮助。

以前，我的爸爸总是对我说："中国是世界的未来。"他告诉我，古中国的文化历史悠久，新中国的发展速度像飞一样。从那时开始，我就对中国非常向往。然后我就开始努力地学习汉语。在开始学的时候，汉语对我来说很难，例如：有很复杂的声调，汉字的笔画很难，有的时候可以看懂，却不容易写出来。虽然这对我来说很难，但是我内心却从来没动摇过，我每天练习写汉字，听中文歌曲，上课的时候认真听讲，有什么问题都会立即请老师来解答我的疑惑。在跟着老师学习的过程中，我渐渐喜欢上了汉语和中国。老师对我的帮助非常大，我非常感谢教过我的所有老师，因为她们不但教我许多语言知识，还教给我不少做人的道理。除了在孔子课堂上课以外，我每天都会另外花上 4 个多小时的时间来学习汉语。随着逐步的积累和锻炼，我的汉语水平得到了很大的提高。我现在已经通过了 HSK 五级和 HSKK 高级，并取得了好成绩。

记得我第一次参加的是孔子学院组织的第四届汉语桥比赛，当我捧着一个证书回家的时候，爸爸高兴地说："我的儿子有出息了！"从此，我就喜欢上了汉语课。于是，我课外参加了孔子学院的汉语培训班，此外，表演中华才艺也让我学到了很多汉语知识。2013 年 5 月，我参加了孔子学院组织的第六届中学生汉语桥比赛，并获得了全国第四名的好成绩，孔子学院给了我暑假到乌鲁木齐参加夏令营的机会。我幸运地来到了乌鲁木齐，第一次踏上这片神奇的土地，亲身感受了中国的文化，目睹了城市的繁华，领略了红山的美景，品尝了新疆的特色美食，我感到非常开心。汉语，中国，深深地吸引着我！

2014年5月，我参加了第七届中学生汉语桥比赛，并获得了全国第三名的好成绩。因此有机会去中国云南和北京观摩决赛。"学会中国话，朋友遍天下"，在北京我看到了来自70多个国家的朋友，和他们一起参观天坛，游览颐和园、故宫和天安门广场，品尝美味的北京烤鸭，攀登举世闻名的万里长城。"不到长城非好汉"，在登上万里长城的那一刻，我感受到一种难以用语言来表达的感动。在云南，我们游览了名胜古迹。云南博物馆给我留下了深刻的印象，那里保留着中国人自己的文化，记载着云南的历史。中国人民勤劳善良，热情好客。中国的经济发展很快，他们为世界的和平，发展和进步做出了自己的贡献。这次中国之行，我体验了一种不同的文化，认识了好多新的朋友。

2015年5月我参加了第八届汉语桥比赛吉尔吉斯斯坦赛区预赛，获得了第二名。同年10月，赴云南参加第八届"汉语桥"世界中学生中文比赛，获得亚洲团体三等奖的好成绩。这次比赛，我有幸获得了孔子学院总部授予的"2016年度为期一学期的来华进修汉语课程的孔子学院奖学金"证书。我擅长唱中国歌，做过各种晚会和比赛的主持人。2016年2月，新疆电视台"一带一路"拍摄组来到吉尔吉斯斯坦，对我做过为期一周的专访。我知道，这一切都是我学习汉语的收获。

因为汉语这个窗口，我还认识了一个个鲜活的中华历史人物，有忠肝义胆的岳飞，有足智多谋的诸葛亮，其中我最喜欢的历史人物是伟大的儒学创始人孔子，孔子的教导对我产生了很大的影响，我很喜欢读《论语》，特别是"学而不思则罔，思而不学则殆"这句话，告诫我们不要读死书，读书要灵活多思考。汉语，让我为之倾心的语言。中国，世界四大文明古国之一，就像一只昂首啼鸣的雄鸡屹立在世界的东方，那样健壮，那样生机勃勃。这个有着五千年历史的国度，开始成为我梦想的土壤。

学习汉语和参加汉语桥比赛打开了我的眼界，使我了解了中国，看到了世界，看到了美好的未来。我学习中国先进的思想和文化，为我自己国家的发展和进步而努力。现在，我很荣幸在中国有名的同济大学学习。读完四年本科以后，我打算回国为吉尔吉斯斯坦的经济发展贡献力量。每一个人都有自己的梦想，我的梦想是成为中吉经济和文化交流的使者，为中吉友谊长存贡献力量。

最美的梦是中国梦

薛宝钗(博茨瓦纳)

最美的梦是中国梦,我喜欢中国的历史,也喜欢中国的文化,最高兴的是可以来到中国。

那是2006年,我的历史老师站在教室前面,向我们介绍中国的历史。我一直认真听,越听越入迷,觉得中国是一位"年轻的老人"。但是,中国离我们博茨瓦纳那么远,我看看地图,很神秘啊! 记得最清楚的是万里长城,真的太棒了! 我听到有人叫,看到很多人在上面,我想爬上去。

我第一次来到中国,参加了孔子学院的夏令营,好像到了另一个世界,很有意思。终于有机会爬上长城,看到了长城,长城像一条巨龙,中国人说:"不到长城非好汉。"那一天,我相信,我的梦想在中国,我可以实现我的梦。

去了长城,我已经很高兴了。后来想到中国生活,我不知道可不可以。大学毕业以后,很顺利,我找到了理想的工作,开始努力工作。有一天,收到了一封电子邮件,告诉我获得了孔子学院奖学金,我可以去中国留学,一边学习一边生活。虽然我很兴奋,但是又舍不得很好的工作,舍不得家乡的朋友,所以心里不知道怎么办? 后来,我一直想起那次历史课,中国的历史和文化很特别! 于是,我决定,我要去上海。现在,我很自豪,因为当初的决定是对的。

过去几个月,我了解了很多中国的文化生活。我去了不同的地方,在同济大学,不仅认真学汉语,还有机会实践,我去过泰州、曲阜和杭州。我生活的上海是中国的大城市,十分有名,是现代化的城市。这些地方,我最喜欢的是孔子的家乡——曲阜。到了山东,我慢慢知道了孔子的影响,影响中国,影响世界。孔子很伟大,中国的教育也很棒。这让更多的人实现梦想。

在同济大学，主要学习汉语，一天一天过去，我越来越喜欢中国，每天都很幸福。我和朋友们去吃美食，到不同的地方，每一秒都是高兴的。我希望回到博茨瓦纳，找到一份和中国有关的工作，将来可以常到中国。

在上海，你不知道明天是什么样的，有多么精彩。我想说，很感谢孔子学院总部（国家汉办）和同济大学给我这个机会。希望我能让博茨瓦纳和中国的关系更紧密。

在中国，我的梦实现了！

祖国，我回来了

周俊锋（德国）

8岁到23岁，时隔多年再一次来到中国这个既陌生又熟悉的地方，心中忐忑的开始我这一次的寻根之旅，而促成这一切的正是孔子学院，它给予了我极大地支持。

我的父母都是早年移民到德国的中国人，而我虽然在德国出生，但我从心里觉得我的根还是在中国。小时候那次来中国的兴奋和喜悦还记着，或许从那时开始就种下了再一次回到中国寻根的种子。因为在家与父母交流都使用方言，所以2013年我开始在特里尔大学系统正规地学习中文，对中国的历史文化等方面也有了更深入地了解，也更加渴望能够亲身感受中国的魅力。我的教授也支持鼓励我去中国进行一年的学习交流，为此我请教了很多的学兄学姐，他们都为我推荐了孔子学院。这并不是我第一次听说这个组织，孔子学院在特里尔就有分部，经常会组织很多有趣的活动，让更多德国人了解中国、爱上中国。

我在网上查找了很多资料，对于孔子学院的了解也更加深刻。孔子学院向全世界各界人士提供学习汉语的机会，积极传播中国文化，促进各国文化的交流，而且我才知道之前学习中文时看的“汉语桥”节目，就是孔子学院举办的，参赛选手的中文非常好，让我非常得羡慕，也更加坚定我好好学习中文的决心！了解孔子学院的情况后，我更加努力，刻苦学习中文，在HSK3的考试中也得到了近乎满分的好成绩。我还去参加了孔子学院组织的活动，和大家一起庆祝端午节、中秋节等中国传统节日，欣赏有中国特色的节目表演，在欢乐中学习中文，感受中国文化。

我的努力终于有了回报，我成功申请到了孔子学院的奖学金，顺利地进入上海同济大学学习，我在中国一年的学习生活才刚刚开始，感谢孔子学院让一切成为可能，让我在中国的寻根之旅能够顺利的开始。这一年的时间，我会更加努力学习中文，体验中国文化，用心感受中国深厚的文化底蕴和繁荣富强！

汉语和我的故事

雷观帖(柬埔寨)

改革开放之后,中国经济快递增长,中国政府开始有组织、有系统地向海外推广汉语和传播中国文化。孔子学院应运而生,孔子学院的成立标志着中国语言文化外交的兴起。

2009年12月22日是第一所孔子学院落户柬埔寨的日期,大部分柬埔寨的学生都在孔子学院学习中文,因为孔子学院有丰富多彩的汉语课,唱中文歌,写书法,打太极拳等等。我已经在孔子学院学习汉语学了两年多了。我的班有25个同学,我的汉语老师全都是中国人。为了提高我们班的汉语基础,他们尽心尽力地教我们汉语。每年到春节的时候他们教我们做一些中国菜还有包饺子,然后一起吃团圆饭,那是最难忘的一天。

每年孔子学院会举行很多热闹的汉语活动,我的老师也鼓励我积极参加那些活动,比如“汉语桥”大赛。我也参加过,但是因为我的汉语还不够好,没有得到冠军。我的老师从来都没责怪我,而是鼓励我明年再继续参加。他还教我,孟子曰:“故天将降大任于斯人也,必先苦其心志,劳其筋骨,饿其体肤,空乏其身,行拂乱其说为,所以动心忍性,曾益其所不能。”意思是:上天将要把重大的任务降到这个人身上,一定先苦恼他的心志,劳累他的筋骨,饿乏他的身体穷困他的身子,他的每一行为总是不能称心如意。这样,便可以坚定他的心意、坚韧他的性情,增强他的能力,方能完成大任。我听他解说完后我就明白了,世界上没有失败这个词,只有经历,无论如何只要我们活着没有什么事情我们做不到的。

老师鼓励我去考HSK和HSKK以便申请孔子学院的奖学金。我真的非常感谢孔子学院的老师一直以来支持我,让我的梦想实现了。因为现在的我已经得到了孔子学院的奖学金,来到了上海同济大学。我对中国话和中国文化更加感兴趣了,也了解到更多的中国优秀文化,这更加坚定了我学习汉语的决心。为了打下坚实的汉语基础,我认真听老师讲课,仔细完成老师布置的作业,积极回答老师的问题。没有课的时候我会看中国的电视,听中文歌,因为这些能促进我的汉语学习。在学校的时候,我会去图书馆津津有味地阅读有关中国的书籍,无论是诗歌,散文,小说,杂志等等。这些能让我知道得更多。

我开始学习中文的第一天就有一个梦想——就是参加汉语桥比赛并获得好成绩,我也知道这个梦想真的没我想得那么容易,但是只有我们努力下去没有什么事情我们做不到的。中国有句古话说:“只要功夫深,铁杵磨成针。”我相信,只要我坚持不懈地学习汉语,学习中国文化。我的梦想一定能实现的!

东方的龙

黑　龙（苏丹）

龙行天下鹏程万里，我的中文名字叫黑龙，是同济大学国际交流学院的学生。我来自神奇的国度苏丹，它不仅拥有壮观的尼罗河，而且拥有许多珍稀的野生动植物资源，同时拥有悠久的文化和独特的部落风情，苏丹就是非洲独特的“火炉国”。

我与孔子学院的缘分，开始于 2012 年 7 月份。刚开始我对孔子学院不了解，就想通过孔子学院提高我的汉语水平。有的同学对我说：“你到孔子学院学习不一定能学到什么新知识，因为我们学校里都早晚会学到的。”但我还是坚持自己的想法，报了孔子学院的语言班。没想到在孔子学院学了一段时间之后，我就发现通过孔子学院的汉语课堂，我不仅开始能说一口较好的中文，也开始了解中国的悠久的历史和优美的文化，还结识了好多志同道合的朋友，跟他们共享我生活中的美好时光。虽然我刚开始学汉语，每次上中文课都觉得枯燥无味，但老师的热情和善良让我对中国文化产生了浓厚的兴趣。

孔子学院举办的各种文化活动及赛事，给我提供了练习汉语的良好机会。通过这些赛事和活动，我更学到了不少新知识。刚学汉语的时候，遇到过各种困难，让我想半途而废。但是在老师的帮助下，我成功克服了这些困难。通过三年的努力，我意识到汉语对我来说不仅是一种语言，汉语已成为我生活中不可缺的一部分。每次上中文课，如开始一段神奇而美妙的旅程——老师带着我们学古老的汉字，每个字都含有一个有趣的故事——我慢慢发现，中国文化里讲的东西跟我们的实际生活关系特别紧密。我们做事要公正、做人要清白，就像中文汉字，每一字就像一幅画，而这些画是我们生活中确实存在的东西，不过形象有点不一样而已。学汉语是我生活中的转折点，学汉语让我变得更自信、更开朗，让我更清楚地了解自己，从一个懵懂的少年到现在的自己。我和孔子学院的老师已经不仅仅是师生关系，他们成为我们的好朋友，除了学习上的建议和辅导，他们更会给我提供生活中的指导。

随着时间的推移，人类的思想已有很大的变化。很多美好的品德已开始渐渐地消失，如尊老爱幼，孝顺父母等等。但我希望这些美好的品德通过我们这些汉语教师能一直传下去。我选择当汉语教师的主要原因，是真心希望让更多外国人学到和欣赏汉语的魅力和中国文化的博大精深。

我特别欣赏孔子说的一句话——“有教无类”，意思是他收学生不论他们地位贵贱，都一律平等地进行教育；孔子还主张“因材施教”，认为应该对不同的学生进行不同的教育。对于即将成为汉语教师的我，这些当好老师的基本原则是一定要记住的。孔子学院真是个充满正能量的教学机构。

我要感谢所有教过我汉语的老师，你们辛苦了！

第九章
习近平讲故事

白马驮经、郑和宝船，展现了中华民族睦邻友好、文明互鉴的传统；四知拒金、康熙不取灵芝，体现了清正廉洁、不谋私利的作风；妈妈团体、心中的鼓岭表现了爱无疆界、天下一家的境界……习近平总书记讲的这些故事，无一是从历史传承中来，从文化经典中来，从现实生活中来，从人民群众中来，从工作实践中来，都是最能传递中华文化、体现中国精神、最值得点赞的中国故事。同时，这些故事也承载了总书记对内政外交、治国理政的深刻思考，具体而生动、通俗而深刻，为深入学习总书记系列重要讲话精神打开了一扇窗口。国际学生通过学习这些中国故事，可以更好地了解中国历史，理解中国文化，认同中国道路。

观《妈妈团体》有感

洪性彬(韩国)

据我了解,旅居津巴布韦的华侨中间有一个名为“非爱不可”的妈妈团体,还有一位连车牌号都被当地孩子熟知的“程爸爸”。他们多年如一日给当地孤儿送去关爱和温暖,用实际行动书写着中津友好的“现在时”,也培育着中津友好的“将来时”。

以上内容来自习近平总书记在津巴布韦媒体发表的署名文章《让中津友谊绽放出更加绚丽的芳华》,发表时间为2015年11月30日。

据统计,津巴布韦有约180万名孤儿,他们或被父母遗弃,或是父母早亡,其中还有不少是艾滋病孤儿。一些幸运的孤儿被社会福利局收留,分到了各孤儿院,还有很多则成了流浪儿童。受制于经济社会发展条件,津巴布韦大部分孤儿院的资金都非常匮乏。2014年4月10日,彭艳和津巴布韦的一些华侨华人妈妈们决定成立一个公益组织,以帮助更多孤儿。妈妈们为这个组织起了个动听的名字——“非爱不可”,一语双关,既有“必须要爱”的意思,也有“非洲之爱”的含义。

“非爱不可”爱心妈妈团体成立后,专门选择了几所资金匮乏的孤儿院给予支持,为孤儿万里寻药,给孤儿精神关爱……除了积极捐款捐物,还帮助孩子们筹集学费。在非洲大陆上,“非爱不可”的妈妈们播下一粒粒爱的种子,她们与不辞辛苦的“程爸爸”们一道,温暖着一个个孤儿的心灵。这样的善举感动了很多人,卡若依孤儿院财务经理林迪对这种无私的帮助非常感激。她说:“我从来没有见过像她们这样善良有爱心的人,从来没有过。她们给孩子们付学费,给孩子们带来新的床垫,给他们买食物……如果没有中国爱心妈妈的帮助,我们很难支撑下去。”

在津巴布韦媒体发表的署名文章中,习近平主席讲述了“非爱不可”妈妈团体这个动人的故事。当地主流报刊《星期日邮报》在刊登习近平署名文章时，就用了“来自中国，带着爱”的标题。该报主编后来在接受采访时说，做这个标题，就源自读完文章之后的直接感受。

在这篇文章中，习近平主席还引用了两句谚语，一句是津巴布韦的“一根柴火煮不熟萨杂”（萨杂，即在津巴布韦通用语言绍纳语中意为白玉米面，是津巴布韦人民喜爱的主食），一句是中国人常说的“众人拾柴火焰高”。可以说，中非人民友好交往是中非关系发展的牢固基石。正如习近平在2012年第二届中非民间论坛开幕式上的主旨讲话中指出的：“现在，直接参与中非合作与交流的普通民众越来越多，中非双方民众对发展中非关系的期待也越来越高。我认为，中国通过帮助非洲困难国家，有助于难民得到全世界的认可。”

我认为中国可以引领全世界。

白马驮经与玄奘西行

曹智炫(韩国)

“白马驮经”和“玄奘西行”这两个故事对于在韩国度过童年的我来说是非常熟悉的故事。因为在学校上韩国史和东亚史课时,在学习佛教的传播的同时,一定会出现在教科书中。韩国和中国是地缘相邻,韩国在各种文化方面都受到了中国的影响。佛教在韩国传播始于 372 年,秦国的僧侣“顺道”和“阿道”带着佛经和佛像进入高句丽,创建了“肖门寺”和“伊佛兰寺”等,开始说法。此后,流入百济和新罗的佛教迅速传播,被尊崇为国家宗教,特别是新罗时代,许多求法僧前往唐朝和印度留学。

另外,与“玄奘西行”相似的事例在古代韩国也有过,相传是统一新罗时代的僧侣“圆测”的《解深密经疏》被翻译成藏语,新罗的僧侣“慧超”前往印度朝拜佛贼,陆路经中亚各国回国后,留下了详细记录其旅程的《往五天竺国传》的珍贵著作。这些历史事例充分说明了过去与韩国、中国、中亚等邻国的交流非常活跃,文化交流起到了连接各国的桥梁作用。

中国和韩国是友好邻国,在两国关系方面也有着悠久的历史。2021 年 1 月 26 日,习近平主席和韩国的文在寅总统通过电话拜年。通话内容中可以看出,新型冠状病毒的扩散导致的全球经济停滞现象的影响,包括美国在内的西方国家在转向地域性体制的过程中,习近平主席强调多边体制的重要性,中国是世界主要经济体中唯一实现正增长的国家,韩中双边贸易也逆势增。其原因是两国同舟共济,为维护自由贸易和共同发展做出了不断的努力。在各国合作关系发生动摇的时期,韩中两国通过合作巩固了友谊和信赖,同时促进了经济增。这是习近平主席所说的“邻居是搬不走的,人可以择邻而居。但国家是搬不走的,所以只有一个选择,“和睦邻邦"实际取得成功的很好的例证。

特别是中国在《全球气候变化框架公约》中的维护多边体制的努力,不仅仅是为了中国的国家利益,更是为了全球共同发展的最佳选择。我们生活在随着技术的发展,世界各国之间的交流比以前更加便利的地球村社会。各国的交流越密切,对彼此的影响力就越强。因此,所有国家都有义务避免独断专行,为追求全球和平而努力。

2022年是中韩建交30周年,也是中韩文化交流年。希望韩国和中国,两国相互求同存异、合作共赢,为可持续发展和共同利益,今后继续相互帮助、相互效仿、密切交流。

“非爱不可”妈妈团体

山田美佳(日本)

看了“非爱不可”妈妈团体的视频后我非常感动。在视频最后习近平主席说的“促进人文民间交流的重要性”也让我深有同感。我认为文化交流与国际合作的核心其实从来都不是政府而是民间。

21世纪的现代国际关系中,国与国之间牵扯了太多的利益关系,文化差异以及历史渊源。这些是无法忽视也不会消失的东西,也成为国家与国家交流与合作时的阻碍。我们有时经常会在新闻等各大媒体中看到听到,两个国家或多个国家之间因为贸易摩擦或来自历史渊源的某些矛盾而导致两国关系恶化,国际关系紧张。但不管两个国家之间的关系如何,民间的交流都是不会消失的。特别是在国际化的现代,你的朋友你的同事,你的邻居、老师都有可能是外国人。不仅如此还有许多的跨国婚姻,你的家人也有可能是外国人,而我相信就算在政府层面上有什么矛盾,我们都不会因此舍弃掉这些关系。因为人与人之间建立友谊,建立亲情靠的从来都不是那些复杂的利益关系,看的也不是各方的国家之间的历史渊源与背景。我们靠的是互相的信赖与感情,看的是你个人的所作所为与你的人品,这些和你是哪国人是无关的。

视频中的华人,华侨妈妈们,她们在决定创立这样的公益组织时,肯定是纯粹地希望可以尽自己的绵薄之力帮到那些孩子们。她们最开始的动机与维持的动力都是出自于她们的爱,与国家利益、政府关系都是无关的。在这次的疫情中这样的民间的交流尤为明显,就以我的国家日本与中国来说,在武汉疫情非常严重时有许多日本的企业机构、民间团体为中国捐赠了许多的口罩以及手套,在各大社交网站中也可以看到有许多的中国人晒出来自国外朋友们寄过去的口罩等防护用品。而在中国的疫情得到控制日本却日渐严重之后,又有许多中国的民间团体以及企业为日本寄来口罩,在街头分发。中日之间的这种民间的互送口罩的行为还因为盒子上的应援古诗词一度登上网络新闻。这些民间的交流是最为纯粹也最为重要的,它可以跨越文化历史的异同跨越经济利益。我相信如果民间的交流可以越来越多,那么终有一天我们可以架起友情的桥梁跨越过各种阻碍与间隙,促进国家之间的合作与友好。

白马驮经的文化交流

红　进(日本)

从"白马驮经"与"玄奘西行"的两个历史事件中我们得知了佛教是由印度传入中国,佛教的各类经文在经过翻译后在中国这片土地上生根发芽,佛教也在中国传播开来。"白马驮经"是由东汉时期的皇帝汉明帝派遣使者前去求法,而唐朝的玄奘则是自发前往取经。可以看出不论是官方或者民间,对于邻国的相异文化的态度是追求包容的。其中玄奘法师还将中国本土宗教道教的《道德经》翻译成梵文以供传播,良好地实现了文化的输出。

作为亚洲文化圈核心的中国,对于别国前来学习本国文化的态度也是十分开放的。在中国唐朝时期,日本先后派遣了十几次遣唐使团。其次数之多、规模之大、时间之久、内容之丰富,让日本在当时学习到了许多中国的律令制度、文化艺术、科学技术以及风俗习惯,对当时日本的社会发展产生了重大的影响。

在当今社会,因为翻译者们的辛勤劳作与互联网传播信息的快捷性与便利性,让我们能够通过母语的方式便可了解到各个国家的文学作品与各种现代文化的电影、音乐。生活在互联网时代的我们也更容易接触到外国的文化,在成长的过程中我们不仅接触着本国的文化,还有着他国的异文化与我们一同成长。这让我们从小对异文化的态度是接受且包容的,良好的文化对比对于我们三观的塑造与认知都有着良好的帮助。当然,在这些异文化输入的时候,书籍、电影等尚不做讨论,网络上由于缺少监管,可能会导致一些不良文化或者不良信息流入,这时我们需要做到的便是懂得如何自我筛选与提炼,一定要养成独自思考的习惯。

从历史上的种种事件来看,邻国之间的交往是一直存在且割舍不开的。在国际化、经济全球化的今天，国家也不是一个个单独孤立的存在，与邻国之间的关系交往的重要性日渐增长。要想与邻国打好交道，那么了解它们的历史与文化是必不可少的，因为历史与文化是塑造一个民族一个国家最根本的因素。当然也需要让对方不断了解自己国家的历史与文化。所以文化的输出与输入才至关重要。对于他国的文化我们需要做到的是求同存异，相互理解，支持包容。

郑和航海之我见

白思特(安提瓜和巴布达)

在我看来,郑和航海的故事意义重大。故事中说,郑和到了各个国家,没有掠夺和占领新发现的国家,而是会见了这些土地上的当地人,郑和船队携带着来自中国的物品和资源,以交换其他同等价值的物品和资源。这样一来,郑和得到了所有航海家都能想到的最有力的回应。他受到到访国家的欢迎,双方开始进行物品和资源的等价贸易。我认为这是一个人结识新的人和国家,增进友谊的许多好方法之一。

在习近平主席题为"深化伙伴关系,建设亚洲更美好家园"的讲话中,他还讲述了郑和出访其他国家的故事,以表达他要在中新两国之间建立更好友谊的愿望。习近平主席希望在两国之间建立更牢固的纽带,不仅要增进两国关系,而且提高要两国人民的生活水平。

世界各国都应该认真考虑和平发展的概念,不仅仅是世界某一区域的国家,或是文化相近的国家,而是所有国家。我认为,如果各国领导人多考虑文化差异,选择和平处理问题,世界上许多冲突将得到更和平的解决,甚至可能避免。世界各国领导人可以从小事做起,把两国之间的分歧放在一边,和平合作,为两国人民实现更好的生活方式。最终,一旦所有国家之间的差距被弥合,世界将会变得更加美好。这积极地表明,尽管各国可能相距数千英里,或者在世界的不同角落,但我坚信,通过共同努力,它们仍然能够以友好与和平的方式进行合作,双方都将从交流中获益。综上所述,我们都是生活在同一个家园——地球上的人,需要共同努力,才能实现人类的和平与和谐,才能结束我们今天在世界上所面临的一切不必要的问题。

愿中非友谊长存

阿丽雅(老挝)

津巴布韦位于非洲南部,历史悠久,物产丰饶,还有壮丽的维多利亚大瀑布和赞比西河。中国和津巴布韦虽然远隔万里,在连接两国人民的传统友谊深厚而牢固。

2014 年 4 月 10 日,津巴布韦的华侨妈妈们决定成立一个公益组织,以帮助当地孤儿。她们为这个组织起名为“非爱不可”,既有“必须要爱”的意思,也有“非洲之爱”的含义。她们在当地捐助孤儿院,为孤儿万里寻药,给孤儿精神关爱,还帮孩子们筹集学费,架起了一座中津友谊桥。卡若依孤儿院财务经理林迪感激地说:“我从来没有见过像他们这样善良有爱心的人,如果没有中国爱心妈妈的帮助,我们很难支撑下去。”

2015 年 11 月 30 日,习近平主席在津巴布韦媒体发表署名文章,讲述了“非爱不可”妈妈团体的故事。他表示妈妈团体多年如一日,给当地孤儿送去关爱和温暖,用实际行动书写了中津友好的现在时,也培育着中津友好的将来时。习近平特别强调促进人文民间交流的重要性,只有深耕,厚植友谊和合作之树才能枝繁叶茂。

中非人民友好交往是中非关系发展的牢固基石,正如习近平主席在 2012 年第二届中非民间论坛开幕式上的主旨讲话中指出的。现在,直接参与中非合作与交流的普通民众来越多,中非双方民众对发展中非关系的期待也越来越高,我们要积极创造条件,让中非双方更多民众分享日益丰硕的中非合作成果,进一步夯实中非合作的民意基础。

对我来说,习近平主席讲的故事的意思很明确,他想强调促进民间人文交流的重要性。文化是民族性与世界性的统一;文化多样性是人类社会的基本特征,也是人类文明进步的重要动力，是文化创新的重要基础；尊重文化多样性是发展本民族文化的内在要求，是实现世界文化繁荣的必然要求；中外文化交流有利于推动中华文化走向世界。

位于亚洲大陆东部的中国，随着社会经济政治的发展，逐渐由近及远地与别国接触联系，进行文化交流。它包括人员的往来，物产的移植，衣食住行、婚丧嫁娶等风俗习惯的相互影响，思想、宗教、文学、艺术等的传播。交流的途径多种多样，如政府使节、留学学生、宗教、商业与商人、手工工匠等，甚至战争与俘虏，也曾为文化交流提供渠道。

中国与各国之间文化交流的深度广度各有不同，彼此所受对方影响深浅及产生的结果，也因国家与时代而异。但中国与各国之间文化交流是历史的必然，而在与各国交光互影的漫长过程中，总的来看是中外双方相互受益。

同舟共济，患难与共

李树美（韩国）

"非爱不可"妈妈团体是一个由华侨华人妈妈们在非洲津巴布韦组成的公益组织，这些妈妈们多年如一日地在当地捐助孤儿院，为这些孩子们送去了关爱和温暖，用爱心架起了中国和津巴布韦之间的友谊之桥。的确，爱心不分国界、不分人种、不分语言，最重要的是拥有一颗温暖的心。"非爱不可"妈妈们的爱心行动让我联想到这场还未结束的抗疫之战。直至现在，全世界仍还处于疫情的阴云笼罩之下，新冠病毒仍在全世界蔓延着，全球的疫情形势还是不容乐观。面对这来势汹汹的疫情，几乎所有国家仍都面临着医疗人员不足、医院床位紧缺、医疗物资匮乏等挑战。

2020年年初，在本应该万家团圆的新年之际却爆发了疫情，随之中国全国各地都开始面临医疗物资紧缺的问题。"一方有难，八方支援"，在疫情危机面前，许多国家例如俄罗斯、巴基斯坦、韩国、日本都在第一时间纷纷向中国伸出了援手，为中国筹集防控物资，为对抗疫情出力。譬如韩国在第一时间通过包机向中国提供口罩和防护服等防疫物资，还与中国讨论更多的支援计划，强调愿意尽全力向中国提供所需的支援与协助。日本也派出载有口罩、防护服等大量支援物资的包机前往武汉。武汉的友好城市——日本大分市虽不富裕，但也在疫情爆发的第一时间将口罩从防灾仓库寄到了武汉，为中国的朋友加油，尽一份力。来自世界的无数紧急援助物资被打包装上专机直接飞抵中国，为中国抗击此次疫情带来了很大的帮助。大家的爱心凝聚在一起，成为了温暖萧瑟寒冬的"一把火"。

之后多国疫情形势恶化，中国却已经成功控制疫情的国家，也向世界分享了这次疫情的流行病学特征、防控策略、临床诊治、密接追踪等各个方面的经验做法，还根据不同国家需求，汇编最新的诊疗方案和防控方案等一整套技术文件，分享给各个国家。不仅如此，中国也随时向其他国家提供他们急需的医疗物资，并派出抗疫医疗专家组和志愿者前去援助。

特别是最近印度疫情情况再度失控，自三月份爆发以来，几乎呈直线飙升状态，每天新增数据不断创下新高。呼吸机、制氧机等医疗物资严重短缺。在如此危急的紧要关头，各国纷纷展开了一系列的救援活动。比如，中国在印度疫情恶化的第一时间立即向印度送去了呼吸机、制氧机和不计其数的口罩、防护服等物资，竭尽全力地为印度做出贡献。韩国也通过飞往印度的航班优先输送制氧机、氧气瓶、氧气调节器和负压应急隔离舱等物资，还计划向印度追加援助抗疫物资。日本也鉴于印度新冠病毒感染情况急剧扩大，宣布向印度提供所需物资，并且对印度决定追加五千万美元的无偿援助。另外还包括英国、美国、德国、法国、澳大利亚、新加坡在内的其他国家也纷纷做出行动帮助印度。

在应对新冠肺炎疫情的这场斗争中，没有哪个国家可以孤军奋战，所有国家统一战线凝心聚力、守望相助，一起携手对抗新型冠状病毒这个共同敌人，直到最后，我们也必将一起迎来最终的胜利。“道不远人，人无异国”，等到疫情散去，春花烂漫之时，让我们再次携手共创世界友好的新篇章。

“白马驮经”与“玄奘西行”之中柬友谊

林雪仙（印度尼西亚）

历史上一个个生动的故事，正是沟通中国与周边国家关系的一座桥梁。对于邻国，习近平主席有一个精辟的说法，邻居是搬不走的，人可以择邻而居，但国家是搬不走的，所以只有选择和睦邻邦。

从东汉时期，汉明帝派遣使者西行求法，遇到天竺高僧迦叶摩腾与竺法兰，邀请他们入汉传法，以及两位高僧在洛阳城白马寺中译出中国佛教史上最早的佛经翻译，史称“白马驮经”。到另外一个家喻户晓的故事“玄奘西行”，讲述唐代高僧玄奘从长安向西跋山涉水到达印度，在印度学成后，并携带经书回到长安，然后将老子的《道德经》翻译成梵文，传入印度。

在 2014 年 9 月，习近平主席在印度世界事务委员会演讲时，提及“白马驮经”与“玄奘西行”两个典故，阐述邻国间的历史友好往来传统。中国与周边国家，有着割不断的文化渊源和历史联系，地缘相邻，文化相近，历史相亲，睦邻友好是最好不过的选择。

柬埔寨和中国是“铁杆”朋友。疫情发生后，中柬相互支持、携手抗疫，展现了牢固的兄弟情谊。柬中建立全面战略合作伙伴关系以来，务实合作成果丰硕，共建“一带一路”成功推进。且在 2019 年 4 月，两国签署《中柬命运共同体行动计划》，这是指导当前和今后两国关系发展更加密切。中柬命运共同体是两国传统友谊在新时期的发展和升华，中柬友谊就像一棵大树，需要无数热爱中柬友好的年轻人来培土和浇灌。

中国上下五千年的历史，有着闻名世界的北京紫禁城、雄伟壮观的长城、陕西秦始皇陵的兵马俑值得学生去探索。中国是全球第二大经济体,我们在此能体验到世界上最先进的高铁、最高效的网络购物、最便捷的移动支付和最环保的共享单车。中国也有世界知名高校和领先学科,能为留学生们提供丰富多样的专业选择,包括土木工程、临床医学、广电传媒、国际贸易、经济金融等。

一个国家的发展、民族的兴盛,归根结底取决于教育、取决于人才。中国政府十分重视中柬教育领域的合作。至今,中国政府奖学金项目已累计接收近 3 000 名柬埔寨学生来华留学。也有许多学生学成归国,在柬政府、高校、企业等各行各业发挥着重要作用,有的甚至成为新行业、新领域的开创者和引领者,为柬埔寨的经济发展和国家建设发挥了重要作用。

2018 年 6 月,习近平主席曾在会议上强调,合作共赢是大势所趋,不同文化交流互鉴,是各国人民共同愿望,文明的繁盛,人类的进步,离不开求同存异,开放包容,离不开文明交流,互学互鉴。虽然新冠疫情暂时给中柬各领域合作带来了一些阻碍,但携手抗疫让我们对构建命运共同体的重要性、必要性有了更加深刻的认识和理解。中柬两国在这次疫情患难与共的经历,互相支持,给予援助将深深的牢记,使构建中柬命运共同体的理念更加深入人心。我相信在不久的将来疫情将会过去,两国全面的战略合作关系也会迎来新的发展机遇。

廉洁奉公，百年依旧焕新生

蒋清颢（奥地利）

在读完“四知拒金”的故事后，我的内心久久不能平静，不仅仅是因为这段千古流传的佳话，更是因为我不久前阅读过一条微博热搜——焦裕禄生前最后一个请求。他生前最后一个请求便是把他运回兰考县，埋在沙丘上，即便是长眠黄泉，也要看着兰考的环境一点一点地变好。

廉洁，是中国共产党自产生到发展壮大始终绕不开的一个关键词。犹记得那个战火纷飞的年代，中国共产党无论是军事实力还是资金力量都不如敌方。他们的致胜法宝便是“廉”。即使捉襟见肘，他们也不取百姓的一针一线。永远无法忘记，他们的胜利是百姓用小推车“推”出来的胜利。何谓廉洁，是两袖清风的奉献，何谓廉洁，是鞠躬尽瘁的谦卑，在中国，“廉洁”二字被诠释地淋漓尽致。

初学中国历史的时候，还记得1949年，那是被史书永远铭记的一年，鲜红地烈日映红了半边天，那一年世界版图上，中国被重新描画。如钱塘江潮夜澎湃，昆阳之战所向披靡，千人振臂，万人高呼，排山倒海，势不可当。胜利之后呢，中国百废待兴，如一片废墟，经济颓靡，工业落后，美帝国主义的封锁令中国内忧外患。中国共产党带领全国各族人民积极投入新中国建设的浪潮。特别是，共产党杰出的干部们如一朵朵顽强的花，盛开在这荆棘密布的旷野，虽然柔弱，却也坚毅，终是让中国屹立。精感石没羽，岂云惮艰险，精诚所至，金石为开，积力所举，众之所谋，中国共产党廉洁自律、克己奉公，缔造了一个又一个的奇迹。

古往今来，在这片被誉为礼仪之邦的土地上，廉洁一直被人们所崇尚。为官的最高境界便是“父母官”。在这里，官员和人民是鱼和水、叶与根的关系。新时代，新起点，新挑战。中国共产党也从未放弃对自身的纯洁性要求。习近平总书记十分重视对于贪污腐败的打击力度，反复强调要“老虎苍蝇一起打”，形成了严苛的反腐局面。这也让全国上下焕然一新，君不见，长松卧壑困风霜，时来屹立扶明堂，举国上下焕然一新，廉政如一抹四月的暖阳，让绿草如翡翠般繁盛，在大地上写下明日的诗篇。

我深深地被一幕幕官爱民、民拥官的情景所打动。身为一名来自奥地利的外国留学生，当地政府给予了我们许多的优惠政策，尽可能让我们感受到来自中国人民的热情与友好，这让廉洁二字深深刻入我的心扉。

转眼间，中国共产党也迎来百年诞辰。习近平总书记曾说过：“我们党的一百年，是矢志践行初心使命的一百年，是筚路蓝缕奠基立业的一百年，是创造辉煌开辟未来的一百年。”如今的中国不同凡响，如今的中国扬帆起航。为了迎接新时代的考验，中国更需要以廉洁武装各级党政机关干部的头脑，让各级干部真正意识到为官更要为“父母官”，让廉洁奉公蔚然成风。

郑和宝船

月　亮(土耳其)

"想象这世上没有国家试试看,这并不难,没有杀戮或牺牲,也没有宗教,想象全人类都生活在和平之中"

——约翰·列侬

团结就是力量,意味着在任何情况下都保持团结。它在各行各业都有很大的价值。当我们团结在一起,我们就能克服任何挑战,完成任何目标。我们的社会和国家的发展就靠这种精神。事实上,文明之所以存在,是因为人与人之间的团结。为了过一种平静而充实的生活,人们保持团结是非常重要的。团结在一起可以在困难时期增强韧性,因为这意味着我们可以从别人身上汲取技能和力量来补充自己。东西方交流的和平使者"郑和宝船",就像丝绸之路一样,在将各大洲联系在一起方面发挥了重要作用。这艘船没有陆地,而是将水作为它的道路,并且仍然成功地将不同的文化和被一些线隔开的土壤结合在一起。

现在这个世界就像一个大地球村,一切都会传播得更快,这将有助于我们为更美好的未来而发展。我想举一个例子,说明这种人与人之间的交流,不管看起来有多小,都会影响到整个世界。今天最常见的饮品之一,茶,由于丝绸之路时期促进的贸易往来而传遍世界。在丝绸之路沿途传播茶叶的国家,茶被称为"chai""cha",发音很像中文中的茶,同时,在茶叶通过海洋传播的国家,茶叶被称为"tea"。这是丝绸之路的好处之一。当今世界各国支持一切有利于人类的思想,将促进各国的经济和文化发展,使我们能够生活在一个更加和平的世界。正如我们现在所说的历史,几个世纪前郑和所做的，我们可以在一个新的日子里，为子孙后代书写一部相似甚至更好的历史。

我们不必放弃自己的文化和社会而团结在一起。然而，作为人类，我们仍然可以成为一体，尽管我们之间存在着各种各样的差异。没有人能独自成长。我们需要别人的支持。如果我们想在业务上发展，我们需要团队成员。如果我们要发展家庭，我们需要一个伙伴。如果我们必须在我们的社会中取得巨大成功，我们就需要为这一成功而共同努力。

当我们作为一个团队工作时，我们会受到彼此的激励，并被鼓励更加努力地工作。有了动力和努力工作，我们可以实现任何目标。毫无疑问，力量在于团结。有许多灾难，真实的事件和经历来证明这一点。我们有责任保持这一独特的特征。我们应该超越狭隘的利益，团结一致，为实现我们的社会和世界的繁荣与进步而奋斗。

和睦邻邦

安部明香(日本)

习近平主席在印度世界事务委员会演讲时提及“白马驮经”与“玄奘西行”的故事,阐述历史友好的往来传统。

东汉时期的汉明帝派遣使者西行求法,使者一路向西。遇到天竺高僧迦叶摩腾与竺法兰,邀请他们入汉传法。公元 67 年,高僧随时着一起用白马驮着经书,途经西域,历经千辛万苦到达了当时的都城洛阳。史称“白马驮经”。汉明帝专门在洛阳建白马寺,两位高僧在此译出的四十二章经,成为中国佛教史上最早的佛经翻译。

“玄奘西行”是唐代高僧玄奘从长安出发,向西跋山涉水,到达印度。在印度学成之后,他携带经书回到长安,谢绝了唐太宗让其还俗任相的要求,“专务翻译,无弃寸阴”。玄奘还把老子的《道德经》翻译成梵文,传入印度。

现代东亚和东南亚国家的传统文化大部分源于历史悠久的中国。我国日本能称独自从零发生的传统文化几乎没有。在欧美地区介绍的“日本传统文化”的起点是中国传来的。最简单的例子是日本的字,日本现在用的是三种类字,汉字(与简体字、繁体字不一样)、平假名、片假名。平假名是从汉字草书,片假名是从汉字的偏旁形成的。比如,“安”是“あ(平假名)”、“阿”是“ア(片假名)”。所以我的名字“安部”的“安”读成“あ”的发音。

“白马驮经”与“玄奘西行”都是关于佛教的故事,这里想再赘述一下日本与中国之间的佛教传播历史。我从小学到的世界历史中印象最深刻的中国高僧是鉴真。当然法显、玄奘等中国高僧都学过。但鉴真是日本律宗初祖,是与日本息息相关的高僧。我初次学鉴真的历史,就觉得这位高僧真是令人十分钦佩。当时的日本,自己宣布出家的“私度僧”特别多，于是圣武天皇为了遵守戒律在寻觅适当的戒师。唐朝时期，鉴真受了日本留学僧荣叡和普照的邀请，决定去日本传播。可五次被官府阻拦或遇到天气恶劣没法继续过渡海，此期间当中他又双目失明，留学僧荣叡也逝去。过几年，他又受了日本遣唐使的邀请，第六次终于成功东渡。难怪他的别称是“过海大师”。当时的天皇也从他受戒。鉴真不只是传承律学，传播了医药学知识。尽管被徒弟们阻拦或被官府下令禁止东渡、堵上自己的生命过大海，身为高僧的他无论如何要去完成自己的使命这是他诚实的一面。又觉得他很固执，连第六次终于成功的东渡也是避开官府的监视，没得到遣唐使长官的允许偷偷上了遣唐使的船到达日本。

古代，不仅是鉴真，许多人为了自己的国家的发展不惜一切代价，筚路蓝缕得来有价值的文化交易，那时的文化交流有着互相“尊重”。反而，现在有了网络，人们坐在椅子上用手指点一下，就能随时踏入其他国家。因为没有付出努力而得来全不费功夫，所以对其他文化没有丝毫尊重。于是有些人得了不充分的知识就在网上攻击邻国人。因为是邻国，影响力越大，更容易使一些人产生误解。习近平主席的话“邻居是搬不走的，人可以择邻而居但国家是搬不走的，所以只有一个选择——和睦邻邦”讲得真好，“和睦邻邦”肯定需要尊重对方。

白马驮经

金敬洙(韩国)

“白马驮经”这个故事讲的是在中国的东汉时期,使者去西方寻求佛经,佛经就相当于佛教的经典书籍,使者遇到了两个僧人,一个叫迦叶摩腾,一个叫竺法兰,并且邀请他们到中国来。于是他们就用白马载着佛经到了东汉的都城洛阳。当时的皇帝在洛阳建造了白马寺,这两位僧人在里面翻译的四十二章经,是中国史上最早的翻译过的佛经。玄奘西行讲的是在唐代,有一个很厉害的僧人叫玄奘。他从长安这个城市出发,向西走,历经千辛万苦,到达了印度。在印度,他努力学习佛经。学完了之后带着经书回到了长安,拒绝了当官的邀请,专心翻译经书。他还把中国古代老子的《道德经》这本书翻译成了梵文,传入印度。

2014 年习近平主席在印度世界事务委员会演讲的时候,提到了这两个故事,这两个故事体现了在古代,相邻的国家之间都会友好地互相交流,互相学习。虽然人们可以搬家,换邻居。但是国家的地理位置是固定的,不能移动。所以相邻国家之间也应该和睦相处。要使人类文明不断发展进步,国家之间就应该以开放、包容的心态,互相借鉴学习,互相交流。就是这个故事白马驮经与玄奘西行,就是告诉我们要和别的国家和平相处,互相交流互相学习,合作共赢。

韩国不生产原油,因此原油依赖进口。西南亚是占韩国原油进口总量的 85%的产区。东南亚的越南是韩国音乐、电视剧备受欢迎的地区,是“韩流”的主要出口市场,东南亚人为了就业来到韩国,最近韩国人和越南人结婚的情况越来越多。在韩国消费的 99%小麦依赖进口,进口小麦的国家依次为美国(33%)、澳大利亚(27%)和加拿大(14%)。美国也是韩国的贸易对象国,相互提供多种物资和服务,在出口和进口方面占有很大比重。2016 年加拿大举行了“世界青少年跆拳道大赛”，在加拿大指定“跆拳道国技院日”(8 月 8 日)进行纪念。韩国和智利的贸易是韩国和智利最早签署的自由贸易协定的伙伴国,正在加强经济合作。

中国和韩国也是邻国,距离也很近,两国有很多共同点,两国都相互了解和尊敬文化。我认为,当然要和周边国家顺利地进行文化交流,韩国也应该与周边国家顺利地进行文化交流,与周边国家保持亲密关系,好好相处。

中国和韩国是邻国,有着相似的文化,都是儒教文化圈的国家。两个应该协力发展,维护和平,共创美好未来。不仅仅是中韩两国,世界上的各个国家都应该和平共处,互相交流,合作共赢!

郑和下西洋

安　蕊（法国）

在15世纪初，也即在明朝时期，中国有一名叫郑和的航海家。郑和，又称为“三宝太监”，因为航行过了数次印度洋，并因为促进中国和西洋国家的交往作出贡献而出名。在28年来，郑和同他的船队穿越了7次印度洋，从中国太仓航行到阿拉伯半岛。他们在航海中经过了印度、斯里兰卡和泰国等30个多国家，在那些国家的访问有助于建立中国和亚非国家之间的友好关系。

中国历史上有“郑和下西洋”，而欧洲历史上有克里斯托弗·哥伦布的环球航行。众所周知，哥伦布是来自意大利的探险家和航海家。他于1492年，也就是说“郑和下西洋”的数十年后，发现了美洲大陆。并且，他在1492年和1504年之间完成了四次向美州大陆的远航。虽然郑和和哥伦布有同样的名声，而且人们常常比较他们的故事，但是两者的航行其实大不相同。该些远航不仅在目的上，而且在历史影响方面都存在区别。

首先，一提到“郑和下西洋”，人们就想起郑和率领的船队。事实上，明朝的船队是当时世界最大的船队，郑和率领了不少于二百四十多艘船，而且指挥了两万多船员，其船舶的巨硕给人留下深刻的影响。与郑和的船队相比，哥伦布的船队特别小：他在第一次航行到南美洲的航海中只带了三艘船，指挥了不多于90船员。不仅如此，哥伦布的“旗舰”也完全比不上郑和的“宝船”。哥伦布的船只长为25米，宽为8米，而郑和的长为125米，宽50米。“宝船”超大的尺寸使它们看起来像大海上的庞然大物。由此可见，不仅是郑和船队的船只数量，而且其船舶质量也说明当时的中国已经是具有先进造船技术水平的国家。

除此以外，郑和和哥伦布出航的原因大相径庭。哥伦布远航的主要动机在于寻找经济出路。事实上，15 世纪时由于印度富有香料，黄金等珍贵的资源，因而欧洲国家与印度做贸易。可是，由于君士坦丁堡爆发了一场战争，而且印度和欧洲之间的“海上丝绸之路”要经过土耳其的海峡，所以来自欧洲的商人就无法达到印度。于是西班牙的国王命令哥伦布穿过大西洋去印度。哥伦布就以寻找新的从西班牙到印度的贸易航线为目的。就这样，在航行了五个星期后，哥伦布无意中发现了美洲大陆。

对郑和而言，虽然经济因素也是郑和下西洋的原因之一，但是他出航的主要原因就是促进中国与世界的交流。

最后，探险期间，他们接触到其他文明，分别是亚非民族和美洲部落。不过，欧洲国家和中国在如何进行与其他文明的第一次接触的问题上有完全不同的方式。在 15 世纪初，明朝肯定有足够的军事实力占领那些国家，并且开采其土地的自然资源。可是，郑和他们不但没有占领那些民族的土地，反而对他们都以礼相待，平等交往。中国人以丝绸，瓷器等特产交换香料，药材珠宝等当地的产品。与此相比，与西方进行贸易的民族都吃亏了。虽然西班牙探险家来到美洲大陆时，没有立即占领美洲，但是美洲本地人仍然遭受了西班牙人到来的恶果。事实上，欧洲人既掠夺美洲资源，也把欧洲的疾病带到美洲，因而毁灭其人口的大部分。到 17 世纪时，西班牙、葡萄牙和法国都已经在美洲大陆建立了殖民地。随着欧洲殖民地的扩大，欧洲商人建立了规模最大的奴隶制度，即是残酷的《三角贸易》。这所谓《三角贸易》指出的是欧洲，非洲和美洲之间不公平的贸易。与中国人相比，欧洲商人不是用质量好的物品交换价值相同的当地物品，而是用价值低的产品交换劳动者。欧洲商人用酒和布料交换了非洲奴隶，然后将奴隶输送到美洲的欧洲殖民地。到美洲，黑奴不得不服从奴隶主的命令，为了生产糖、咖啡、烟草而艰辛地在种植园劳动。那些食物在奴隶们的辛苦劳作中产生之后，被运输到欧洲，以使欧洲人享有美洲进口的产品。简单地说，该系统让欧洲国家得到更多的资源，同时使殖民地人民一无所有。

总的来说，郑和跟亚非国家的交流方式和欧洲航海家跟美非的交流方式的最大区别就是明朝的航海家是通过和平宣礼的方式与别的国家建立关系和进行文化交流，而欧洲人则是用武力占领美洲和非洲的土地。前者的航海标志着中国对世界的友好姿态而后者则标志着恶贯满盈的殖民主义的开始。

目前中国和西方国家保持着良好的关系。表面上，欧洲与美非国家之间的关系也是这样，可实际上我认为，剩下的美洲本地人和非洲人民仍然为它们人民的毁灭和殖民而对欧洲抱有仇恨。不管两个故事有何不同，确定的是两者都在一定的程度上改变了国际关系。

郑和下西洋的精神

丹　尼(柬埔寨)

“以古为鉴,可知兴替”,意即借鉴历史能够预知世代兴衰,简单说学习历史是为了以古观今,以指导现今的处事之道。郑和是中国历史上对外交往的一位杰出人物,郑和下西洋是中国和世界航海史上一个重要的事件,体现了伟大的中华民族开放、进取、和平、友好、交流合作、经略海洋和敢为天下先的精神。

《郑和下西洋》讲述了在1405年35岁的郑和率领着庞大的船队远航,访问了30多个国家和地区,还加深了中国和东南亚、东非之间的友好关系的故事。他一共远航了7次之多,而这段旅行和探险,被人们称之为“三保太监下西洋”。他调遣了沙船、马船、粮船、水船、坐船,还带了中国许多的名贵物品,如瓷器、丝绸、漆器、青铜器、玉器等。在郑和的率领下,从江苏太仓刘家港出发,开始了世界史无前例的七下西洋的壮举。途中,给郑和沿岸各国带去了友谊、特产和先进技术,还帮助明成祖朱棣扩大了贸易市场,恢复和发展了同许多国家的关系,中国的国际威望进一步得到提高。

说起这件事让我想起了诺罗敦·西哈努克国王。他1922年10月31日出生于柬埔寨首都金边,是柬埔寨独立之父,他把毕生精力奉献给了柬埔寨民族独立与和平进步事业,为实现柬埔寨民族和解与国家发展建立了不朽的历史功勋。他建立了与东南亚国家的友好关系,也是中国人民的伟大朋友,长期致力于中柬友好,同中国几代领导人结下了深厚友谊。在他的亲自关心和推动下,通过双方共同努力,中柬友谊根深叶茂,硕果累累,与日俱增。他为中柬关系发展作出的杰出贡献将永远载入中柬友好的史册。如今,中柬两国有着悠久的传统友谊。我觉得这是勇往直前,不畏艰难，讲和通好的精神。

通过以上的故事让我了解了，一种顽固的毅力，不怕挫折的精神。希望中国柬埔寨一直都能保持这悠久的友谊，帮助彼此和解并友好往来。国家的未来，靠的是你，靠的是我，靠的是你我的共同开拓。只要有毅力就可以战胜任何困难。

观《康熙不取灵芝》有感

李树美(韩国)

康熙不取灵芝的故事讲述了广西巡抚陈元龙将一枝一尺多高、状如云气的灵芝进呈给康熙皇帝,并在奏折中引经据典大谈"祥瑞",说这是康熙行仁政的象征。没想到康熙皇帝并不"领情",还在其奏折上批道:"史册所载祥异甚多,无益于国计民生,地方收成好,家给人足,即是莫大之祥瑞。"到了康熙 56 年,直隶总督赵弘爕也上奏说:"邻居院子里长出一枝灵芝,说当今皇上厚德爱民,远远超过尧舜时代,普天之下沐浴着皇上的恩泽,芝草之祥也就理当现世了。"康熙同样很不以为然,写下朱批:"所为瑞者,年谷丰登,民有吃的就是大瑞。"

由于中国古代有"天人感应"之说,古人认为人的行为也能感应上天,天能预示灾祥,特别是祥瑞也就象征着人间政治清明。古代有不少帝王因盼望所谓的祥瑞出现,便让那些阿谀奉承的人有机可乘,得以用虚假的祥瑞来邀宠献媚,后导致国家衰败的例子也不在少数。但康熙皇帝却摒弃了天降祥瑞的虚浮学说,提倡"以实心行实政",把"地方收成好、家给人足""年谷丰登,民有吃的"视为"莫大之祥瑞"。康熙皇帝在位 61 年,是中国历史上在位时间最长的皇帝,他奠定了清朝兴盛的根基,开创了康乾盛世的大局面,之所以被称为"盛世",是因为社会安定、经济安定,百姓们生活幸福美满,安居乐业,所以也有学者尊称他为"千古一帝"。除此以外,康熙皇帝还经常微服私访,亲自出京巡视,了解民情。清朝最有影响的来华传教士之一的南怀仁就曾记载康熙皇帝巡视的场景。康熙皇帝亲切地接近老百姓,以此向臣民展示祖先传下来的民本精神。若想得天下,必先得民心。作为领导最重要的是要真抓实干,将人民的幸福放在第一位,如此才能受到百姓们的拥戴,维持社会安定。

我接下来要举的例子则是一个“反面教材”，他并不是像康熙皇帝那般视百姓的幸福为“莫大的祥瑞”，而是暴君的代言词，他以他不一样的方法被世人记住，也因此“名留千史”的朝鲜帝王——燕山君李㦕。李㦕是朝鲜王朝第十代君主，是朝鲜历史上最有名的暴君，他也是朝鲜历史上第一个也是唯一一个被废黜的帝王。他登基后，不仅下令将所有佛教寺庙的僧侣赶走，还对诸多佛像加以破坏，一些寺庙相继被焚，最后甚至还将寺院改成了妓院。之后他又将朝鲜高丽和李朝时期的最高学府——成均馆改建成酒馆，用于寻欢作乐。朝鲜史书记载：“废主广采红骏，夺人妻妾，恣行不义，而人无敢言者，怵于杀戮也。”李㦕终日玩乐，对朝政置之不理，若是有大臣胆敢劝谏，或是有人反对，他便制定酷刑，例如寸斩、炮烙、拆胸等将那些人赶尽杀绝，以此来镇压朝臣。最过分的是他还让京畿三十里内的百姓全部迁走，将那个区域圈起来，作为狩猎的围场，百姓们民不聊生。如此做法，自然引起了神怒人怨、人神共愤。最终权臣率人发动政变，将他赶下了王位。

同样是君王，前者受百姓喜爱、众人拥戴；而后者则受万人唾弃、遗臭万年。这两者的对比，让我更加能够体会到“康熙不取灵芝”对我们的启示，这个故事给了我很多感触也让我感慨万千：大到国家领导，小到我们现在学校学习小组的组长，最重要的是做事要“实”。如果我是一个小组的组长，我会注重大家的意见，倾听每个人的想法，将其整理并总合。作为个人，由于现在独生子女家庭比较多，所以孩子们的性格会比较独来独往，因此我们需要注意做人不能独断专行，不考虑别人的意见；而是应当上下相应，注重与他人的交流并且深入实际。最重要的是做人一定要扎实，脚踏实地做人做事才是实际。

国富民强，众安道泰

蒋清顗（奥地利）

当岁月带着战争的烽火，以及无数帝王将相、最负盛名的名士渐渐消逝之后，在中国洛阳，古老的邙山脚下，一个来自朝圣者的空谷足音绵延了千年之久。在战争频仍的时代，生命的弱小以及世事的变迁困迷惘着社会的各个阶层。中国本土固有的社会文化资源已经难以满足人们对所谓“人生意义”的探知了。与此同时，远在万里以外的西方，一种更为开放的智慧学说“佛教”，正悄然而至。在中国第一古刹，位于如今河南省洛阳市的白马寺奇迹般地为佛教赢得了一席之地。

根据许多典籍，如《四十二章经序》《牟子理惑论》等记载，东汉永平年间，汉明帝曾在夜晚梦见过一位神人，他全身有金光，在殿前飞绕而行。第二天上朝，汉明帝阐述梦中带有金光的神人时，学识渊博的大臣傅毅便在朝中提起西方有号称佛的得道者。此得道者能飞行于虚空，神通广大，想必就汉明帝口中所言的神人。于是汉明帝派遣使者去西行求法，随后也就出现了“白马驮经”的传说。当远征西域的汉使返回洛阳时，有两位印度的高僧用白马驮着佛像和经卷随行而来。据说，汉明帝盛邀摄摩腾、竺法兰两位僧人来汉地传播佛教智慧。汉明帝对他们的莅临表示欢迎，并特地为之建立佛寺，命名“白马寺”。白马寺是中国第一次西天求法的产物，是第一次传教弘法僧人的居所，且是第一个由中国官方设立的佛教译经道场。佛教的智慧流传至今，给人们留下了无限遐想。

中国与印度都是文明古国，自古至今有着千丝万缕的密切关系。两大文明体系之间的交往已有数千年之久，中印不仅在地理上亲近，且在文化上相亲：印度佛教传入中国后，与中国的传统文化相融合，使中国的宗教与习俗产生了崭新的改观。中国从古至今就崇尚“以和为贵”。儒家倡导的道德实践的原则“礼之用，和为贵”，也就是说礼的作用，贵在能够和顺。中印双方始终要从两国发展的大局出发，只要众志成城就有源源不断的目标等着我们共同去完成。中印作为邻国要和衷共济。当前，两国最大的考验就是新冠肺炎疫情，在这个特殊时期，中印要共克时艰。和谐共融永远都是世界众生的内心所向，永远都是！

后记

美国学者拉斯维尔在《传播在社会中的结构与功能》一文中提出著名的"5W模式",构成传播过程的五个基本要素包括:传播主体、传播内容、传播渠道、接收对象、传播效果。生活故事,普通人的生活琐事、家长里短、喜怒哀乐等等,无疑就是拉斯维尔"5W模式"中外国受众"听得到、听得懂、听得进"的传播内容,讲好细节,讲好点滴,讲好小故事就是恰当的途径和方式。

同济大学国际文化交流学院在二十多年的对外汉语教学和跨文化传播工作中,一直鼓励学生"我手写我心",通过课堂讨论、课程论文、征文竞赛以及组织感知中国体验活动,创造机会让国际学生走进真实的中国,走近中国社区、乡村、企业和生活,用文字记录下"洋眼"所看到的中国故事,真实表达对中国的认知和感受。

我们从近千篇国际学生习作中精选了150篇,编成此书。这些中国故事的主人公来自40多个国家,故事记录了他们近年来在同济大学生活学习的体验,以及在华期间的所闻所见所感,有些来自体验活动的感触,有些选于课堂讨论的作业,有些源自典礼仪式的发言,有些出于对中国时政的关注,所有真情实感都用或朴实、或坦率、或幽默的中文比较流畅地表达。

感谢为本书提供作品的国际学生们,你们有海外成长经历又有中国生活体验,有丰富的人际关系和跨文化交流经验,既是许许多多中国故事的承载者,你们的文字展示出中国情怀和国际视野,也必将成为中国故事的更具说服力的重要传播者。

感谢国际文化交流学院的汉语教师们,正是有了你们的耐心教导和爱心培育，国际学生汉语水平迅速提高，从一字一句到一段一篇，文字中传递出对中国的友善、信任、依恋和敬佩，日常化、生活化的当代中国、传统又创新的大国风范深刻影响了他们完整的中国观。

感谢同济大学各部门、相关学院，感谢国家留学基金委、中外语言交流合作中心、中国国际中文教育基金会、上海市教委、同济大学出版社，正是有了你们的关心和支持，我们有理由相信，国际学生了解和经历的真实而有趣的中国故事，是推动中华文化走出去活生生的事例，而对中国美好的情感和客观的认知将会一直伴随着他们未来的人生之路。

宗骞 2021 年教师节